豊かな育ちのための
保育内容総論

垂見直樹 編著

ミネルヴァ書房

はじめに

　保育内容総論は，保育士資格の必修科目であり，保育者養成校によっては，幼稚園教諭の必修科目にもなっています。本書は，2019年度からの保育士養成課程の改正，また教職課程コアカリキュラムの導入に伴い作成された，保育教諭養成課程研究会によるモデルカリキュラムをふまえて作成されています。

　日本の保育は，施設の運営が民間主体であること，「幼稚園教育要領」「保育所保育指針」「幼保連携型認定こども園教育・保育要領」の3つのガイドラインが「大綱的な基準」であることもあり，非常に多様性に富んでいるといわれます。

　保育内容総論では，3つのガイドラインの考え方に基づき，具体的に保育実践を構想できる力をつけることが目指されます。保育者として，子どもたちの豊かな育ちを保障するためにも，まずはこれらガイドラインの内容をしっかりと理解することが求められます。

　第Ⅰ部では，第1章で保育の制度面（ハード），第2章で保育の内容面（ソフト）をめぐる全体像をまとめています。第3章は現在に至るまでの歴史的経緯について述べられています。

　第Ⅱ部の各章では，ガイドラインに示されている重要な考え方について，詳細に解説されています。これらの観点を実際の保育内容の構想に活かす実践力が求められています。

　第Ⅲ部では，社会全体で子どもたちを育てていくための「連携」がテーマになっています。園内だけではなく，より広い社会の中の施設としての役割を考えます。

　第Ⅳ部では，日本社会の現状をふまえた保育の「多様な展開」について，必要な知識や視点が紹介されています。これらの知見は，特に子どもたち一人ひとりを大切にする保育にとって重要です。

　保育内容は，園の独自性やこだわりを追求するだけでなく，社会や地域・子どもの現状に合わせて柔軟に構成される必要があります。本書には，そのために必要な情報が詰まっています。

　本書『豊かな育ちのための保育内容総論』は，子どもたちの豊かな育ちにつながることを願って編まれました。これからの時代を生きる子どもたちの豊かな育ちが，本書を手に取られた皆さんによって実現することを願っています。

著者を代表して

垂見直樹

目　　次

第IV部 保育の多様な展開

第 I 部

保育の全体像と実際

第1章
保育の全体像

保育のフィールドは多様化しているため，まずはその全体像を捉えます。その上で，保育・幼児教育の「ガイドライン」の構造を正確に捉えることが重要です。本章では，制度的な側面から，保育・幼児教育の全体像を把握します。

それぞれの施設・園の法制度的な位置づけを確認し，ガイドラインの全体をながめます。ガイドラインの中で，保育内容がどのように書かれているか把握しましょう。

保育内容総論が対象とする保育とは，小学校入学前，就学前段階における家庭外の保育です。あとで述べるように，保育は幼児教育とも大きく重なっています。そして，それぞれの施設・園では，多様な考え方や方法に基づく保育・幼児教育のプログラムが準備されています。その「なかみ」が保育内容です。

各園の保育内容は，それぞれの保育理念に基づき，独自性が発揮されることが望ましいとされています。しかし，完全に自由に保育内容をつくることができるわけではありません。日本には，各園の保育の質を保証するための「ガイドライン」が3つあり，これらを参照する必要があります。

▷1　海外でも，ガイドラインは，各国の保育の質の保証にとって，重要とされている。また，法的な拘束力の有無による違いがあるが，日本のガイドラインは，法的な拘束力を有する。第3章参照。

保育所：保育所保育指針

幼稚園：幼稚園教育要領

幼保連携型認定こども園：幼保連携型認定こども園教育・保育要領

これらのガイドラインでは，国の定める保育・幼児教育の方針が示されています。

各園は，その方針から逸脱しない範囲で，保育内容を自律的につくることが求められます。保育内容総論では，保育が行われるフィールドと実践過程を確認した上で，各ガイドラインに示された保育内容の全体を捉え，保育実践において必要な視点について学びます。

1 保育の制度と場（フィールド）の全体像

1. 保育のフィールドの多様化──施設型保育と地域型保育事業

家庭外での保育といえば，幼稚園と保育所の歴史が長く，一般的にも

表 1-1　施設型保育と地域型保育事業

施設型保育		地域型保育事業
幼稚園		小規模保育事業
保育所		家庭的保育事業
認定こども園	幼保連携型 幼稚園型 保育所型 地方裁量型	事業所内保育事業 居宅訪問型保育事業

出典：筆者作成。

よく知られています。しかし保育をめぐる状況は，近年目まぐるしく変化しています。特に，2015年の「子ども・子育て支援新制度」により，保育の場（フィールド）は大きく変化しました。

表 1-1は，2019年現在の制度における，家庭外保育の場をまとめたものです。表 1-1の左列は「施設型保育」，右列は「地域型保育事業」となっています。

まずは左列の「施設型保育」からみていきます。すでに日本社会に定着している幼稚園と保育所に加え，近年では「認定こども園」が増加しつつあります。認定こども園は，4種類に分かれています。

次に右列には，「地域型保育事業」として4つの事業が示されています。地域型保育事業は，待機児童解消のため，「子ども・子育て支援新制度」の発足により開始した制度です。この制度は，0～2歳の子どもを対象とした，小規模（子どもの数が相対的に少ない）の事業所における保育を特徴としています。

このように，保育所・幼稚園・認定こども園という3つの施設型保育に地域型保育事業が加わることで，家庭外保育のフィールドが多様化しています。しかし，これらのフィールドで働くことになる保育者は，従来と同様「保育士資格」もしくは「幼稚園教諭免許状」を有する者である点は変更されていません。

2. 保育のフィールド①──施設型保育

　施設型保育は，幼稚園・保育所・認定こども園の3つに分類されます（表 1-2）。それぞれの根拠となる法令により，施設のもつ法的性格は異なります。3つの施設を比較しながら，それぞれの特徴を捉えましょう。

①法的位置づけ・所管

　幼稚園は，学校教育法に定められた学校の一つです。したがって，そこで行われるのは学校教育です。保育所は児童福祉法に定められた児童福祉施設であり，所管官庁（施設を監督する立場にある官庁）も違う二元

▷2　幼稚園は法的には「学校教育」とされるが，便宜的に「家庭外保育」の場として位置づけている。

表1-2　施設型保育の概要（幼稚園・保育所・幼保連携型認定こども園）

	幼稚園	保育所	幼保連携型認定こども園
法的位置づけ（所管官庁）	学校（文部科学省）	児童福祉施設（厚生労働省）	学校及び児童福祉施設（内閣府）
ガイドライン	幼稚園教育要領	保育所保育指針	幼保連携型認定こども園教育・保育要領
保育者（資格・免許）	幼稚園教諭（幼稚園教諭免許状）	保育士（保育士資格）	保育教諭（幼稚園教諭免許状・保育士資格の併有）
目　的	幼児を保育し，幼児の健やかな成長のために適当な環境を与えて，その心身の発達を助長すること（学校教育法第22条）	児童福祉法第39条の規定に基づき，保育を必要とする子どもの保育を行い，その健全な心身の発達を図ること（保育所保育指針）	就学前の子どもに関する教育，保育等の総合的な提供の推進に関する法律第2条の規定に基づき，義務教育及びその後の教育の基礎を培うものとしての満3歳以上の子どもに対する教育並びに保育を必要とする子どもに対する保育を一体的に行い，これらの子どもの健やかな成長が図られるよう適当な環境を与えて，その心身の発達を助長するとともに，保護者に対する子育ての支援を行うこと
目　標	学校教育法第23条	保育所保育指針第1章	就学前の子どもに関する教育，保育等の総合的な提供の推進に関する法律第9条
役　割	学校教育子育て支援	保育子育て支援	教育，保育子育て支援

出典：筆者作成。

的な制度が戦後続いてきました。

　近年の認定こども園は，表1-1でみたように，4種類あります。内閣府が，文部科学省・厚生労働省と連携して所管することになっています。「幼稚園型」は幼稚園，「保育所型」は保育所にそれぞれ準じます（幼稚園，あるいは保育所として監督を受けます）。「幼保連携型認定こども園」は法的な位置づけが特殊であり，「学校及び児童福祉施設」となっています。

②ガイドライン

　保育において子どもに何を教えるのか（内容），どのように教えるのか（方法）は，国によってその基準が定められています。その基準を「ガイドライン」と呼びます。日本には3つのガイドラインがあります。

　幼稚園は「幼稚園教育要領」，保育所は「保育所保育指針」，幼保連携型認定こども園は「幼保連携型認定こども園教育・保育要領」にそれぞれ従います。そして，これらは「大綱的な基準」とされます。

　大綱的であるとは，各ガイドラインで示されている基準は大まかなものであるという意味です。したがって個々の施設は，ガイドラインを逸脱しない範囲で，自律的・創造的に保育の計画を作成・実施し，特色を発揮することができます。

　国によってガイドラインが定められていることは，子どもたちの保育にとって，大変重要とされています。たとえば，「制度の公平性が高まり，施設や年齢集団の違いを超えて質水準を確保できる」「保育者の手引きや支援となり，教師と親とのコミュニケーションを促進し，就学前と初等教育段階の連続性を保証する」といった利点があげられています（OECD，2012＝2019，93頁）。

③保育者の資格・免許，施設の目的・目標，施設の役割

○保育者の資格・免許

　幼稚園で働く幼稚園教諭は「幼稚園教諭免許状」，保育所で働く保育士は「保育士資格」，幼保連携型認定こども園で働く保育教諭にはその両方の併有が求められます。これらの資格をもって保育のフィールドで働く職員を保育者と呼んでいます。

○施設の目的・目標

　施設の目的・目標は，施設の根拠となる法令で定められています。

○施設の役割

　施設の役割は，子どもに対する幼児教育と，保護者に対する子育て支援に分けられます。

　子育て支援は教育とは異なる専門性を要します。保育者には，子どもへの幼児教育を担うだけではなく，子育て家庭への支援に関する知識・技術が要求されます。[3]

▷3　第11章参照。

3. 保育のフィールド②──地域型保育事業

　地域型保育事業は，2015年の「子ども・子育て支援新制度」において新たに設けられたものです。職員は保育士であり「保育士資格」保有者が勤務します。そして，これらの事業も「保育所保育指針」に従うことが前提となっています。待機児童の解消という社会的な課題を背景として，多様な保育形態による保育が行われています（表1-3）。制度的には地域型保育事業として施設型保育と区別されていますが，「○○保育園」と名乗っている施設も多くあります。

　特徴は，基本的に0～2歳児（3歳未満児）を対象としている点，収容する子どもの数が少なく，小規模で行われる点にあります。また，居宅訪問型保育以外は，自園調理ができる環境が整っていることが条件となります。

　職員は保育士資格等を有することが望ましいとされていますが，必ずしも資格保有者ではなく，研修の受講をもって事業者となることができます。

表1-3　地域型保育事業

事　業		子ども数	職　員	特　徴
居宅訪問型保育事業		1名	必要な研修を修了し，保育士，保育士と同等以上の知識及び経験を有すると市町村長が認める者	保育を必要とする子どもの居宅における保育
家庭的保育事業		1～5名	家庭的保育者 （＋家庭的保育補助者）	保育者の居宅，その他の場所・施設において保育
小規模保育事業	A型	6～19名	保育士	保育者の居宅，その他の場所・施設において保育
	B型		2分の1以上が保育士	
	C型		家庭的保育者	
事業所内保育事業		19名以下	小規模保育事業A型・B型の基準と同様	事業所の従業員の子ども＋地域の保育を必要とする子ども（地域枠）
		20名以上	保育所の基準と同様	

出典：筆者作成。

　待機児童対策としての政策は，保育の受け皿（量）の拡充が中心となっています。しかし，保育士資格を保有しない職員による保育は，質保証という観点からは懸念もあります。量の拡充と同時に，質の低下を招くことがないようなチェック体制が整備される必要があります。

2　ガイドラインの全体構造と保育の基本原則

1. ガイドラインの全体構造

　保育内容総論では，保育のフィールドの多様性をふまえた上で，各ガイドラインに示されている保育内容と保育の基本原理を理解し，具体的な実践を構想する力が求められます（表1-4）。

　それぞれ第1章は「総則」として，幼児教育・保育の基本的視点が示されています。総則で取り扱われる各項目は，本書の第Ⅱ部で詳細が解説されています。

　第2章は「保育内容」について，「ねらい及び内容（幼稚園教育要領）」「保育の内容（保育所保育指針）」「ねらい及び内容並びに配慮事項（幼保連携型認定こども園教育・保育要領）」として示されています。第3節でみるように，保育所保育指針は発達過程によって区分されていますが，基本的には同一の内容が示されています。したがって，幼稚園・保育所・認定こども園と施設の種類が異なっていても，ガイドラインで示されている保育内容は同一であるということです。また，地域型保育事業の保育内容は保育所保育指針に従うこととされています。

　第3章以降は，施設によって違いがみられます。幼稚園教育要領の第

表1-4　ガイドラインの目次

幼稚園教育要領
前　文
第1章　総　則
　　第1　幼稚園教育の基本
　　第2　幼稚園教育において育みたい資質・能力及び「幼児期の終わりまでに育ってほしい姿」
　　第3　教育課程の役割と編成等
　　第4　指導計画の作成と幼児理解に基づいた評価
　　第5　特別な配慮を必要とする幼児への指導
　　第6　幼稚園運営上の留意事項
　　第7　教育課程に係る教育時間終了後等に行う教育活動など
第2章　ねらい及び内容
　　健康　人間関係　環境　言葉　表現
第3章　教育課程に係る教育時間の終了後等に行う教育活動などの留意事項

保育所保育指針
第1章　総　則
　　1　保育所保育に関する基本原則
　　2　養護に関する基本的事項
　　3　保育の計画及び評価
　　4　幼児教育を行う施設として共有すべき事項
第2章　保育の内容
　　1　乳児保育に関わるねらい及び内容
　　2　1歳以上3歳未満児の保育に関わるねらい及び内容
　　3　3歳以上児の保育に関するねらい及び内容
　　4　保育の実施に関して留意すべき事項
第3章　健康及び安全
　　1　子どもの健康支援
　　2　食育の推進
　　3　環境及び衛生管理並びに安全管理
　　4　災害への備え
第4章　子育て支援
　　1　保育所における子育て支援に関する基本的事項
　　2　保育所を利用している保護者に対する子育て支援
　　3　地域の保護者等に対する子育て支援
第5章　職員の資質向上
　　1　職員の資質向上に関する基本的事項
　　2　施設長の責務
　　3　職員の研修等
　　4　研修の実施体制等

幼保連携型認定こども園教育・保育要領
第1章　総　則
　　第1　幼保連携型認定こども園における教育及び保育の基本及び目標等
　　第2　教育及び保育の内容並びに子育ての支援等に関する全体的な計画等
　　第3　幼保連携型認定こども園として特に配慮すべき事項
第2章　ねらい及び内容並びに配慮事項
　　第1　乳児期の園児の保育に関するねらい及び内容
　　第2　満1歳以上満3歳未満の園児の保育に関するねらい及び内容
　　第3　満3歳以上の園児の教育及び保育に関するねらい及び内容
　　第4　教育及び保育の実施に関する配慮事項
第3章　健康及び安全
　　第1　健康支援
　　第2　食育の推進
　　第3　環境及び衛生管理並びに安全管理
　　第4　災害への備え
第4章　子育ての支援
　　第1　子育ての支援全般に関わる事項
　　第2　幼保連携型認定こども園の園児の保護者に対する子育ての支援
　　第3　地域における子育て家庭の保護者等に対する支援

出典：筆者作成。

３章は「教育課程に係る教育時間の終了後等に行う教育活動などの留意事項」が示されています。これは，いわゆる「預かり保育」に関する規定です。

保育所保育指針・幼保連携型認定こども園教育・保育要領は第３章「健康及び安全」，第４章「子育て（の）支援」と続き，共通の内容を備えています。また保育所保育指針では，第５章「職員の資質向上」が特徴的です。これは，「**保育士等キャリアアップ研修制度**」の創設を背景としています。

2. 養 護

日本の幼児教育・保育は，海外では Early Childhood Education and Care（ECEC）として示されるものに該当します。養護は，そのうち「ケア」に該当します。

保育所保育指針では，養護の目標とねらいが示されています（表1-5）。「生命の保持」と「情緒の安定」という２側面があり，教育の基盤としての役割を果たします。

幼保連携型認定こども園教育・保育要領では，「第１章 総則」「第３ 幼保連携型認定こども園として特に配慮すべき事項」の５に，養護についての記述があります（表1-6）。２つの項目は，生命の保持・情緒の安定にそれぞれ対応します。

養護と教育は一体的に行われる点に保育の特徴があります。したがって，養護は保育所や認定こども園のみで行われると捉えるべきではなく，幼稚園においても必要な視点であるといえます。

3. 幼児教育・保育が目指す子ども像

①資質・能力

幼児教育・保育を通して，どのような子どもを育てるかのビジョンは，３つの「育みたい資質・能力」として，ガイドラインに示されています。

これらの資質・能力は，施設を問わず共通のものです（表1-7）。同時に，これらの資質・能力は，日本の学校教育全体を通じて育むべきものとされ，就学前段階ではその「基礎」を育むという形式となっています。

②幼児期の終わりまでに育ってほしい姿

育みたい資質・能力に示されている子ども像は，そのままでは抽象的で，保育者によって多様な解釈が生じてしまいます。そこで，ある程度共通のビジョンが共有できるよう，「幼児期の終わりまでに育ってほし

▷4 **保育士等キャリアアップ研修制度**
2017年に開始された制度で，目安となる勤続年数を経て，研修を受講することで昇給するしくみ。その際，「副主任」「専門リーダー」「職務分野別リーダー」などの新しい役職に就くことになる。幼稚園は，「中核リーダー」「専門リーダー」「若手リーダー」などの新しい役職がある。認定こども園は，そのどちらかに準じる。

▷5　第7章参照。

表1-5　保育所保育指針における養護の目標とねらい

目　　標
十分に養護の行き届いた環境の下に，くつろいだ雰囲気の中で子どもの様々な欲求を満たし，生命の保持及び情緒の安定を図ること。

ねらい	
生命の保持	情緒の安定
①一人一人の子どもが，快適に生活できるようにする。 ②一人一人の子どもが，健康で安全に過ごせるようにする。 ③一人一人の子どもの生理的欲求が，十分に満たされるようにする。 ④一人一人の子どもの健康増進が，積極的に図られるようにする。	①一人一人の子どもが，安定感をもって過ごせるようにする。 ②一人一人の子どもが，自分の気持ちを安心して表すことができるようにする。 ③一人一人の子どもが，周囲から主体として受け止められ，主体として育ち，自分を肯定する気持ちが育まれていくようにする。 ④一人一人の子どもがくつろいで共に過ごし，心身の疲れが癒されるようにする。

出典：保育所保育指針。

表1-6　幼保連携型認定こども園教育・保育要領における養護

(1)　園児一人一人が，快適にかつ健康で安全に過ごせるようにするとともに，その生理的欲求が十分に満たされ，健康増進が積極的に図られるようにするため，次の事項に留意すること。
　ア　園児一人一人の平常の健康状態や発育及び発達の状態を的確に把握し，異常を感じる場合は，速やかに適切に対応すること。
　イ　家庭との連携を密にし，学校医等との連携を図りながら，園児の疾病や事故防止に関する認識を深め，保健的で安全な環境の維持及び向上に努めること。
　ウ　清潔で安全な環境を整え，適切な援助や応答的な関わりを通して，園児の生理的欲求を満たしていくこと。また，家庭と協力しながら，園児の発達の過程等に応じた適切な生活のリズムがつくられていくようにすること。
　エ　園児の発達の過程等に応じて，適度な運動と休息をとることができるようにすること。また，食事，排泄，睡眠，衣類の着脱，身の回りを清潔にすることなどについて，園児が意欲的に生活できるよう適切に援助すること。
(2)　園児一人一人が安定感をもって過ごし，自分の気持ちを安心して表すことができるようにするとともに，周囲から主体として受け止められ主体として育ち，自分を肯定する気持ちが育まれていくようにし，くつろいで共に過ごし，心身の疲れが癒やされるようにするため，次の事項に留意すること。
　ア　園児一人一人の置かれている状態や発達の過程などを的確に把握し，園児の欲求を適切に満たしながら，応答的な触れ合いや言葉掛けを行うこと。
　イ　園児一人一人の気持ちを受容し，共感しながら，園児との継続的な信頼関係を築いていくこと。
　ウ　保育教諭等との信頼関係を基盤に，園児一人一人が主体的に活動し，自発性や探索意欲などを高めるとともに，自分への自信をもつことができるよう成長の過程を見守り，適切に働き掛けること。
　エ　園児一人一人の生活のリズム，発達の過程，在園時間などに応じて，活動内容のバランスや調和を図りながら，適切な食事や休息がとれるようにすること。

出典：幼保連携型認定こども園教育・保育要領。

表1-7　育みたい資質・能力

(1)　豊かな体験を通じて，感じたり，気付いたり，分かったり，できるようになったりする「知識及び技能の基礎」
(2)　気付いたことや，できるようになったことなどを使い，考えたり，試したり，工夫したり，表現したりする「思考力，判断力，表現力等の基礎」
(3)　心情，意欲，態度が育つ中で，よりよい生活を営もうとする「学びに向かう力，人間性等」

出典：幼稚園教育要領，保育所保育指針，幼保連携型認定こども園教育・保育要領。

表1-8　幼児期の終わりまでに育ってほしい姿

(1)健康な心と体　(2)自立心　(3)協同性　(4)道徳性・規範意識の芽生え　(5)社会生活との関わり (6)思考力の芽生え　(7)自然との関わり・生命尊重　(8)数量や図形，標識や文字などへの関心・ 感覚　(9)言葉による伝え合い　(10)豊かな感性と表現

出典：幼稚園教育要領，保育所保育指針，幼保連携型認定こども園教育・保育要領。

い姿」が10項目示されています（表1-8）。

　これは，育みたい資質・能力が育まれている具体的な姿であり，5歳児後半にみられるようになる姿です。保育者は，これらの姿を念頭に，計画的に実践することになります。

　注意点は，幼児期の終わりまでに育ってほしい姿は，①到達目標ではないこと，②個別に取り出されて指導されるものではないこと，とされています。そして，保育者と小学校教師とが子どもの姿を共有し，就学前段階と小学校との円滑な接続に役立てられることが期待されています。▷6

▷6　就学前と小学校との連携についての詳細は，第13章参照。

③　保育内容の全体像

1. ねらい・内容・領域

　各ガイドラインの第2章には，「保育内容」が示されています。その中心は，「ねらい」と「内容」です。

　「ねらい」は，育みたい資質・能力を子どもの生活する姿から捉えたものであり，生きる力の基盤となる心情・意欲・態度です。ここで「ねらい」として示されている子どもの姿は，「幼児期の終わりまでに育ってほしい姿」へとつながっていく過程を捉えたものであるといえます。

　「内容」は，そのねらいを達成するために保育士が援助（指導）しながら，子どもが経験することです。「内容」に示されている項目を経験しながら，園生活の全体を通して，ねらいが達成されることが目指されます。

　そして，これらのねらいと内容は，子どもの発達の側面から以下の5つの領域にまとめられ，示されています（5領域）。

①　心身の健康に関する領域「健康」

②　人との関わりに関する領域「人間関係」

③　身近な環境との関わりに関する領域「環境」

④　言葉の獲得に関する領域「言葉」

⑤　感性と表現に関する領域「表現」

領域は，「ねらいと内容」を子どもの発達の側面からまとめたもので

あり，保育者が総合的な指導を行う視点，環境構成を行う際の視点にすぎません。したがって，小学校以降の教科のように，領域別の教育課程が編成されることや，特定の活動が特定の領域と結び付けられて指導されるものではありません。

2. 保育の内容

保育所保育指針・幼保連携型認定こども園教育・保育要領には，乳児保育の内容が独立して設けられています。ここでは，「3つの視点」が示されており（表1-9），1歳以上の保育内容（5領域）につながっていくという形式になっています。また，「1歳以上3歳未満」と，「3歳以上」とにねらいと内容が区分されています。

▷7　第15章参照。

1歳からは，1歳以上3歳未満児と，3歳以上児とに「ねらい・内容」が区分されています。以下に，各領域のねらいのみを示します（表1-10）。

各園では，ここで示されたねらいと内容を参考に，地域や園，子どもの実情に合わせてより具体的なねらいと内容を設定することになります。

すでに述べたように，幼児教育・保育は，園によって保育内容に多様性があるといわれます。それは，これらのガイドラインが保育の大枠を示したもの（大綱的なもの）であることに由来します。このことは，各園にとって保育内容の編成をめぐる自由度が高いというメリットもありますが，国全体でみれば，保育の質にばらつきが生じやすいというデメリットもあります。

表1-9　乳児保育（0歳）のねらい（3つの視点）

ア　健やかに伸び伸びと育つ（身体的発達に関する視点） 　① 身体感覚が育ち，快適な環境に心地よさを感じる。 　② 伸び伸びと体を動かし，はう，歩くなどの運動をしようとする。 　③ 食事，睡眠等の生活のリズムの感覚が芽生える。 イ　身近な人と気持ちが通じ合う（社会的発達に関する視点） 　① 安心できる関係の下で，身近な人と共に過ごす喜びを感じる。 　② 体の動きや表情，発声等により，保育士等（保育教諭等）と気持ちを通わせようとする。 　③ 身近な人と親しみ，関わりを深め，愛情や信頼感が芽生える。 ウ　身近なものと関わり感性が育つ（精神的発達に関する視点） 　① 身の回りのものに親しみ，様々なものに興味や関心をもつ。 　② 見る，触れる，探索するなど，身近な環境に自分から関わろうとする。 　③ 身体の諸感覚による認識が豊かになり，表情や手足，体の動き等で表現する。

出典：保育所保育指針。

表1-10　1歳以上3歳未満児・3歳以上児のねらい（5つの領域）

健康：健康な心と体を育て，自ら健康で安全な生活をつくり出す力を養う。	
1歳以上3歳未満児	3歳以上児
① 明るく伸び伸びと生活し，自分から体を動かすことを楽しむ。 ② 自分の体を十分に動かし，様々な動きをしようとする。 ③ 健康，安全な生活に必要な習慣に気付き，自分でしてみようとする気持ちが育つ。	① 明るく伸び伸びと行動し，充実感を味わう。 ② 自分の体を十分に動かし，進んで運動しようとする。 ③ 健康，安全な生活に必要な習慣や態度を身に付け，見通しをもって行動する。

人間関係：他の人々と親しみ，支え合って生活するために，自立心を育て，人と関わる力を養う。	
1歳以上3歳未満児	3歳以上児
① 保育所での生活を楽しみ，身近な人と関わる心地よさを感じる。 ② 周囲の子ども等への興味や関心が高まり，関わりをもとうとする。 ③ 保育所の生活の仕方になれ，きまりの大切さに気付く。	① 保育所の生活を楽しみ，自分の力で行動することの充実感を味わう。 ② 身近な人と親しみ，関わりを深め，工夫したり，協力したりして一緒に活動する楽しさを味わい，愛情や信頼感をもつ。 ③ 社会生活における望ましい習慣や態度を身に付ける。

環境：周囲の様々な環境に好奇心や探究心をもって関わり，それらを生活に取り入れていこうとする力を養う。	
1歳以上3歳未満児	3歳以上児
① 身近な環境に親しみ，触れ合う中で，様々なものに興味や関心をもつ。 ② 様々なものに関わる中で，発見を楽しんだり，考えたりしようとする。 ③ 見る，聞く，触るなどの経験を通して，感覚の働きを豊かにする。	① 身近な環境に親しみ，自然と触れ合う中で様々な事象に興味や関心をもつ。 ② 身近な環境に自分から関わり，発見を楽しんだり，考えたりし，それを生活に取り入れようとする。 ③ 身近な事象を見たり，考えたり，扱ったりする中で，物の性質や数量，文字などに対する感覚を豊かにする。

言葉：経験したことや考えたことなどを自分なりの言葉で表現し，相手の話す言葉を聞こうとする意欲や態度を育て，言葉に対する感覚や言葉で表現する力を養う。	
1歳以上3歳未満児	3歳以上児
① 言葉遊びや言葉で表現する楽しさを感じる。 ② 人の言葉や話などを聞き，自分でも思ったことを伝えようとする。 ③ 絵本や物語等に親しむとともに，言葉のやり取りを通じて身近な人と気持ちを通わせる。	① 自分の気持ちを言葉で表現する楽しさを味わう。 ② 人の言葉や話などをよく聞き，自分の経験したことや考えたことを話し，伝え合う喜びを味わう。 ③ 日常生活に必要な言葉が分かるようになるとともに，絵本や物語などに親しみ，言葉に対する感覚を豊かにし，保育士等や友達と心を通わせる。

表現：感じたことや考えたことを自分なりに表現することを通して，豊かな感性や表現する力を養い，創造性を豊かにする。	
1歳以上3歳未満児	3歳以上児
① 身体の諸感覚の経験を豊かにし，様々な感覚を味わう。 ② 感じたことや考えたことなどを自分なりに表現しようとする。 ③ 生活や遊びの様々な体験を通して，イメージや感性が豊かになる。	① いろいろなものの美しさなどに対する豊かな感性を持つ。 ② 感じたことや考えたことを自分なりに表現して楽しむ。 ③ 生活の中でイメージを豊かにし，様々な表現を楽しむ。

出典：保育所保育指針。

演習問題

(1)　幼稚園教諭免許状・保育士資格を用いて働くことのできるフィールドはどのようなものがあるでしょうか。

(2)　各ガイドラインが幼児期の終わりまでに目指す子ども像は，どのようなものでしょうか。

(3)　保育内容の領域の意味，またねらいと内容の関係について答えて説明してみましょう。

引用・参考文献

OECD 編著／秋田喜代美ほか訳（2019）『OECD 保育の質向上白書——人生の始まりこそ力強く：ECEC のツールボックス』明石書店（OECD（2012）*Starting Strong III A Quality Toolbox for Early Childhood Education and Care*）。

厚生労働省（2018）『保育所保育指針解説』フレーベル館。

内閣府・文部科学省・厚生労働省（2018）『幼保連携型認定こども園教育・保育要領解説』フレーベル館。

文部科学省（2018）『幼稚園教育要領解説』フレーベル館。

第2章
保育のプロセス
——計画・実施・評価・改善——

　実際の保育の過程をなぞりながら，それぞれのステップで必要な視点や配慮すべき点について学びます。本章で紹介する過程を質的に高めていくことで，保育の質を向上することが各園には求められています。

　計画・実施・評価・改善のステップには，すべての保育者が主体的に参画することが望ましいとされています。

　2017年に学習指導要領等（幼稚園教育要領・保育所保育指針・幼保連携型認定こども園教育・保育要領を含む）が改訂されました。そのうち，幼稚園教育要領には新たに「前文」が設けられました。そこでは，小学校以降も含めた学校教育全体で「社会に開かれた教育課程」の実現が目指されるべきとされています。ポイントは，以下の3点です。

①　よりよい学校教育を通じてよりよい社会をつくるという理念を学校と社会とが共有する。

②　それぞれの幼稚園において，幼児期にふさわしい生活をどのように展開し，どのような資質・能力を育むようにするのかを教育課程において明確化する。

③　社会との連携および協働によりその実現を図っていく。

　ここでは，幼稚園教育を含めた学校教育が，子どもたちを取り巻く社会のあり方を意識したものでなければならないという考え方が示されているといえます。第1章で述べた「資質・能力」を身につける幼児教育・保育が実践され，各園の理念が実現されているかどうか，各学校ならびに各園は，社会の側から厳しくチェックされるということです。

　社会に開かれた教育課程という言葉は，「保育所保育指針」「幼保連携型認定こども園教育・保育要領」には登場しません。しかし，その目指す方向性には共通する部分があります。それは，「資質・能力」「幼児期の終わりまでに育ってほしい姿」の明確化や，保育の計画の作成と評価，評価をふまえた改善について，記載内容が充実したことにも表れています。

　また，「幼稚園教育要領」「幼保連携型認定こども園教育・保育要領」では，カリキュラム・マネジメントという言葉が新しく登場しています。

　カリキュラム・マネジメントとは，教育課程に基づき「組織的かつ計

表2-1　各ガイドラインにおける用語の記載

	幼稚園教育要領	保育所保育指針	幼保連携型認定こども園教育・保育要領
社会に開かれた教育課程	○	×	×
カリキュラム・マネジメント	○	×	○

出典：筆者作成。

画的に教育活動の質の向上」をすることです。これは，保育所保育指針において「保育の質の向上」の過程として示されている「計画→計画に基づく保育（保育の実施）→評価→改善」というステップの循環と共通しています。したがって，カリキュラム・マネジメントという考え方は，保育所においても無関係とはいえません（表2-1）。

　本章では，一連の過程を「計画→実施→評価→改善」というステップに分けて，ポイントや留意点を解説します。

1　保育の計画（Plan）

1. 保育の計画の全体像

　各園で保育内容を具体化する第一歩が，園全体の計画を立てることです。保育の計画は，園の種類によって，その名称や内容が異なります（表2-2）。

　園全体の計画である「全体的な計画」が最も大きなものであり，各園のあらゆる計画を含みこむものです（表2-2，列①）。そして，全体的な計画の中に，内容に応じた計画がつくられます（表2-2，列②）。具体的な保育計画である指導計画は，長期のものと短期のものとに分かれます（表2-2，列③）。

　教育課程は，幼稚園教育要領において，幼稚園における全体的な計画の中心に位置づけられています。そして，全体的な計画に基づき，年・期・月などの指導計画である「長期の指導計画」や，週・日・設定保育などの指導計画である「短期の指導計画」が位置づけられることになります。

2. 指導計画を作成する手順と留意点

①全体的な計画

　全体的な計画の作成は，「組織的・計画的に行われる」必要がありま

▷1　設定保育は，保育者の願いや教育的意図に基づいて行われる。自由保育を補うものと位置づけられており，教育実習や保育実習で指導計画を作成する際は，設定保育の部分指導計画の作成を行う場合が多い。

表2-2　保育の計画の全体

園　種	①全体的，包括的な計画	②内容に応じた包括的計画	③具体的な保育計画
幼稚園	全体的な計画	○教育課程 ○教育課程に係る教育時間の終了後に行う教育活動の計画 ○学校保健計画 ○学校安全計画	○指導計画 • 長期の指導計画（年間計画・期間計画・月間計画） • 短期の指導計画（週間計画・全日計画・部分計画）
保育所	全体的な計画	○保健計画 ○食育計画 ○防災計画 ○職員の研修計画	○指導計画 • 長期の指導計画（年間計画・期間計画・月間計画） • 短期の指導計画（週間計画・全日計画・部分計画）
幼保連携型認定こども園	全体的な計画（教育及び保育の内容並びに子育ての支援等に関する全体的な計画）	○3歳以上児は幼稚園に準じて ○3歳未満児は保育所に準じて ○子育ての支援等の内容の計画	○指導計画 • 長期の指導計画（年間計画・期間計画・月間計画） • 短期の指導計画（週間計画・全日計画・部分計画）

出典：太田光洋編著（2019）『保育内容総論——生活・遊び・活動を通して育ちあう保育を作る』同文書院，112頁をもとに筆者作成。

す。その際，①各園の保育の理念を明確化し，職員間で共有すること，②職員間の対話を通して，編成されることが望ましいとされます。この過程では，各ガイドラインにおける「幼児期の終わりまでに育ってほしい姿」をふまえ，園生活の全体を通してねらいが総合的に達成されるように計画される必要があります。

　また，地域・園・子どもの実態に合わせて作成されることも重要です。園・子どもの状況や環境をふまえて適切な計画を立てること，利用可能な資源を有効に活用することなどに配慮します。

②指導計画

　全体的な計画に基づき，長期・短期の指導計画が作成されます。その際，ねらい・内容を具体的に設定し，そのための環境構成を行います。

　配慮すべき点は，長期の指導計画と短期の指導計画とが関連づけられること，特に短期の指導計画は，①子どもの生活リズムへの配慮，②子どもの意識や興味という連続性活動の関連性などに配慮します。

　幼稚園教育要領では，「言語活動」や「情報機器の活用」などが重視されてきています。これらの背景には，資質・能力の3つの柱や，小学校との円滑な接続があります。

▷2　第1章第2～3節参照。

　保育所保育指針や幼保連携型認定こども園教育・保育要領では，3歳未満児の個別的な計画・3歳以上児の子ども個人と共同的な活動・異年齢保育における適切な援助など，子どもの発達に応じた計画について配

慮するよう促されています。また養護との関連で，活動と休息，緊張感と開放感等の調和，午睡の重要性や個別の対応の必要があること，長時間保育や障害のある子どもの保育についての配慮事項があげられています。

▷3　第16章参照。
▷4　第17章参照。

3. 指導計画における行事の取扱い

多くの園では，運動会や生活発表会などの行事が実施されています。そこでは，マーチングや組体操，ダンスや劇など，子どもたちの「演技」が保護者に向けて披露されることが多いのではないでしょうか。しかし，これらの演技は子どもたちが一斉に行うもの，集団的なものになることも多く，その練習や準備は，保育者主導の活動になりがちです。特に，結果やできばえにこだわるほど，こうした傾向が強くなり，子どもにとっての負担になる可能性があります。

幼稚園教育要領では，行事の指導は「幼稚園生活の自然の流れの中で生活に変化や潤いを与え」ること，「幼児が主体的に楽しく活動できる」ことに注意を促しています。また，行事は「教育的価値を十分検討し，適切なものを精選し，幼児の負担にならないようにする」とされます。このように，全体的な計画や年間計画などの長期の指導計画を立てる際の，行事の位置づけに十分配慮することが求められています。

保育所においても，同様の考え方が必要です。行事が，子どもの普段の生活からかけ離れた集団演技を披露する機会となり，園の自己満足や保護者サービスという側面が強くなっていないかを検証すべきです。行事は，子どもにとっての教育的価値という観点からその役割を明確にしつつ，全体的な計画における位置づけを検討することが求められています。

②　保育の実践（Do）

1. 環境構成の工夫と保育者の役割

保育・幼児教育の方法は「環境を通して行う保育／教育」という考え方に基づきます。ここでいう環境とは，子どもを取り巻くあらゆるものを指しています。それら直接的・具体的経験としての「環境との相互作用」を通して，子どもが資質・能力を身につけるという考え方です。教育資源である環境と子どもとの関わりを，保育者はコーディネートします。

▷5　第8章参照。

　保育の計画から実施までのプロセスは，以下の通りにまとめることができます。

①　幼児の姿から，ねらいと内容を設定する。

②　ねらいと内容に基づいて環境を構成する。

③　幼児が環境に関わって活動を展開する。

④　活動を通して幼児が発達に必要な経験を得ていくような適切な援助を行う。

　保育者の役割は，「子どもの姿からねらいと内容を設定→環境の構成→活動の展開→子どもが必要な経験を得られるよう適切な援助」をするという流れで展開します。これが，日本の保育・幼児教育実践であり，「教育」といっても，「知識を教授する」といった役割を担うのではないことに注意が必要です。

2. 観察と記録

①記録の重要性と意義

　PDCA サイクルに従えば，保育の実施後は，保育の評価というステップへと進むことになります。しかし保育の評価とは，頭の中で振り返ることを指すのではありません。重要になるのは，保育の記録です。記録をつけて保育の様子を言語化し，保存します。また，保育者の体験的・感覚的な気づきを意識化することができ，それにより他の保育者との共有が可能になります。その蓄積により，子どもの理解も深まることが期待されます。

　文部科学省（2013）では，指導の過程の記録について，①幼児の発達の理解，②教師の指導の改善の2つの側面から重要であるとしています。そして，記録という作業を通してこの2点を促進することを，教師（保育者）の専門性を向上するために必要な過程と位置づけています。

　そして，記録の意義（どのように記録を生かすか）について5つの視点から以下のように述べています。

①　幼児理解を深めるために

②　幼児理解を基に次の保育を構想するために

③　教師と幼児との関係を省察し，教師自身の幼児の見方を振り返るために

④　他の教師と情報を共有し，自分の保育を見直すために

⑤　幼児の学びの軌跡を残し，保護者との連携に生かすために

（文部科学省，2013，9～15頁）

　記録に基づいた振り返りは，保育の改善や保育者の専門性の向上に

とって重要と位置づけられています。そして，ここで示されている記録の意義は，保育の評価と密接に関わっています。記録は，カリキュラム・マネジメントや保育の質向上にとって重要な役割を果たしています。

こうした記録の重要性に鑑み，保育実習や教育実習においては，「実習記録」の作成が義務づけられています。

表2-3　観察の焦点

対象	具体的な焦点
子ども	行為 思い・願い 心情・意欲・態度
保育者	行為 教育的意図
環境	構成 配置や位置関係 環境構成の意図

出典：筆者作成。

②観察と記録の方法

○観察の特徴と焦点

保育者は観察したことしか記録できません。日々の実践の何をどのように記録するのかは，保育者が何を観察し，記録すべき事項と判断するか，その焦点によって異なります。

しかも保育者による観察は，第三者として保育の場を外から眺めることはできません。保育の中で子どもたちと関わりながら観察せざるを得ないので，保育者の観察は「関与しながらの観察」になるのが普通です。

したがって保育者の観察は，客観的なものではあり得ません。保育者の主観が反映されるものです。そこでは，何を観察すべきかの「焦点」が重要です。そしてその焦点は，記録をどのように活用するか，その目的によって異なります（表2-3）。

一般的には，①子ども，②保育者，③環境のそれぞれに焦点化して，観察することが求められます。そしてその際，それぞれの関係にも注目することで，「厚み」のある記録になります。

○記録の方法

記録の方法は，その目的によって多様です。文部科学省「幼稚園教育指導資料」では，①名簿に書き込む記録，②一定の枠組みを決めて書く記録，③日案に書き込む記録，④学級全体の遊びを空間的に捉える記録などが紹介されています（文部科学省，2013，24～33頁）。

このうち，②では，時系列で子どもと保育者・環境を捉えようとする記録が一般的です。④では，環境図（マップ図）記録などがあります。

そのほか，特定のエピソードを中心にその細部まで描き出し，再現する**エピソード記述**[46]では，写真や画像・音声などの記録を駆使するなどの方法も取られます。また，子ども個人の記録の蓄積としての**ポートフォリオ**[47]も子どもの育ちの「物語」を描き出す手法の一つとして注目されています。

▷6　**エピソード記述**
特定の出来事（エピソード）に注目し，詳細な記録を作成することで，保育の捉えなおしや，カンファレンスの資料として用いられる。鯨岡（2005）などを参照。

▷7　**ポートフォリオ**
子どもの作品や記録などを蓄積した「学びの履歴」。子どもの長期的な成長や，園生活全体を通してどんな力が育っているかを捉えるには有効とされる。

3 評　価（Check）

　保育の評価は，保育者個人が行うものから，園全体で組織的に行うものまであります。また，日々の実践の中で行われる評価と，制度化された評価とに分けて考えます（表2-4）。

表2-4　保育の評価

	実践の中の評価	制度化された評価
保育者	指導計画の評価 （記録に基づく評価） 省察	自己評価
園全体	反省会や園内研修などによる振り返り	自己評価 （保育者の自己評価に基づく）
		関係者評価・第三者評価 （外部評価）

出典：筆者作成。

1. 実践の中の評価

　『幼稚園教育要領解説』では，評価の妥当性や信頼性を高めるための創意工夫の例として，「幼児一人一人のよさや可能性などを把握するために，日々の記録やエピソード，写真など幼児の評価の参考となる情報を生かしながら」評価を行うことがあげられています（文部科学省，2018，121頁）。ここで記録は，評価の妥当性・信頼性を高めるための手段として位置づけられています。記録によって妥当性や信頼性を高めつつ，保育者は個々の実践を省察することが求められます。

　保育の実施後の記録をふまえて，指導計画の評価が行われます。その際の視点として，『幼稚園教育要領解説』では，「評価は幼児の発達の理解と教師の指導という両面から行うことが大切である」とされています。

①幼児の発達の理解

　まず，幼児の発達の理解という観点から指導計画の評価を行うことが考えられます。

　幼稚園教育要領では，幼児理解に基づいた評価について，「指導の過程を振り返りながら幼児の理解を進め，幼児一人一人のよさや可能性などを把握し，指導の改善に生かすようにすること。その際，他の幼児との比較や一定の基準に対する達成度についての評定によって捉えるものではないことに留意すること」とされています。保育中の子どもの姿を通して，保育を評価・改善しようとする観点です。

②保育者の指導の改善

次に，保育者の指導の改善，という観点から指導計画の評価を行うことが考えられます。その際の評価の視点としては，「教師の関わり方は適切であったか」「環境の構成はふさわしいものであったか」「あらかじめ教師が設定した指導の具体的なねらいや内容は妥当なものであったか」などがあげられています（文部科学省，2019，11頁）。

これら2つの観点は，独立したものではなく，相互に関連し合いながら進行します。そして，保育者個人による評価だけでなく，園全体で共有し，カンファレンスやケース会議，園内研修などを行うことも有効と考えられます。

2. 制度化された評価

①保育者個人の自己評価

保育所保育指針において，保育者の自己評価について「保育士等は，保育の計画や保育の記録を通して，自らの保育実践を振り返り，自己評価することを通して，その専門性の向上や保育実践の改善に努めなければならない」とされています。保育者自身がこのような過程による自己研鑽の意識をもつと同時に，組織的にこの過程を後押しする必要があるといえます。[8]

②園の評価

○幼稚園の評価

幼稚園については『幼稚園における学校評価ガイドライン』（文部科学省，2010）に基づいて実施されます。評価の方法は「自己評価」「学校関係者評価」「第三者評価」に分けられます（表2-5）。

○保育所の評価

保育所の自己評価として，「保育所は，保育の質の向上を図るため，保育の計画の展開や保育士等の自己評価を踏まえ，当該保育所の保育の内容等について，自ら評価を行い，その結果を公表するよう努めなければならない」とされており，努力義務が課されています。保育内容の見える化・情報公開（評価結果の公表）が保育所にも求められているといえます。[9]

③園外部との関わりと評価

○関係者評価

幼稚園の「学校関係者評価」では，保護者や地域住民の代表，地域の子ども・子育て関係者などによる学校関係者評価委員を組織します。そこで，園全体の自己評価をもとに，評価を受けます。

▷8 厚生労働省（2009）「保育所における自己評価ガイドライン」に目的などの詳細が記載されている。

▷9 ▷8と同じ。

表2-5　学校評価（幼稚園）の分類と概要

自己評価	実施義務　結果公表義務　設置者報告義務
学校関係者評価	実施義務　結果公表努力義務　設置者報告義務
第三者評価	設置者が必要なときに実施

出典：筆者作成。

　保育所は，多くの場合，社会福祉法人が運営しています。社会福祉法人は，評議員会の設置が義務づけられており，ここで運営が適正に行われているかどうか評価を受けたり，地域のニーズを伝えたりすることになります。施設の種別を問わず，保育も地域社会に開かれたものになることが期待されているといえます。

○外部評価（第三者評価）

　外部評価（第三者評価）は，制度的に義務づけられていません。しかし，専門家・同業者による客観的な視点から，保育内容の外部評価を行うことは意味があると考えられます。

4　保育の改善（Action）と保育の質

　評価のステップを経て，保育の改善を行います。それにより，保育の質の向上を目指します。そのためには，考慮すべき要素や視点があります。

1. 改善のための諸要素

①リーダーシップ

　保育の改善には，組織全体で取り組むことが必要です。職員全体で取り組むべき重点的課題を設定し，今後の方向性を共有する必要があります。定期的に，園内研修として振り返る機会を設けることが求められます。

　秋田喜代美らによれば，園長のリーダーシップは，保育者の意欲・知識・スキルなどに直接影響を及ぼすとされます。また，職員の同僚性，人間関係に影響を与えるため，間接的に保育環境や保育の実践自体に影響し，子どもの発達にも影響を与えると考えられています（秋田ほか，2016）。そして，「効果的なリーダーシップ」として，①方向づけのリーダーシップ（共通のヴィジョンの構築・効果的なコミュニケーション），②協働的リーダーシップ（チーム文化の活性化・保護者との協働の促進），③他者を力づけるリーダーシップ（他者の主体性を引き出す），④教育のリーダーシップ（学びをリードする）があげられています（秋田ほか，2016；

Siraj-Batchford & Hallet, 2014)。

　特に，④の保育者の学びをリードする「教育のリーダーシップ」が発揮され，保育者が保育を改善していくことに向き合える環境づくりに，管理職が果たす役割は大きいといえます。

②同僚性

　同僚性とは，同じ職場の職員同士の関係性を指す概念であり，互いの専門性を高め合う同僚性を構築することが重要とされます。紅林(2007)は，日本の教師の同僚性がもつ特徴のうち，マイナスの側面をいくつか指摘しており，それは以下の3点に要約できます。

　①　同僚との共同歩調志向が強く，独自の活動や実践を抑える。

　②　互いの教育への取り組みや実践を介しての交流が多くない。

　③　「プライベート重視」の傾向により同僚との関係性が希薄になる。

　これらは，日本の教師研究から導き出された課題ですが，保育者にも当てはまる部分が多いと考えられます。同僚性が保育者同士の協力関係を生み出し，学び合うチームづくりのために機能することが重要です。

2. 保育の質向上の視点

①エビデンスに基づく保育／教育

　保育の質向上には，保育の実践が子どものどのような育ちに結びつくのか（ついたのか）を問う視点が重要です。その際，科学的根拠（エビデンス）を考慮し，保育実践の妥当性を検討することが必要になります。

　こうした視点は，「なぜその保育が必要か」を社会に向けて発信する際には不可欠です。説明責任（アカウンタビリティ）や，「社会に開かれた」保育が重視されていることと関連しています。保育実践が見直されることなく，これまでの伝統・慣習がルーティン化していることも多いと考えられます。子どもにとって必要な実践かどうか，検証する視点が重要です。

②保育による格差是正

　子どもの教育格差は，親の学歴や経歴，居住する地域など，子どもが生まれながらに与えられた条件によって，ある程度決定していることがわかっています（松岡, 2019）。幼児教育・保育において，子どもが多様な資質・能力を身につけることは，子どもの貧困や格差といった社会的課題の解決につながるという知見は，これからの日本社会において重要です。家庭から良い影響を受けられる子どもばかりではありません。家庭から受ける不利益から子どもを守るためにも，一人ひとりの子どもや家庭背景に配慮し，一人ひとりの子どもにとっての「利益」とは何かを

見通す視点が求められているといえます。

③「特別な教育的ニーズ」への対応

　子ども一人ひとりが「ニーズ（要求）」をもった存在であることを前提に，そのニーズに応えることが求められています。家庭環境や本人の特性への理解が重要です。障害，言語・文化・性別などへの特別な配慮を組織的に行うことで，すべての子どもが利益を享受できる環境づくりを目指しましょう。

(演習問題)

(1)　保育の全体的な計画と指導計画の関係について述べ，計画立案にあたっての注意点を説明してみましょう。

(2)　保育の記録の意義について説明してみましょう。

(3)　実践の中の評価の観点と，その内容について説明してみましょう。

引用・参考文献

秋田喜代美・淀川裕美・佐川早季子・鈴木正敏（2016）「保育におけるリーダーシップ研究の展望」『東京大学大学院教育学研究科紀要』第56巻，283～306頁。

鯨岡峻（2005）『エピソード記述入門』東京大学出版会。

紅林伸幸（2007）「協働の同僚性としての《チーム》──学校臨床社会学から」『教育学研究』第74巻第2号，36～50頁。

厚生労働省（2009）「保育所における自己評価ガイドライン」。

厚生労働省（2018）『保育所保育指針解説』フレーベル館。

内閣府・文部科学省・厚生労働省（2018）『幼保連携型認定こども園教育・保育要領解説』フレーベル館。

松岡亮二（2019）『教育格差』筑摩書房。

文部科学省（2010）「幼稚園における学校評価ガイドライン」。

文部科学省（2013）『指導と評価に生かす記録（幼稚園教育指導資料第5集）』チャイルド本社。

文部科学省（2018）『幼稚園教育要領解説』フレーベル館。

文部科学省（2019）「幼児理解に基づいた評価」。

Siraj-Blatchford, I. & Hallet, E. (2014) *Effective Caring Leadership in the Early Years*, SAGE Publications.

第3章
保育内容の歴史と社会的背景

　保育内容は，政治・経済・社会・宗教・文化などの移り変わりに応じて，様々に変化していきます。本章では，時代とともに変遷する保育内容について掘り下げ，保育内容の過去・現在・未来について考察します。まず，保育内容を支える子ども観とその変化について確認します。次に，明治期から現在までの日本の保育内容の具体的な変化について，社会的背景とともに解説します。

1 保育内容を支える子ども観

　中世ヨーロッパには，乳幼児の体を布で巻いて固定するスワドリング（swaddling）という産育習俗がありました（図3-1）。手足を美しく伸ばしたり，大人の仕事や生活を邪魔しない場所に長時間置いておけることに加え，理性を重視する大人の世界に子どもを近づけまいとするキリスト教の影響があったとされています。子どもの体をしばり放置するスワドリングは，現代日本の物差しで測れば身体的虐待やネグレクトとみなされるかもしれません。しかし，現代日本と中世ヨーロッパとでは，子どもを取り巻く状況が違います。出生後すぐに亡くなる子どもが多く，子どもの命に対する執着は現代日本ほど高くありませんでした。子どもという存在をどのように捉えるかという子ども観は，政治や経済，社会情勢や宗教などの影響を受けて変わり，保育のあり方を方向づけます。保育者は保育の背後にある子ども観を理解し，どのように保育を行うかだけでなく，なぜその保育を行うのかを意識する必要があります。

　近代以降，スワドリングは批判されていきますが，その代表的人物として知られるのがルソー[1]です。ルソーは，教育について論じた『エミール』（*Émile, ou De l'éducation*）の中で，子どもは大人と違う独自の世界や考え方をもち，発達段階に応じた関わりが重要だと述べました。大人が無理やり教え込むのではなく，子どもが自ら成長しようとする内発的な力（自然）を重視する合自然の教育を行うべきだとしたのです。世界初の幼稚園・一般ドイツ幼稚園を創設したフレーベル[2]は，こうしたルソーやペスタロッチ[3]の教育思想に影響を受けました。その上で，フレーベルは，遊びを通して創造力や共同性を養うことができると考え，恩物

図3-1　スワドリングを施された子ども

15世紀にイタリア・ヴェネツィアで活躍したヴィヴァリーニ（Vivarini, Bartolomeo）による祭壇画「聖母マリアの誕生」（The Birth of Mary, 1473）。幼い聖母マリアがスワドリングを施された姿で描かれている。
出典：サンタ・マリア・フォルモーザ教会所蔵（Venice, Santa Maria Formosa）。

▷1　**ルソー**（Rousseau, J.-J. 1712-1778）
ジュネーヴで生まれ，フランスで活躍した啓蒙思想家。社会契約説を唱え，フランス革命に大きな影響を与えた。1762年に刊行された教

育小説『エミール』では，ルソー自身が家庭教師となり，一人の男の子・エミールを教育する過程を通じて，発達段階に応じた教育のあり方を説いた。

▷2　フレーベル（Fröbel, F. W. A. 1782-1852）

世界で初めて幼稚園（Kindergarten）を創立したドイツの教育者。『人間の教育』『幼児教育論』を著した。遊びは子どもの神性（神が創った内面的法則）の発露や表現であり，遊びを通して幼児教育が行われるべきと説いた。

▷3　ペスタロッチ（Pestalozzi, J. H. 1746-1827）

スイスの教育実践家・思想家。農場ノイホーフでの貧困児教育やシュタンツ孤児院での教育実践をもとに，『隠者の夕暮れ』『シュタンツだより』等を著した。事物の観察や体験を通して数・形・言語を具体的に認識させ，子どもの発育・発達を援助する直感教授を発案し，フレーベルの幼児教育に大きな影響を与えた。

図3-2　恩物を用いた保育

明治期に宮川春汀が描いた「小供風俗画 板ならべ」。第七恩物「色板」を使う様子が見て取れる。第七恩物は，彩色した正方形や三角形，半円の板を机の目の上に並べるもので，作業能力や知能の向上，美的観念や創造力を育てることをねらいとした。絵の中の子どもたちは，保母の指導のもとで，二等辺三角形の板を決められた形に並べている。

出典：くもん子ども浮世絵ミュージアム所蔵。

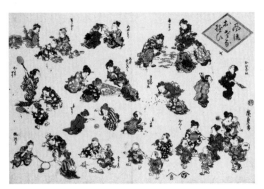

図3-3　風流おさなあそび

「東海道五十三次」で知られる浮世絵師・歌川広重が，1830年代初頭に描いたとされる「遊びづくし絵」。12種の遊び（ままごと，狐つり，歌かるた，追い羽根，道中双六，手まり，折紙，あやとり，きさごはじき，手だま，ぽんぽん，ほたるがり）が描かれ，江戸後期の子どもの遊びや玩具を知ることができる。遊びを楽しむ子どもの表情やしぐさがいきいきと描かれているのが印象深い。

出典：くもん子ども浮世絵ミュージアム所蔵。

（図3-2）を用いて子どもの知覚や認識を発達させようとしたのです。このように近代以降，人間や環境との関わりによって子どもは変わるという子ども観のもと，保育に関する知識や技法が次々と生み出されていきました。

　フレーベルとほぼ同時期，産業革命の只中にあったスコットランドでは，労働者とその子どもを対象に実業家オーエン（Owen, R.）が学校を設立しました。生活に困窮した労働者は子どもの世話をする余裕がなく，貧困児は劣悪な工場での労働を強いられていました。こうした厳しい状況で，労働者の飲酒や怠惰，不道徳，犯罪などが問題視されていきました。オーエンは「人間は環境によって形成される」という考えのもと，丈夫で健康な規律に従う労働者を育てようとしました。自らが経営する紡績工場に性格形成学院という学校を付設し，3〜6歳を対象とした準備学校（幼児学校）を設けました。ダンスや音楽，模型や絵の観察，会話，運動などを行い，楽しく遊んだり子ども同士が助け合うことが重視されました。また，当時は当たり前だった鞭や罵声による教え込みを否定したことも画期的でした。

　ここで少し日本に目を向けてみましょう。江戸時代には子ども絵，母子絵と呼ばれる子どもを題材にした絵が多く描かれました（図3-3）。子どもは家や共同体の継承者として大切にされ，子どもが遊ぶ様子を微

笑ましく見つめる大人の姿がありました。一方で，疫病や自然災害で命を落としたり，貧しさなどから堕胎や子殺し，捨子や人身売買が行われることも珍しくありませんでした。すなわち江戸時代には，育てる子どもとそうでない子どもとの間に，異なる子ども観が存在したといえます。

2　保育内容の導入──明治大正・昭和戦前戦中期

1. 幼稚園と託児所の創設

　欧米から日本に幼児教育・保育が紹介されたのは，明治期以降のこと。明治政府は，富国強兵を進めようと欧米を模した学校制度を導入し，後に教育の根本理念として「**教育勅語**」を定めました。1876（明治9）年，日本最初の幼稚園として東京女子師範学校附属幼稚園（図3-4）が設立されます。身心の発育と善良な言動の習得を目的とし，保育内容は「物品科・美麗科・知識科」に区分されていました。このうち知識科には「説話・恩物・遊戯・体操・粘土細工・計数・博物理解」など25項目が定められ，年齢に応じて1週間の保育計画が設定されていました（表3-1）。主席保母となったドイツ人の**松野クララ**は，日本に恩物を用いた幼児教育を伝えました（図3-2）。

　「教育令」（1879（明治12）年）などにより学校制度は整備されましたが，幼稚園に関する規程や法令は長い間ありませんでした。しかし，幼稚園の急増などを受け（図3-5），はじめて詳細な法的規則「幼稚園保育及

図3-4　東京女子師範学校附属幼稚園の保育

幼稚鳩巣遊戯之図（1879年頃）。東京女子師範学校附属幼稚園の園児たちが，唱歌遊戯「家鳩」を行う様子が書かれている。手をつないでつくった円を鳩の巣に見立て，歌に合わせて円を閉じたり開いたりして遊ぶ。保育者の松野クララ，豊田芙雄，近藤濱の姿も見られる。子どもたちは整った着物や洋服を着ており，裕福で先進的な家庭の出身であることがうかがえる。

出典：原図は大阪市立愛珠幼稚園所蔵。デジタルデータはお茶の水女子大学所蔵。

▷4　**教育勅語**
1890年に発布された教育に関する勅語（天皇が臣民に下賜した言葉）。親孝行や勉学に励むこと，国家の危機には身を挺して日本皇室を助けるといった守るべき徳目が記され，戦前の国民道徳や国民教育の根幹となった。「教育基本法」制定の動きを受け，1948年に廃止された。

▷5　**松野クララ**（1853-1941）
ベルリンで生まれ，フレーベルが創設した保母学校で学んだ。1876年に来日して林学者・松野礀と結婚。東京女子師範学校附属幼稚園の主席保母となり，豊田芙雄や近藤濱などと保育に携わり，恩物や遊戯など幼児教育の基礎を日本に伝えた。

▷6　**キングスレー館付設三崎町幼稚園**
キングスレー館はキリスト教徒で労働運動家の片山潜により，東京神田に設立されたセツルメント（貧困地域に定住しながら地域住民の生活向上のための支援を行う施設）。1898年に三崎町幼稚園が付設された。労働者や貧困家庭の子どもに「児童ノ体育及ヒ智徳ノ教育」を行うとし，「会話・行儀・手技・唱歌・遊戯」を保育内容とした。

▷7　**二葉幼稚園**
1900年にキリスト教徒の野口幽香と森島峰が創設した「貧民幼稚園」。2人は裕福な上流階級の子どもの通う華族女学校附属幼稚園に勤める保母だった。両親の保護監督を受け，多くの付添人を従える華族女学校附属幼稚園の園児に対して，通勤途中で出会う貧困児は，両親から十分に顧みられず，衣食住も整わない状態にあり，将来国家の秩序を害す

ことも憂慮された。そこで、貧困児に教育を施すことを目的に、東京麹町に二葉幼稚園を開設した。後に東京最大のスラム街のあった四谷鮫河橋に移転、1916年に二葉保育園に改称し、内務省管轄の託児所となった。

▷8　子守学校
就学年齢の子どもによる弟妹や他家の乳幼児の子守りは珍しいことではなかったが、学校制度が導入・整備される中で、子守りを理由とした就学率の低さ（特に女児）や乳幼児の発育・発達への影響などが問題視されるようになった。初等学校教員の渡辺嘉重が茨城県猿島郡小山村（現・坂東市）に設立した小山子守学校や、赤沢鍾美が貧困児を対象とした私塾・新潟静修学校に併設した保育施設が知られる。

表3-1　東京女子師範学校附属幼稚園の保育計画

	第一ノ組　小児満五年以上六年以下						但シ保育ノ余間二体操ヲ為サシム
	月	火	水	木	金	土	
三十分	室内会集	同	同	同	同	同	
三十分	博物修身等ノ話	計数（一ヨリ百二至ル）	木箸細工	唱歌	木箸細工	木片組ミ方及粘土細工	
四十五分	形体置キ方（第七箱ヨリ第九箱二至ル）	形体積ミ方（第五）及ビ小話	剪紙及貼付	形体置キ方（第九箱ヨリ第十一箱二至ル）	形体積ミ方（第五箱ヨリ第六箱二至ル）	環置キ方	
四十五分	図画及紙片組ミ方	針画	歴史上ノ話	畳紙	折紙	縫画	
一時半	遊戯	同	同	同	同	同	

出典：東京女子師範学校附属幼稚園「幼稚園規則」より筆者作成。

設備規程」が1899（明治32）年に制定されます。身心の健全な発育と善良な習慣を身につけること、家庭教育を補うことを保育の目的とし、保育内容は「遊嬉・唱歌・講話・手技」の4項目となりました。

一方で、労働者や貧困家庭の子どもを対象とする幼稚園も存在しました。キングスレー館付設三崎町幼稚園▷6や二葉幼稚園▷7などです。しかし、こうした幼稚園の実践は限定的でした。代わりに、初等学校の就学率向上や親の就労継続の対策として、子守学校▷8、工場託児所、農繁期託児所（図3-6）などが各地につくられました。明治期にはすでに、一部の富裕層の家庭教育を補うことを目的とする幼稚園と、労働者や貧困家庭の子どもを預かる託児所の二元化が始まっていたといえます。

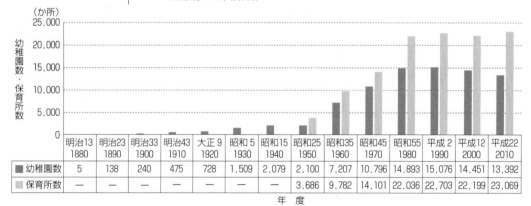

（か所） 年度	明治13 1880	明治23 1890	明治33 1900	明治43 1910	大正9 1920	昭和5 1930	昭和15 1940	昭和25 1950	昭和35 1960	昭和45 1970	昭和55 1980	平成2 1990	平成12 2000	平成22 2010
■幼稚園数	5	138	240	475	728	1,509	2,079	2,100	7,207	10,796	14,893	15,076	14,451	13,392
保育所数	—	—	—	—	—	—	—	3,686	9,782	14,101	22,036	22,703	22,199	23,069

図3-5　幼稚園・保育所数の推移

注：保育所は1947年「児童福祉法」制定以降の数。戦前の託児所数については曖昧な点も多いため本図に含めなかった。
出典：文部省編（1972）「明治6年以降教育累年統計・第2表幼稚園」『学制百年史（資料編）』帝国地方行政学会、文部省・文部科学省『学校基本調査　年次統計』1948～2016年度、e-Stat参照（https://www.e-stat.go.jp/dbview?sid=0003147020　2019年8月1日アクセス）、汐見稔幸・松本園子ほか（2017）『日本の保育の歴史——子ども観と保育の歴史150年』萌文書林、353頁、厚生労働省「社会福祉施設等調査」1995～2007年度を参照し筆者作成。

図 3-6　農繁期託児所（鳥越隣保館付設農繁期託児所）

農繁期託児所（季節託児所）とは，農林漁業の繁忙期に乳幼児を保育する臨時の保育所のこと。1930 年代以降，生産力向上や戦争による働き手の不足を補うことを目的に，政府の援助を受けて各地に設立された。写真は，1933（昭和 8）年に山形県最上郡稲船村（現新庄市）に開設された農繁期託児所。設立者の松田甚次郎（1909-1943）は宮沢賢治の影響を受け，農村劇などを通じて農民の生活や文化向上に取り組んだことで知られる。皇族の高松宮家から資金を得て鳥越隣保館を建設し，農繁期託児所や共同炊事，共同浴場などを開いた。

　　出典：新庄市編（1999）『新庄市史　5 巻』144 頁，©新庄市。

2.　恩物偏重の批判と子ども中心主義の登場

　幼児教育が各地で実施されるにつれ，恩物を形式的に教える恩物偏重教育や，「読ミ方」「書キ方」の早期教育，暗記重視の就学準備教育を特色とする偏った保育内容が広がりはじめます。これに対して，東京女子高等師範学校附属幼稚園主事の倉橋惣三▷9 は，子どもの内発的な力を生活や遊びを通して伸ばす誘導教育を提唱しました。大正期には**新教育運動**▷10 の影響も受け，保育者が子どもに知識を教え込むのではなく，子どもの興味を遊びの中から引き出し，子どもの自発性を重視する子ども中心主義の保育が伝えられました。

　1926（昭和元）年，幼稚園に関する最初の単独勅令「幼稚園令」が制定されました。低年齢児の学校という位置づけでなく，幼稚園という固有の制度と内容が認められたのです。幼稚園の目的を「心身ヲ健全ニ発達セシメ善良ナル性情ヲ涵養シ家庭教育ヲ補フ」こととし，保育内容は「遊戯・唱歌・観察・談話・手技等」の 5 項目になりました。自然や人間の「観察」が加えられ，子どもの体験を重視する保育が目指され，最後の「等」に示されるように 5 項目に限らない多様な保育内容を認めるものでした。

3.　保育の戦時体制

　1937（昭和12）年日中戦争，1941（昭和16）年太平洋戦争が始まると，

▷9　**倉橋惣三**（1882-1955）
戦前戦後にかけて幼児教育の思想と方法，法制度に多大な影響を与え，「日本幼児教育の父」と称される。東京帝国大学で児童心理学を学んだ後，1917 年東京女子高等師範学校に着任，附属幼稚園の主事（園長）を務めた。1919 年から 2 年間コロンビア大学で新教育を基盤とする幼児教育を学ぶ機会を得て，帰国後は幼児教育改革に尽力した。戦後は教育刷新委員会委員として「保育要領――幼児教育の手引き」を作成し，戦後幼児教育の方向性を決定づけた。

▷10　**新教育運動**
19 世紀末から 20 世紀初頭にかけて欧米で始まり，日本に伝わった教育改革運動。教師主導の詰め込み教育や座学偏重を批判し，子ども一人ひとりの自発的な学びや体験を重視した。日本では 1921 年に玉川学園創始者・小原国芳など主要な実践家・思想家 8 人を招聘した八大教育主張講演会が開かれ，有名私学や師範学校附属小学校を中心に実践が展開された。また，大正期には児童文学や童謡などの児童文化も花開き，雑誌『赤い鳥』が創刊された。

幼稚園や託児所にも戦時体制が敷かれるようになります。子どもは戦争遂行のための人的資源として捉えられ、「生めよ育てよ国の為」がスローガンとなりました。子どもの事故や病気の予防、生産力向上などの目的で、農村には農繁期託児所が、重要産業地区に戦時託児所が設置されていきます。また、本土空襲が激しくなると疎開保育も行われました。保育内容には戦争や軍隊を題材にした唱歌や遊戯が取り入れられ、「戦争ごっこ」が遊びに加わるなど、戦時体制を支える保育実践が進められました。戦争末期には幼稚園や託児所は休止を迫られ、多くの建物が戦災により失われ、また戦災孤児・浮浪児が街頭や駅にあふれました。

3　保育内容の基盤づくり
——連合国軍占領期と高度経済成長期

1. 保育二元体制の確定

　敗戦した日本は、アメリカを主体とする連合国軍占領下で、新しい保育内容を整えていくことになります。「教育勅語」に代わる教育理念として1947（昭和22）年「教育基本法」が制定され、この理念を具体化した「学校教育法」で幼稚園は学校の一種と定められました。一方で、同年末には「児童福祉法」が成立し、保育所は児童福祉施設と規定され、児童福祉の公的責任が明記されました。2つの法令により、幼稚園と保育所の二元化は決定的となり、さらにこの方向性は1963（昭和38）年文部（現文部科学）・厚生（現厚生労働）両省の共同通知「幼稚園と保育所との関係について」の中で、幼稚園は幼児への学校教育、保育所は保育に欠ける児童の保育を目的とし、「両者は明らかに機能を異にする」と明確化されました。

2. 自由保育から領域指導重視へ

　1948（昭和23）年、「保育要領——幼児教育の手引き」がヘファナンと[11]倉橋惣三を中心に作成されました。幼稚園だけでなく保育所や家庭生活についても記され、幼児教育共通の手引きとして役立つものでした。子ども中心主義を基盤とし、自由保育や子ども一人ひとりに合わせた働きかけを重視したことも特徴的です。保育内容は「見学・リズム・休息・自由遊び・音楽・お話・絵画・製作・自然観察・ごっこ遊び／劇遊び／人形芝居・健康保育・年中行事」の12項目が、「楽しい幼児の経験」として示されました。

▷11　**ヘファナン**（Heffernan, H. 1896-1987）
カリフォルニア州教育局初等教育課長を経て、敗戦直後に来日。連合国軍総司令部民間情報部教育部顧問として幼児教育や初等教育改革に携わった。

　1950年代に入ると，東西冷戦や日本の独立回復を契機として，占領期の方針を見直す動きが強まりました。「保育要領」に代わり，1956（昭和31）年文部省が示したのが「幼稚園教育要領」です。保育内容として「健康・社会・自然・言語・音楽リズム・絵画製作」の6領域が初めて示され，各領域の「望ましい経験」が記されました。さらに，1964（昭和39）年の改訂以降，「幼稚園教育要領」は法的拘束性をもつ基準となります（「保育所保育指針」は2008（平成20）年改訂以降）。6領域の「ねらい」が示され，系統的な指導と保育内容の統制が図られることになりました。

　一方で，厚生省は保育所の基本原則として1965（昭和40）年「保育所保育指針」を制定します。「保育所保育指針」は「幼稚園教育要領」とは異なり，各保育所が自主的に保育内容や保育計画を作成するための参考・ガイドラインという位置づけでした。そして，「養護と教育とが一体となって，豊かな人間性をもった子どもを育成する」ことを，保育所保育の基本的性格と明示しました。保育の内容構成は，1歳3か月未満と1歳3か月以上2歳までは「生活・遊び」の2領域，2歳は「健康・社会・遊び」の3領域，3歳は「健康・社会・言語・遊び」の4領域でした。4・5・6歳は「健康・社会・言語・自然・音楽・造形」の6領域で，「幼稚園教育要領」とほぼ同じ内容でした。「幼稚園教育要領」の改訂後に「保育所保育指針」も改定され，整合性を保つよう図られることになりました。

　戦災復興を経て，1950年代半ばからの約20年間，日本は高度経済成長期を迎えます。めざましい経済発展の一方で，農村から都市への人口流出，公害の深刻化，核家族の増大，受験競争の激化など，新たな社会問題が噴出しました。産業界は高度な専門知識や技術をもつハイタレント・マンパワーの育成を求め，能力主義や学歴偏重主義が浸透していきます。わが子を他人より遅れさせまいと早期教育を求める親が増え，「幼稚園ブーム」が巻き起こりました。1960年代半ば以降，幼稚園と保育所はともに急増しましたが，整備拡充を求める声は続きました。

4　保育内容の大転換
——直面する課題と保育のこれから

1. 少子化対策・子育て支援の推進

　1973（昭和48）年第一次石油危機により高度経済成長は終わり，好況

不況を繰り返す不安定な経済状況に入ります。この時期，合計特殊出生率は徐々に低下しました。その要因として，共働き世帯の増加と公的支援の欠如があげられます。政府は急務だった保育所増設を見送り，1970年代半ばに福祉見直し論を提唱したのです。その結果，営利目的の劣悪な託児施設（ベビーホテル）が増え，子どもの死亡事故が相次ぎました。膨大な待機児童の存在を長く放置してきたことは，現在の日本社会にも暗い影を落としています。1997（平成9）年「児童福祉法」が改正され，従来の措置制度（行政が入所要件を判定し保育の提供内容や費用負担を決定する制度）から，保護者が希望する保育所を選んで申請する契約制度へと転換しました。しかし，制度は変わっても，希望する保育所どころか認可保育所にすら入れない厳しい状況は今も続いています。

　1989（平成元）年「1.57ショック」を機に少子化対策が取り組むべき政策課題として認識され，1994（平成6）年「エンゼルプラン」には保育所の多機能化や子育て支援などが盛り込まれました。これを受けて1998（平成10）年改訂の「幼稚園教育要領」では，幼稚園が「地域の幼児教育のセンター」としての役割を果たすこととし，1999（平成11）年改定の「保育所保育指針」では，乳幼児の子育て支援を保育所の役割として定めました。2012（平成24）年には「子ども・子育て支援関連三法」が成立し，2015（平成27）年に子ども・子育て支援新制度が施行されました。これに伴い，「保育に欠ける」という従来の保育の対象条件が，「保育の必要な児童」に改められました。さらに，多様化する保育ニーズに応えるため，2000年代以降，幼保一元化の動きが具体的に進められています。2006（平成18）年には「認定こども園法」が成立し，2014（平成26）年には内閣府・文部科学省・厚生労働省により「幼保連携型認定こども園教育・保育要領」が策定されました。今後は，地域型保育事業など新たな保育の場を創出し，子育て支援体制を拡充することが求められています。

2.　保育者主導から子ども主体の保育へ

　1980年代後半，グローバル化や情報化に対応できる人材の育成，個性重視の教育，学歴偏重主義の修正など，新しい教育のあり方が議論されはじめます。そして1989（平成元）年には，戦後保育の転換ともいえる「幼稚園教育要領」改訂が約25年ぶりに実施されました。1989（平成元）年改訂では，「幼稚園教育は幼児期の特性を踏まえ環境を通して行う」とし，遊びを通した指導を一人ひとりの発達の特性に応じて行うことが明記されました。また「健康・人間関係・環境・言葉・表現」の5領域

が設定され，「ねらい」として幼稚園修了までに育つことが期待される「心情・意欲・態度」が示されました。1989（平成元）年改訂の特徴として，保育者が主導する設定保育型から，子どもの自由遊びを中心とする環境構成型への転換があげられます。また，「できるようになる」「わかるようになる」といった到達目標ではなく，「興味や関心を持つ」「しようとする」などの方向目標に変わりました。すべての子どもを同じ目標へと駆り立てるのではなく，子ども一人ひとりが何かに関心をもち楽しむことを重視する，子ども中心の保育が目指されるようになったといえます。

　1998（平成10）年「幼稚園教育要領」改訂では，「幼稚園生活を通して，生きる力の基礎を育成する」ことが明記されました。環境を通した教育や遊びを通じた総合的な指導を行うという1989（平成元）年改訂の方針は引き継がれました。その反面，自由保育は指導を伴わないと誤解されたり批判を受けたことをふまえ，新たに計画的な環境構成の必要性や，保育者の指導のあり方についても明記されました（図3-7）。これらの改訂を受けて「保育所保育指針」も1990（平成2）年と2000（平成12）年，2008（平成20）年に改定されました。2000（平成12）年改定では，従来の年齢区分による保育内容ではなく，子どもの発達過程を基準とする発達過程区分が採用され，子ども一人ひとりの発達に応じた指導が求められるようになりました。さらに2017（平成29）年改定では，子育て支援や食育の推進，安全な保育環境の確保とともに，3歳未満児の保育内容の記載が充実しました。3歳未満児の利用が増えたことや，発達の基盤を育む重要な時期と認識されたことが背景にあります。

図3-7　自由保育のあり方を模索する保育現場について報じる記事

自由保育は，協調性や我慢する心が育たず，小学校の学級崩壊を引き起こす原因とみなされ，批判されることもあった。1998年「幼稚園教育要領」改訂においては，自由保育は放任を意味するのではなく，教師の指導を伴うことが強調された。

出典：『朝日新聞』1999年3月1日付。

3. 20年後の未来社会を見据えた保育

　知識基盤型社会が到来したといわれる現在。どれだけ知識を知っているかではなく，知識や情報，技術をいかに活用し，新たな価値を生み出せるかが重要になるといわれています。自分とは異なる人々と関わり，問題を発見し，協力しながら解決する力も求められるでしょう。こうした中で，暗記や反復練習を主とする詰め込み型の教育から，思考力・判

断力・表現力を育む「主体的・対話的で深い学び（アクティブ・ラーニング）」へと学ぶ姿を大きく転換させたのが，2017・18（平成29・30）年改訂の「学習指導要領」です。2017（平成29）年改訂の「幼稚園教育要領」は，この新たな学びの流れを受けて，主体的・対話的で深い学びの実現，幼児教育で育みたい資質・能力の明確化（「知識及び技能の基礎」「思考力・判断力・表現力等の基礎」「学びに向かう力，人間性等」），幼小接続の推進などが図られることになりました。

　先に記したように，保育者はなぜその保育を行うのかを意識し，日々子どもたちと向き合うことが必要です。その子どもたちが社会に出ていくのは，20年先のこと。この先どのように社会は変わるのか，現在とは異なる未来社会で，大人になった子どもたちがいきいきと活動するために何が必要なのか，未来を見据えた保育が求められています。

（演習問題）

⑴　日本とは異なる国や地域の産育習俗について調べてみましょう。また，なぜその産育習俗が行われているのか，それを支える子ども観について考察しましょう。
⑵　子ども中心主義の保育の特徴を説明してください。また，具体的な実践例を調べてみましょう。
⑶　20年後の未来社会を想像し，必要になると思われる能力や資質について示してください。また，それを育むためには今どのような保育や幼児教育が必要か，具体的に考察しましょう。

引用・参考文献

太田素子（2007）『子宝と子返し――近世農村の家族生活と子育て』藤原書店。
汐見稔幸・松本園子ほか（2017）『日本の保育の歴史――子ども観と保育の歴史150年』萌文書林。
汐見稔幸・武藤隆監修（2018）『〈平成30年施行〉保育所保育指針　幼稚園教育要領　幼保連携型認定こども園教育・保育要領　解説とポイント』ミネルヴァ書房。
ショルシュ，アニタ／北本正章訳（1992）『絵でよむ子どもの社会史――ヨーロッパとアメリカ・中世から近代へ』新曜社。
民秋言編（2017）『幼稚園教育要領・保育所保育指針・幼保連携型認定こども園教育・保育要領の成立と変遷』萌文書林。
寺崎昌男ほか編（2009）『教職課程新書　名著解題』協同出版。
名須川知子・大方美香監修，鈴木裕子編（2018）『保育内容総論――乳幼児の生活文化』ミネルヴァ書房。

第II部

保育の基本と保育内容

第4章
一人ひとりに応じる保育

一人ひとりの子どもの内面を理解し，心の動きに応じるためにはどうしたらよいでしょうか。一人ひとりに応じた保育を展開するには，カウンセリングマインドを基盤とした保育者の基本姿勢が鍵になります。①子どもの行動に温かい関心を寄せる，②心の動きに応答する，③相手の立場に立ってともに考える，④子どもなりの達成感を味わう経験を支える，といった基本的なポイントについて学びます。

1 保育の営みとカウンセリングマインド

1. 一人ひとりに応じることの意味

　日常の保育の中で，保育者は一人ひとりに応じた指導を行わなければなりません。特に，乳幼児期の子どもたちの発達は個人差が大きく，その発達の姿は一人ひとり異なっています。たとえば，歩行は平均的にみると，1歳前後でひとり歩きを始めますが，早い子では8か月頃から，遅い子では2歳頃になって歩く子どももいます。そして，個々の発達の様相をみると，すべての側面が遅いとかすべての側面が早いというわけではなく，歩き始めは早かったのに，言葉の発達は遅いということもあり，それぞれの側面の発達がどのように進んでいくかは個々の子どもにより異なっているのです。また，子どもは，一人ひとりの家庭環境や生活経験も異なっています。それゆえ，一人ひとりの人や事物への関わり方，環境への関わり方は異なっているのです。

　そのような個人差のある一人ひとりの子どもに応じるといっても，一人ひとりの何に応じればよいのでしょうか。子どもは保育者に対して，「〜やって」「〜が欲しい」「〜を見て」などと様々なことを求めてきます。このような要求に保育者が応えていくことは，保育を進めていく上で大切なことです。子どもは自分の要求を満たしてくれる保育者に親しみや愛情を感じて信頼を寄せるようにもなるでしょう。しかし，子ども一人ひとりの要求や主張をすべて受け止めて応えることはできません。やがて保育者は振り回されて応じきれなくなり，「ちょっと待ってね」を連発して，結局子どもに不信感や不満を抱かせてしまうことになるで

しょう。また，要求や主張に応じすぎれば子どものわがままな行動を助長するなど，自立を妨げる結果を招くこともあります。

　一人ひとりに応じるということは，一人ひとりの内面を理解しようと努めながら，その子どもが自分の力でよりよい方向に向かって進んでいけるように援助していくことなのです。

2.　子どもの心に近づくために

　子どもの言動にはすべて意味があります。わがまま，いたずら，けんかなどであっても，「ダメ」という言葉で制止するのではなく（もちろん，けがをするような場合は止めますが），その行為の意味を探っていかなければなりません。子どもの内面を理解するということは，一人ひとりの子どもの表面に現れた言動や表情，しぐさなどから，その「意味」を探り，言葉にならない思いをも含めて，その内面を理解していくということです。しかし，私たちはいつも，その「意味」を的確に理解できるとは限りません。実際には，相手の心に近づくことは，簡単にできることではありません。人はそれぞれ違うのですから，自分以外の人を完全に受け入れたり，すべてその人のように感じたりすることは不可能なことでしょう。大切なのは，子どもの内面を知りたいと願いながら，子どもの行為の「意味」に近づけたか，あるいはどのくらいズレているかを自分で気づいて，子どもの心に近づけるよう努力することなのです。そのときどきの子どもの心の動きに寄り添おうとする姿勢は，やがて子どもとの間に信頼関係を生み出し，子どもが保育者にみせてくれる姿も変わってくるのではないでしょうか。

3.　保育者の専門性としてのカウンセリングマインド

　こうした一人ひとりの子どもに寄り添って，その子どもの内面を共感的に理解していこうとする姿勢は，保育の世界では「カウンセリングマインド[1]」と呼ばれています。カウンセリングマインドをもって子どもに接していくということは，実際にカウンセリング活動そのものを行うことではありません。カウンセラーがクライエントと接する際には，相手のありのままの姿を温かく受け止め，肯定的な関心や受容的な態度をもって，相手の心に寄り添いながらともに考え支えていこうとする姿勢が求められます。実は，それは保育の営みの中で，保育者が一人ひとりの子どもの内面を理解し，関わっていくために必要とされる姿勢と共通する点が多いのです。そのため，カウンセリングの基本的な姿勢を保育の場においても生かしていくことが目指されています。このようなカウ

▷1　文部科学省が幼稚園教諭の資質向上のため，1993年から実施している保育技術専門講座において，「カウンセリングマインド」は保育者にとって必要な専門性として位置づけられ，その姿勢を保育に生かしていくことの重要性が強調されている。近年では，保護者や保育者同士との関わりにおいても必要な姿勢とされている。

ンセリングと保育に共通する具体的なポイントとして，次の4点があげられます。

① 子どもの行動に温かい関心を寄せる

② 心の動きに応答する

③ 相手の立場に立ってともに考える

④ 子どもなりの達成感を味わう経験を支える

この4点は，『幼稚園教育要領解説』（文部科学省，2018，182～183頁）でもあげられていますが，ここでも4点のポイントをまとめていきます。

①子どもの行動に温かい関心を寄せる

大人がもっている判断の基準にとらわれることなく，子どものありのままの姿をそのまま受け止め，期待をもって見守ることが大切です。子どもは自分に温かい関心を寄せ，寄り添ってくれる保育者との心のつながりが実感できたとき，情緒的な安定を得ることができます。また，その情緒的安定を基盤にして，新たな世界への興味や関心を広げることができます。こうなって欲しいという思いが強すぎると，子どもの行動を温かく受け止められなくなります。子どものわがまま，けんか，いたずらの行動など，一見すると，止めてしまったり，叱ってしまうような行動にも，すべて意味があるのです。子どもの行動を「ダメ」という言葉だけで応じてしまわず，「ダメ」に代わる言葉を見つけてみましょう。言葉だけではなく，保育者の温かい表情やまなざしも大切です。

②心の動きに応答する

保育者が答えを示すのではなく，子どもの心の動きに沿って，ともに心を動かしたり，知恵を出し合ったりする関わり方が求められます。保育者に余裕がなくなると，子どもの心の動きに応答することができなくなってしまいます。かつて保育の現場では，「みんな一緒にする」「進度を合わせる」ことがよいことだとされてきた時代がありましたが，それでは子どもの心の動きは置き去りにされてしまいます。乳幼児期は個人差が大きい時期です。一人ひとりの心の動きに応答して，じっくりゆっくり関わっていかなければならないのです。

③相手の立場に立ってともに考える

たとえば，動物園に遠足に行った翌日，「粘土で首の長いキリンをつくりたい」という子どもがいるとします。首が折れないつくり方を，先回りしてすぐに教えるのではなく，たとえ首は折れたとしても，そこからどうしたらよいかをともに考える保育者でなければなりません。保育者のイメージが強いと誘導してしまうこともあります。子どもと一緒に過ごし，心に寄り添いながら，子どもらしい考え方や思いを大切にしま

す。何よりも，子どもの主体性を大切にし，子どもの立場になって一緒
に考えることが大切です。そして，子どもの思いが実現するために，どんな環境を準備したらよいか，保育者はどう関わったらよいかを考えます。

④子どもなりの達成感を味わう経験を支える

　子どもが何かをやろうとしている過程では，うまくいかずにくじけそうになったり，「やりたくない」と言っても本心ではなく，自分には難しいと思えて諦めていることもあります。子どもの表情やしぐさ，身体の動きなどから，子どもの気持ちを読み取り，見通しがもてるようにともに考えたり，やり方を知らせて励ましたりしながら，子どもが自分の力でやり遂げることができるように，その心に寄り添いながら支えることが大切です。

　さて，カウンセリングマインドをもった接し方をすれば，どの子どもも保育者の思い通りの姿になったり，すくすく伸びるということではありません。まして，全員が急に意欲的になったり，自立したりすることもありません。一人ひとりの心の世界に近づこうと努力し，子どものどのような姿に出会っても，そこから目をそらさずに，一人ひとりの今ある姿を基点にして，発達を促す援助を考える保育者の姿勢が期待されているのです。倉橋惣三は，『育ての心（上）』の中で，子どもの心の動きへの共感とそれに応答していくことの大切さを述べています。

　「こころもち

　　子どもは心もちに生きている。その心もちを汲んでくれる人，その心もちに触れてくれる人だけが，子どもにとって，有難い人，うれしい人である。

　　子どもの心もちは，極めてかすかに，極めて短い。濃い心もち，久しい心もちは，誰でも見落とさない。かすかにして短き心もちを見落とさない人だけが，子どもと倶にいる人である。

　　心もちは心もちである。その原因，理由とは別のことである。ましてや，その結果とは切り離されることである。多くの人が，原因や理由を尋ねて，子どもの今の心もちを共感してくれない。結果がどうなるかを問うて，今の，此の，心もちを諒察してくれない。殊に先生という人がそうだ。

　　その子の今の心もちにのみ，今のその子がある」

（倉橋，2008，34頁）

▷2　倉橋惣三は東京女子高等師範学校教授・同附属幼稚園主事（園長）を務め，わが国の保育界の指導者として，理論においても実践においても大きな影響を与えた。倉橋は子どもとじかにふれ合う経験の中から子ども自身のもっている力を実感し，独自の子ども観，保育観を形成し，それに立脚した幼児中心主義の保育理論を展開した。『育ての心』（1936年）は，素朴な言葉で保育や子どものあり方について語られている。

「ひきつけられて

　　子どもがいたずらをしている。その一生懸命さに引きつけられて，止めるのを忘れている人。気がついて止めてみたが，またすぐに始めた。そんなに面白いのか，なるほど，子どもとしてはさぞ面白かろうと，識らず識らず引きつけられて，ほほえみながら，叱るのをも忘れている人。

　　実際には直ぐに止めなければ困る。教育的には素より叱らなければためにならぬ。しかし，それよりも先ず，取り敢えず，子どもの今，その今の心もちに引きつけられる人である。

　　それだけでは教育になるまい。しかし，教育の前に，先ず子どもに引きつけられてこそ，子どもへ即くというものである。子どもにとってうれしい人とは，こういう先生をいうのであろう。側から見ていてもうれしい光景である」

（倉橋，2008，36頁）

2　保育の中で子どもの発達を捉える

　保育の営みとは，子どもの育ち（発達）を支え，援助する営みですが，その子どもの育ちをどのように捉えるのかによって，実際の保育のあり方は大きく変わってきます。一人ひとりに応じる保育をするためには，次のように，子どもの発達を捉えていくことが大切です。

1.　長い目で見ること

　子どもの発達を捉えるとき，そのときの子どもの行動をみるだけでは十分ではありません。保育現場では，様々な姿をみせる子どもたちがいます。たとえば，片づけをしない子ども，給食を食べようとしない子ども，友達に乱暴してしまう子どもなど，その姿は様々です。一つの行動の意味がそのときはわからなくても，後で理解できたということはよくあります。片づけをしない子どもは，片づけができないのではなく，遊び足りないのかもしれません。給食を食べない子どもは午前中の活動に満足していなくて，お腹が空いていないのかもしれません。子どもの育ちの姿は，常にその場の状況や他者とのやり取りの中で生み出されるもので，「できる」か「できない」かというレベルだけで考えることはできません。だからこそ，保育現場で毎日書かれている保育記録は，後になって読み返すと，子どもの小さな変化に気づいたり，成長の跡を読み取ることができる貴重な資料になります。

2.　自己課題を見出していくこと

　保育の中で発達を捉える場合，知らず知らずのうちに，同年齢の子どもの中で比較してはいないでしょうか。あの子はできるのに，この子はまだできないというように比べたりはしません。

　これまで一般的に人間の発達には，それぞれの時期や年齢に特有の段階があると考えられていて，その各段階に達成すべき課題があるとされてきました。子どもの発達を支え，援助していく役割を担う保育者にとって，一般的な発達段階や発達課題を知っておくことは大切です。しかし，これはあくまでも多くの人間のたどる道筋を一般化したときにみられる平均的な傾向であり，実際の一人ひとりの子どもの育ちは，その速さも道筋も様々に異なります。幼稚園教育要領　第1章　総則　第1 幼稚園教育の基本では，「3　幼児の発達は，心身の諸側面が相互に関連し合い，多様な経過をたどって成し遂げられていくものであること，また，幼児の生活経験がそれぞれ異なることなどを考慮して，幼児一人一人の特性に応じ，発達の課題に即した指導を行うようにすること」（傍線筆者）とあります。「発達の課題」とは，その時期の多くの子どもが示す発達の姿に合わせて設定された外側から与えられる課題のことではなく，一人ひとりの子どもが，そのときそこで直面した，その子にとっての「自己課題」を指します。保育者は遊びや生活を通して一人ひとりの子どもの発達の実情を理解しながら，その子にとっての自己課題を見出し，そのときその子が必要としている経験を考え，援助していくことが求められます。

3.　多くの目で見ること

　一人の保育者の目に映った子どもの姿は，その子どものごく一部分にすぎません。子どもは様々な場面で，様々な姿を見せます。担任の前で見せる姿と他の保育者の前で見せる姿が異なる場合もあります。また，保育者自身のものの見方や考え方，保育経験などによっても，その姿の見え方は違ってきます。

　したがって，多くの目で見たことを重ね合わせることが必要です。日常の語り合い，ティーム保育，クラス・学年を越えた活動，職員会議や園内研修での話し合いなど，保育者が連携する機会を活用しましょう。他の保育者と自分の視点との違いに気づき，そこから自分自身の子どもを見る目を高めていくことが求められています。

▷3　発達段階や発達課題については，これまで多くの心理学者を中心に，それぞれの段階における課題を提示している。代表的なものに，ハヴィガースト（Havighurst, R. J.）やエリクソン（Erikson, E. H.）の提案したものがあげられる。

3　一人ひとりに応じる保育の実際

　子どもは一人ひとり異なった発達の姿を示します。それゆえ，園生活においては，保育者が子どもと生活をともにする中で一人ひとりの子どもの発達の特性やその子どもらしい行動の仕方や考え方などをカウンセリングマインドの姿勢で理解し，それぞれの特性や発達の課題に応じた指導を行うようにすることが重視されなければなりません。

　ここでは，カウンセリングマインドを基盤として，一人ひとりの子どもの心の動きに沿った関わりを生み出した実践事例を取り上げます。もちろんこれはモデルではありません。他の関わり方も考えられるでしょう。これらの事例をもとに，考え，話し合ったりして，一人ひとりに応じるために必要な保育者の姿勢について考えていきます。

> 【事例1　子どもを肯定的に見る】
> 　昼食後，歯磨きをしにベランダの手洗い場に出る3歳児クラスの子どもたち。ほとんどの子どもたちがうがいを終えて，保育室に戻るが，Nちゃん，Rちゃんが戻って来なかったので様子を見に行くと，Nちゃんが，Rちゃんを押していた。

保育者	「Nちゃん，Rちゃん，どうしたの？　何か押していたみたいだけど①」
	（Nちゃんは体が大きいから，小さいRちゃんが飛んでいるし……）
R	「先生，Nちゃんがね，Rちゃんを押したぁ（泣）」
	〈NちゃんとRちゃんを引き寄せ，保育者が間に座る②〉
N	「だってね，Rちゃんがね，あのタオルを触ったらだめなのにね，触っててね，落ちて汚れたから，『ダメだよ』って言ったのにね，Rちゃん笑ったもん」
	ベランダに干してあったタオルを指す。Rちゃんが触っていたらしいタオルが落ちて，汚れていた。
保育者	「Rちゃん，Nちゃんがね，Rちゃんがタオルを触ってたからって言ってるけど，本当？③」
R	「えへへ」
保育者	（笑っているのは，ごまかしたいのであろうか。）
	「Rちゃん，今，先生お話しているのに，何で笑うの？」
R	「……はぁい」
保育者	「Rちゃんはタオルを触ったの？」
R	「うん，あのね！　あのタオル，Rちゃんと同じ黄色だったよ」Rちゃんは黄色の洋服を着ていた。

保育者	「同じ黄色だったんだね。でもね，あのタオル触ったらだめだったんだよね。だから，NちゃんはRちゃんを止めたんだよ④」
R	「そっかぁ……」
保育者	「Nちゃん，Rちゃんを止めてくれてありがとう。でもね，Nちゃん，Rちゃんを押してよかった？⑤」
N	「ううん」
保育者	「Nちゃんが，先生が干したタオル触ったらだめだよって，教えてあげればよかったんじゃない？⑥」
N	「言ったよ！」
保育者	「言ったんだね。言っても聞かなかったからって，Rちゃんを押したらさ，Rちゃん嫌な気持ちじゃない？」
N	「……うん」真顔だが，目に涙を浮かべる。
保育者	「Nちゃんなら，押して教えるのじゃなくて，言って教えるのができると思うんだぁ⑦」
N	「うん……」目に涙を浮かべたまま。
保育者	「次からそうするといいよ。お部屋に戻ろっか」 （Nちゃん，泣きそうだったなぁ。）

〈事例1から読み取れること〉

　3歳児では，自分の思っていることを言葉で表すことはまだまだ難しく，行動で表すことが多いものですが，ときにこうした行動が否定的に受け止められてしまうことがあります。Nは正義感が強く，してはいけないことをしているRを止めようとします。言い分は正しいのですが，押しのけてまでして，Rの行動を阻止しようとするのです。この場面で，保育者は様々な関わりをしています。保育者は①②でNとRの仲介に入り，③④ではRとNの気持ちを代弁し，⑤⑥⑦ではNの気持ちを受け止めつつ，押すのではなく，言葉を使って教えてほしいと，保育者の願いを伝えています。

　また，この事例から何よりも学ぶべきことは，子どもを肯定的に見るということです。「Nちゃん，Rちゃんを止めてくれてありがとう」とあるように，してはいけないことをしているRを止めようとしたNの姿をまずは肯定的に捉えています。NがRを押しのけるという行動をとっていますが，子どもの行動が一見困ったものに見えても，子どもを肯定的に見ようと積極的に努めることは大切なことです。保育者が子どもの行動を困ったものとして否定的に見てばかりいると，行ってよいことや悪いこと，生活のきまりなどを身につけさせようとする思いが先行し，子どもと心を通わせることができにくくなってしまうからです。保育者が適切な関わりをしたからといって，即座に子どもの行動が変わるわけではありません。繰り返し，同じような体験をすることで，子どもは

徐々に状況が理解できるようになり，いざこざの問題点に気づき，善悪の基準や生活のきまりの必要性を理解するようになるのです。それゆえ保育者は焦って働きかけるのではなく，時間をかけて，じっくり，ゆっくり，根気強く，関わっていくことが必要です。

【事例2　心の動きをとらえながら】
　朝の身支度の時間に3歳のAくんが着替えていた。制服のボタンが外れないようで悪戦苦闘している。どうしたら外れるんだろうと，Aくんは困った顔をしている。とうとう座り込んでしまった。保育者は傍にいて，ずっとその様子を見ていたが，特に言葉かけはなかった。すると，近くにいたBくんが座り込んでいるAくんのところにやって来た。

実習生	（Aくん，頑張っているな。保育者は口は出さないで見守っているのだろうな。Bくんの様子も見てみよう。）
B	「できないの？　してあげるよ」とAくんのボタンを外してやろうとする。だが，Bくんは自分のボタンを外すのもままならない子だった。
実習生	（Bちゃんはできないかもしれないけれど，やってあげたい気持ちになっているんだろうな。） 二人でボタンを外そうと頑張ってみるが，
B	「取れないねえ，先生呼んでくるから」とBくんは保育者を呼びに行った。
保育者	保育者がAくんの傍に来た。
A	「Aがね，ボタン外そうとしたら外れなかったの。Bくんがね，してくれたけどね，それでもだめだった。先生，してください」
B	「ぼくがしたけど，できなかった」と保育者に訴える。
実習生	（保育者は，それでもすぐにボタンを外してあげるのではなく）
保育者	「そっかあ，BくんはAくんのお手伝いをしてくれたんだね，ありがとう」「Aくん，じゃあ先生が1つ目を外すから，2つ目はAくんが外してみようね。よく見ててね①」と言葉かけをして1つ目をゆっくり外した。次に，「じゃあ，Aくん一緒にやってみよう②」と言葉かけをし，保育者と一緒に2つ目のボタンを外す。
保育者	「わあ，できたね！③」とAくんを褒める。
A	3つ目はAくんだけでできた。Aくんはニコニコ嬉しそうだった。
保育者	「先生も嬉しいなあ④」，保育者の顔も嬉しそうだった。

〈事例2から読み取れること〉

　この事例は，学生が実習後のレポートで報告したものです。この事例では，保育者は制服のボタンが外れないで試行錯誤しているAくんの様子を見守っています。保育者がボタンを外してあげたり，外し方を教え

た方が手っ取り早いでしょうが，それでは本当の意味で子どもは育たないのです。次に，Ｂくんが手伝いにやってくるものの，それでも外すことができず，とうとう保育者に訴えてきます。この保育者は，まず①１つ目のボタンは自分がモデルとなって外してみます。しかし，全部は外しません。そして，②２つ目のボタンはＡくんと一緒に共同で外します。③Ａくんが保育者と一緒に，ボタンを外せたことを喜びます。すると，そんな保育者が心の拠り所になったのでしょう。Ａくんは３つ目のボタンを自分の力で外すことができました。④保育者はＡくんがボタンを外すことができたことをともに喜んでいます。このように，子どもの心の動きを捉えながら，保育者は傍らにいる，見守る，試行錯誤に付き合う，共感するなどの関わり方を工夫し，子ども自身が自分の力で乗り越えるということが大切なのです。

演習問題

(1)　子どもの心の動きに寄り添う姿勢が大切です。どのような心もちで子どもに接することが必要でしょうか。これまで出会った保育者の姿を思い浮かべながら，望ましい保育者の動作，言葉，表情，感じ方，考え方などを出し合ってみましょう。

(2)　反対に，心と心がつながっていない保育者の関わりや姿勢（動作，言葉の使い方，表情，感じ方，考え方など）を出してみましょう。

(3)　一人の子どもの姿（行動，表情，言葉，行動の意味など）を数名で記録に取り，読み取ったことをグループで話し合ってみましょう。あなたが考えた以外に，どのような読み取りがあるでしょうか。

引用・参考文献

倉橋惣三（2008）『育ての心（上）』フレーベル館。

文部省（1995）『一人一人に応じる指導（幼稚園教育指導資料第４集）』フレーベル館。

文部科学省（2010）『幼児理解と評価（幼稚園教育指導資料第３集）』ぎょうせい。

文部科学省（2018）『幼稚園教育要領解説』フレーベル館。

第5章
乳幼児期にふさわしい生活の展開

> この章では，乳幼児期にふさわしい生活とはどのような生活であるのかについて学んでいきます。乳幼児期にふさわしい生活が実現するためには，①保育者との信頼関係に支えられた生活，②興味や関心に基づいた直接的な体験が得られる生活，③友達と十分に関わって展開する生活を家庭とともに大切に考えていく必要があります。

1 乳幼児期にふさわしい生活の実現のために

1. 子どもの生活の実態

　子どもの発達は，日々の当たり前に繰り返される生活を通して，その心身の発達が促されていきます。現代の子どもの生活の実態はどのようになっているのか，調査データからみていきましょう。

　ベネッセ教育総合研究所の「第5回幼児の生活アンケートレポート」[1]（2016）によれば，平日の起床時刻は早まっており，幼児の28.9%が7時より早く起床しています。就寝時刻は21時から21時半頃の幼児が51.5%を占めています。しかし，22時以降に就寝する幼児も24.0%みられます。また，幼稚園児も保育園児も家を出る時刻が早まっていて，その分家の外にいる平均時間が長くなり，幼稚園児は6時間11分，保育園児では9時間34分になっています。

　では，わずかな時間を家庭でどのように過ごしているのでしょうか。まず，習い事が大きな位置を占めています。習い事をしている幼児は48.6%であり，子どもの年齢が上がるにつれて，習い事をする割合は高くなります（3歳児29.8%，4歳児47.9%，5歳児71.4%，6歳児82.7%）。習い事は，スイミング，通信教育，体操，英会話が多くみられます。習い事以外で，幼児がよくする遊びの内容は，「公園の遊具（滑り台，ブランコなど）を使った遊び」（80.0%），「積み木，ブロック」（68.4%），「人形遊び，ままごとなどのごっこ遊び」（60.5%），「絵やマンガを描く」（50.4%）の順になっています。遊ぶ場所は，「自宅」（79.1%）が最も多く，次いで「近所の空き地や公園」（38.9%），「学校，幼稚園・保育所

▷1　ベネッセ教育総合研究所では，首都圏の就学前の乳幼児をもつ保護者にアンケート調査を実施している。1995年から5年ごとに実施されており，乳幼児の生活の様子や保護者の子育てに対する意識と実態を把握することができる。調査結果を比較することで，20年間の乳幼児の生活や子育ての変化をたどることができる資料の一つである。調査・研究データはインターネットで公開されているので，活用してみよう。

の運動場」（33.2%）と続いています。また，平日，幼稚園や保育所以外で遊ぶときに誰と一緒の場合が多いかを尋ねたところ，「母親」（86.0%）が最も高く，次いで「きょうだい」（49.3%），「友達」（27.3%）の順でした。

　本調査の結果をまとめると，現代の子どもの生活は，家の外で過ごす時間が長くなり，逆にいえば，家庭で過ごす時間は短くなっています。しかし，家庭での過ごし方をみると，習い事をしている子どもが半数以上おり，年齢が上がるにつれて増えています。家庭での遊びは家の中での遊びが中心となっており，戸外での遊びは少ないといえます。そして，遊び相手は，身近な大人や子どもが多く，同年代の友達と遊ぶ機会は減っているのです。子どもの遊びの3要素である「仲間・空間・時間」（いわゆるサンマ）が乏しくなっています。

2. 一人ひとりの育つ力を支える

　子どもは，それぞれの家庭や地域で得た生活経験をもとにして園生活で様々な活動を展開し，また，園生活で得た経験を家庭や地域での生活に生かしています。生活の場の広がりの中で，様々な出来事や暮らしの中の文化的な事物や事象，多様な人々の出会いや関わり合いを通して，子どもの発達に必要な経験を積み重ねていきます。

　乳幼児期にふさわしい生活を実現していくためには，子どもが周囲の環境に自発的・能動的に関わりながら，自分の世界を広げていく過程を発達として捉え，一人ひとりのその子らしい見方や関わり方を大切にする立場に立つことが求められています。多くの子どもにとって，園生活は家庭から離れて同年代の子どもと日々一緒に過ごす初めての集団の場です。園と家庭とでは，環境や人間関係のありようがずいぶん違います。家庭での生活の様子を知り，幼稚園や保育所等での生活が乳幼児期の子どもの発達にとってふさわしいものとなるよう，これまで以上に考えていかなければなりません。

　そして，子ども一人ひとりを信頼し，ありのままを受け止める保育者の存在がきわめて重要になります。保育者とともに生活する中で，子どもは自分を見守ってくれ，心の動きに応じてくれる存在を知ることで自分を発揮し，自分の生活をつくり出していくことができます。子どもの言動を通して，子どもが何に心を動かしているか，その子どもにとっての発達的意味を読み取り，今，一番大切にすべきことは何かなどについて，できるだけ子どもの立場に立って捉え，一人ひとりの育つ力を支えていくことが必要なのです。

3. 家庭とともに

　乳幼児期にふさわしい生活を考えるとき，家庭を抜きにして考えることはできません。子ども一人ひとりが園生活において自己を十分に発揮するためには，園が安心して過ごせる場になっていることが必要です。一人ひとりの家庭環境や生活経験は異なっています。それゆえ，一人ひとりの人や事物への関わり方，環境からの刺激の受け止め方も異なってきます。家庭や地域を含めた生活全体を視野に入れて，一人ひとりの子どもの興味や関心の方向や必要な経験を捉えていきましょう。

　それぞれの家庭には，子育てについての多様な価値観があります。現代は価値観が多様化しており，家庭や親も様々です。そのため，家庭や親の教育観や育児観は必ずしも園側の方針と一致するとは限りません。それぞれの事情や考えを受け止めながら，子どもを真ん中に置いて，よく話し合い，情報を交換し合うことが大切です。家庭の考えを聞きながら連携を進めていくのは，時間と手間のかかる作業ですが，園と家庭は子育てという共同作業を行う関係にあることをともに自覚し，支え合っていきたいものです。

　次に，乳幼児期にふさわしい生活とは具体的にどのような生活を指すのでしょうか。『幼稚園教育要領解説』では，次の3点（①教師との信頼関係に支えられた生活，②興味や関心に基づいた直接的な体験が得られる生活，③友達と十分に関わって展開する生活）があげられています。

2　保育者との信頼関係に支えられた生活

1. 心の拠り所としての保育者

　園生活に慣れるまで，新たな生活の広がりに対して期待と同時に，不安感や緊張感を抱いていることが多いのです。そのような子どもにとって，自分の行動を温かく見守り，必要な援助の手を差し伸べてくれる保育者の存在は大きな支えです。乳幼児期は，自分の存在が周囲の大人に認められ，守られているという安心感から生じる安定した情緒が支えとなって，次第に自分の世界を拡大し，自立した生活へと向かっていきます。同時に，子どもは自分を守り，受け入れてくれる大人を信頼します。つまり，大人を信頼するという確かな気持ちが子どもの発達を支えるのです。したがって，園生活では，子どもは保育者を信頼し，その信頼する保育者によって受け入れられ，見守られているという安心感をもつこ

とが必要となります。その安心感のもとに，必要なときに保育者から適切な関わりを受けながら，子どもが自分の力でいろいろな活動に取り組む体験を積み重ねることが大切にされなければならないでしょう。それこそが自立へ向かうことを支えるのです。

2. 子どものサインを受け止めるには

　子どもと保育者との信頼関係を育てていくには，日々の保育において，保育者が子どもの言葉や行動からその思いや気持ち，期待などの子どもの内面を理解していこうとすることが大切です。子どもはそのときどきの思いを園生活の様々な場面で表現しています。一人ひとりが送ってくるその子どもらしいサインを丁寧に受け止めて関わることにより，その内面に近づいていくことができるでしょう。

　子どものサインを受け止めるには，次の視点を大切にしてみましょう。

①子どもは身体で表現する

　子どもは自分の気持ちや思いを言葉で表現するとは限りません。いろいろな思いはあっても，それを伝える言葉がまだうまく使えない子どもも多くいます。また，言葉を知っていても，そのときにうまく表現できなくなることもあります。そうした場合，子どもは表情やしぐさ，身体の動きといった身体全体で表現しています。言葉で十分に伝えられない思いを身体で表現しているのです。たとえば，友達とのやり取りの中で，自分の思いが受け入れられず，嫌な気持ちになったときに，表情が曇ったり，身体がこわばったりという形で表れてくることがあります。子どもの表情や動きは瞬間的なものであり，その意味を理解することは必ずしも簡単ではありませんが，子どものサインを見逃したくはありません。

②一緒に行動してみる

　外側から子どもの行動を眺めているだけでは，子どもの内面をくみ取ることは困難です。保育者も子どもと同じ行動を取ってみたり，遊びの仲間に入ってみたりすることで，心の動きが伝わってくることがよくあります。また，友達との会話やつぶやきから子どもの気持ちがわかることがあります。友達との何気ない会話やつぶやきなども子どもの内面の表れとして大切にしていきたいものです。子どもの気持ちを一方的に決めつけたりせずに，子どもに触れながらその気持ちに少しでも近づいていきたいものです。

③家庭と一緒に受け止める

　日々の園生活における子どもの姿から，一人ひとりの子どもの気持ちや思いを読み取っていくうちに，そのまま放置しておくことのできない

様々な問題が表れてくることがあります。たとえば，いろいろなことが
きっかけになり，失敗を恐れたり，友達を怖がるなど，不安を感じるよ
うになることがあります。その気持ちは，登園を嫌がる，泣くなどの直
接的な行動で表すこともあるし，元気がない，ぐずぐずしている，友達
の中に入ろうとしないなどの小さなサインとして表現することもありま
す。保育者はこのような不安をできるだけ早く受け止めて，家庭と共有
するよう努めなければなりません。家庭と連携することによって，行動
の背景にある思いや理由を考え，より安心した園生活を送ることができ
ます。

３　興味や関心に基づいた直接的な体験が得られる生活

1. 直接体験と間接体験

　人間は，体験を通して成長すると考えられています。その体験には 2
通りがあり，遊びや活動といった「直接体験」と，勉強や読書，テレビ
視聴といった「間接体験」があります。子どもに最も必要で，かつ重要
な体験は，いうまでもなく，直接体験です。すべてを直接体験はできま
せんので，それを補う意味でも間接体験は必要です。

　ところが，現代の子どもたちの一日の生活時間は，多くの調査結果が
示す通り，直接体験が少なく，間接体験が増えています。なかでも，テ
レビ等のメディアとの過剰な接触は，大きな問題があります。

　また，直接体験に対する大人たちの不寛容な態度も気がかりです。公
園などで「こら，やめなさい，危ない，ダメ，汚い」とわが子を叱った
り，わが子の行動を制限したりする光景を目にします。見知らぬ子に近
寄り，一緒に遊ぼうとするわが子に対しても，「こら，邪魔しないの！」
と過剰に叱り，その見知らぬ子の親に「すみません，うちの子が」と謝
るのです。遊びの過程で，子どもはけがをしたり，けんかをしたりする
こともあります。でも，そうした経験を通して，身体の使い方を知った
り，人間関係の調整の仕方を学んでいくはずです。

　日常の小さな体験であっても，五感（視覚・聴覚・嗅覚・味覚・触覚）
を働かせ，身体全体で直接確かめ，試すことを，乳幼児期から積み重ね
ることで，発達や成長によい影響をもたらします。

2. 遊びの中でという考え方——直接体験としての運動指導

　様々な直接体験を積ませることの一つに，体操や水泳，サッカーといった特定のスポーツをさせたがる親は多いのです。幼稚園や保育所等の保育現場においても，そうした幼児教育のブームに乗って，外部講師を招いて運動指導を行っている園も数多くみられます。しかし，特定の運動指導をしている園とそうでない園の園児の運動能力を比較すると，最も運動能力が高いのは運動指導をしていない園という結果がみられます（杉原・河邉，2014）（表5-1，図5-1）。特定の運動指導が，幼児期の発達的特徴に合っておらず，特定の運動の上達を目指した技術指導が子どもの育ちを阻害していることは明らかです。遊びの中で一生懸命取り組んだり，動きを工夫したり，自分のやりたい動きに挑戦したりするという運動経験を通して，結果として様々な運動が上達していくのが幼児期にふさわしいのです。

　運動遊びに限らず，遊びという文化的営みは，人間の発達にとって重要です。直接的な体験を通して様々な概念を獲得するといわれる乳幼児期の発達の特性上，子どもにとって遊びの重要性は格別なのです。保育者は安全への配慮だけでなく，遊びの何に面白さを感じているのか，遊びの中で子どもが何を学んでいるのか，どう自分の能力を向上させていこうとしているのかを読み取り，そこから導き出される必要な援助を考えていかなければならないのです。

表5-1　保育時間内の運動指導者の属性

指導者	園　数	%
外部派遣講師のみ	25	43.9
クラス担任のみ	17	29.8
園の体育専任のみ	10	17.5
体育専任と外部派遣講師	2	3.5
担任と外部派遣講師	1	1.8
担任と体育専任	1	1.8
担任と体育専任と外部派遣講師	1	1.8

出典：杉原・河邉（2014）より。

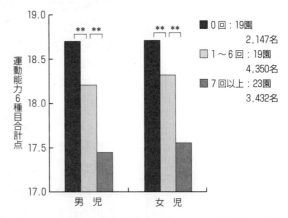

図5-1　幼稚園での運動指導頻度による運動能力の比較
注：** $p < 0.01$
出典：杉原・河邉（2014）より。

3. 直接的な体験を支える保育者の役割

　子どもの興味や関心が大事といっても，子ども自身に任せているだけでは十分ではありません。より遊びを面白くしようと心を動かすようになるには，適切な環境がなければなりませんし，友達との関係調整が必要なときもあります。保育者は遊びの状態を理解し，それに基づいて適切な援助を行わなければ，遊びは停滞し質的に高まりません。

　色水遊びの事例を通して考えてみましょう。

【事例1　色水遊び（5歳児7月）】

　自然物をつぶして色水をつくる遊びに子どもたちの関心が集まっている。保育者はいつでも誰でもが色水遊びができるように，保育室前の園庭にテーブルを出し，すり鉢，すりこぎ，透明の容器，ザル，ペットボトルなどの環境を用意している。その日は，登園直後から数名の子どもが気の合う友達と誘い合って，園庭のオシロイバナやホウセンカ，落ちている木の実を拾い，色水をつくっている。

　Aくんは友達の様子を見ているうちにやりたくなったのか，自分でもヤマゴボウの実を拾ってきてすり鉢でつぶし始め，「ぶどうジュース」と言う。できたジュースをペットボトルに詰め，もう1本つくる。ところが2本目は1本目より少し色が薄くなってしまった。するとその色の違いの発見に面白さを感じたのか，3本目はさらに薄いジュースをつくる。<u>色の濃さの違うジュースをつくり出すことが面白くなったようなので，保育者は目の細かい網が必要だと気づき，茶こしを用意する。</u>Aくんはさっそく茶こしを使ってより丁寧に色水をつくる。そして，色の濃い順にペットボトルを並べた。

〈事例1から読み取れること〉

　この事例のAくんは自然物の量と水の量の関係で色の濃淡が決まることに気づき，それを追求し始めました。偶然の発見に面白さを感じ，何かを予測したり予想したりしながら課題を追求していく充実感を味わったと思われます。重要なのは，これらの学びが他者から与えられたものではなく，Aくん自身の興味や関心に基づいて獲得したものであるということです。さらに，Aくんの学びを広げたのは保育者の関わりがあったからです。Aくんの丁寧なモノの扱いを見て，目の細かい茶こしを提示したことが，よりAくんの探求心を高めたといえます。

　河邉（2005）は，以下の5点のように，保育者が遊びを読み取ることを求めています。

① 　子どもたちは遊びの何（人・モノ・その他）におもしろさを感じているのか，内的動機を読み取る。

② 　そこでモノや他者とどのような関係を結んでいるのかを理解し，子どもが抱えている課題を見出す。

③ 　課題を乗り越えるのに必要な経験は何かを長期的展望の中で導き出す。

④ 　それに基づき，具体的な援助としての環境を構成する。

⑤ 　①〜④を常に実践の中で省察し，実践に戻していく。

4　友達と十分に関わって展開する生活

1．園で生活することの意味

　園生活において，子どもは多数の同年代の子どもたちと関わり，気持ちを伝え合い，ときには協力して活動に取り組むなどの多様な体験をします。そのような体験をする過程で，子どもは人と支え合って生活する楽しさを味わいながら，主体性や社会的態度を身につけていきます。

　特に近年，家庭や地域においてきょうだいや近所の遊び仲間といった子ども同士の関わりが減少してきていることをふまえると，園において，同年齢や異年齢の子ども同士が相互に関わり合い，生活することの意義は大きくなっています。保育者は園で生活することの意味がますます重要になっていることを自覚し，友達との関わりの中で子どもが経験していることを見過ごさないようにしていかなければなりません。

2．友達との関わりで育つもの

　友達との関わりで育つものとして，次の5点があげられます。
①コミュニケーション能力を身につける
　友達とのやり取りは，大人とのやり取りに比べて，子どもにより多くの技能や知識が求められます。うまく言葉を伝えられなくても，繰り返してくれたり，言い直してくれたりする大人との会話とは異なるものです。子ども同士の会話が成立するには，相手の理解を確かめたり，補足し合ったりしながら，子どもは積極的に働きかけなければならないので，コミュニケーション能力が身についていきます。
②きまり（規則・ルール）を理解する
　友達とのやり取りを円滑に行うために，様々なきまり（自分たちでつくったルール，保育者がつくった規則など）があることを知ります。もし，きまりを破れば，友達との遊びに加われないことなどを経験することによって，"きまり"のもつ重要性を理解します。
③自己統制能力を身につける
　きまりに従わなければならないことを身をもって学び，友達との関係を円滑に保つために，自己中心的な行動がコントロールされます。子どもは自己統制能力を身につけていくのです。
④他者に対する思いやりの心が育つ
　友達との関わりの中で，友達が自分とは異なる考えをもつ独自の存在

であることに気づき，相手の立場に立って物事をみることや，他者の気持ちを自分のことのように感じることができるようになります。

⑤いざこざを解決する力を身につける

　友達関係の中で，いざこざやトラブル，葛藤が生じても，相手の立場を理解し，きまりを守り，コミュニケーション能力を活用するなどして，いざこざをうまく解決できるようになります。いざこざを解決する場合，身体的な攻撃を用いて解決しようとする方法は，年齢とともに減少し，言葉によって解決する方法が増加します。

3.　友達と十分に関わって学ぶとは

　友達と十分に関わるとは，どのような関わりでしょうか。一人で活動するよりも，何人かの友達と一緒に活動することで，生活がより豊かに楽しく展開できることを体験し，友達がいることの楽しさや大切さに気づいていきます。それと同時に，友達との関わりを通して様々な感情を体験していくことになります。友達と一緒に活動する楽しさや喜びもあれば，自己主張のぶつかり合いなどによる怒り，悲しさ，寂しさなどを味わうこともあるでしょう。次の事例を通して，考えてみましょう。

【事例2　「ごめんなさい」が実感としてわかること（3歳児6月）】
　幼稚園に入園して3か月が経ち，子どもは温かく受け止めてくれる担任の保育者の存在を拠り所にしながら，自分のしたい遊びを始め，徐々に自分の世界を広げている。友達と一緒になって自分たちで遊ぶ姿もみられるようになってきた。登園し，雨のため保育室でブロックのタイヤを転がす遊びを始める男児たち。

H	タイヤの大きなブロックを転がし，どこまで転がるか楽しんでいる。「Sくん，みてみて！　転がったよ！」
S	「ぼくの方が転がるし～」
	「Dくん，ぼくの転がったら取ってね」
D	「わかった」
	転がすのを楽しむHと，2人でパスをするのを楽しむSとD。3人で遊ぶ姿をじっと遠くから見ているK。なかなか近寄れない。
K	勇気を出して，ゆっくり近寄って小声で何かDに言うが聞こえていない。Dの遊んでいたタイヤを無理に取ってしまった。
D	大泣き。
K	Kが，Dの大泣きに焦り，手をDの口に当てて聞こえていないかキョロキョロする。
S	「Kくん，取らないでよ！　Dくん，泣いてるでしょ！①」

D	（下を向いたまま）
H	「どうしたの？」
	他の子どもたちも集まり始める②。
H	「貸してって言うんだよ③」（優しくKに寄り添う。）
S	「言わなかったの？」
K	「言ったけど聞いてくれなかった。ごめんごめんごめん④」（Dが泣いているので焦り始める。）
	3人の空気が悪くなり，別々の行動を始めたので，保育者が間に入った⑤。
保育者	「どうしたの？」
S	「Kくんがタイヤ無理やり取ったから，Dくん嫌だったんじゃない？」
D	うなずく。
H	「貸してって言ったけど，聞こえなかったんだって」
K	「ごめんなさい⑥」（保育者に謝ってきた。）
保育者	「Kくん，先生は謝って欲しいわけじゃないんだよ。Dくんに『貸して』って言えたんでしょ？⑦　聞こえなかったみたいだね。次は大きな声で一緒に言ってみようね」
K	「うん……」
保育者	「もう一回，Sくん，Hくん，Dくんに聞いてみる？⑧」
K	「うん！」「貸して⑨」
S，H	「いいよ，なら，Kくん，向こうから転がして〜」
	H，S，K，Dの4人で遊び始めた。

〈事例2から読み取れること〉

　Hは転がすことを楽しみ，SとDは2人でパスするのを楽しんでいます。そんなブロックのタイヤ転がしの面白そうな雰囲気や楽しさに惹かれているK。Kは一緒にタイヤを転がしたいのですが，仲間に入ることができないでいます。そして，勇気を出してDに思いを伝えますが，タイヤを転がすのに夢中のDにその声は届きません。そしてKは無理やりDのタイヤを奪ってしまい，トラブルに発展します。Dは泣き出し，KはSやHに問いただされます。

　入園して3か月余り，園生活が少しずつ安定し，子ども同士の人間関係が広がりをみせています。この場面で，泣いて言葉が出てこないDの気持ちを代弁したり（①），クラスの子どもたちが集まり友達のことを心配したり（②），立場の弱くなったKに寄り添ったり（③）と，友達を思いやり，言葉を通してのやり取りがあり，自分たちなりに問題を解決しようとする姿がみられます。そして，子どもたち自身で話し合うことを大切に見守り，話し合いが停滞したタイミングを見計らって，保育者は仲介に入ります（⑤⑧）。保育者の仲介によって，Kは自分の気持ち

を伝えることができた（⑨）のです。

　また，この事例で考えさせられるのは，Kが友達に対しても「ごめんごめんごめん（④）」，保育者に対しても「ごめんなさい（⑥）」と，「ごめん」という言葉が先行することです。これに対し，保育者は貸してと言っていたのだから謝る必要がないことを伝えています（⑦）。最近の保護者をはじめとして，大人の子どもへの関わりは，言葉が先行しているように思われます。「ごめんなさいは言った？」「貸してって言った？」「順番だよ」「みんな仲良くしてね」など，言葉のやり取りのみで人との関係を育てようとしているようにもみえます。とかく3歳児の段階では，自分の思いや感情を泣きわめいたり，手を出したりと，いろいろな方法で表現したり，いろいろな思いを出し合い，ぶつかり合う中で，他の子どもの存在に気づいたり，自分の思いと他の子どもの思いが異なる場合があることを，実感として感じ取ることをもっと大切にしていかなければならないでしょう。友達と十分に関わるとは，表面的な言葉だけでない，感情のやり取りがあるのです。

■演習問題■

(1) インターネットで公開されている「子どもの生活や遊びの実態」に関する調査データを調べ，自分の子どもの頃との違いを出し合ってみましょう。
(2) 家庭と連携するために，保護者に対する保育者の姿勢で大切なことは何か，グループで話し合ってみましょう。
(3) 友達との関係を大切にすることの理由（社会的背景や発達的意味）についてまとめてみましょう。

引用・参考文献

河邉貴子（2005）『遊びを中心とした保育——保育記録から読み解く「援助」と「展開」』萌文書林。
杉原隆・河邉貴子（2014）『幼児期における運動発達と運動遊びの指導——遊びのなかで子どもは育つ』ミネルヴァ書房。
ベネッセ教育総合研究所（2016）「第5回幼児の生活アンケートレポート」。
文部科学省（2018）『幼稚園教育要領解説』フレーベル館。

第6章
子ども「個人」を尊重する
──主体性・子ども理解・子ども集団と個人──

本章では，子ども個人を尊重するとはどういうことかについての考えを深めます。具体的には，子どもの主体性・子ども理解・子ども集団と個人の関係という3つの視点からアプローチします。いずれも，保育から得られる子ども個人の利益を最大化するために必要な視点です。

1 子どもの主体性を尊重するとは

　子どもをめぐって語られる「主体」「主体性」「主体的」という言葉は，教育や保育の世界では当たり前のように用いられています。しかしこれらの言葉は，哲学上重要な概念の一つであり，学問分野によってもその用いられ方は多様です。実は，容易に理解することが難しい概念です。

　私たちは普段から「主体的に行動する」とか「誰々は主体性がある／ない」という表現をします。そして，子どもの主体性については「子どもにとって重要なもの」「保育者が育むべきもの」というイメージが前提となっているように思われます。その際，主体性という言葉は，どのような意味で用いられているのでしょうか。保育者は，子どもの主体性をどのように考えておく必要があるのでしょうか。

1. 主体性をめぐる誤解と混乱

　1989（平成元）年の幼稚園教育要領等の改訂は，「教師主導の保育」「させる保育」からの脱却が意図されていました。そのポイントは「子どもの自発性を重視する保育への転回」でした（浜口，2014）。具体的には「保育者主導の設定保育型から，自由遊びを中心とする環境構成型」の，子ども中心の自由保育への転換が求められました。

　そこでは，子どもの自発性・主体性を重視することを目指す方向性が示されました。「援助」という言葉が書き込まれたこともあり，保育者は「教えてはいけない」という誤解を生むきっかけとなり，保育現場に混乱を招いたともいわれています（小田，2014）。

　では，保育者主導から子ども中心の保育への移行において混乱が生ま

れたのはなぜだったのでしょうか。一因として，「子どもの主体性」という言葉の意味が，明確にされていなかったことがあげられます。

　学校教育段階における子どもの主体性をめぐる議論をみてみましょう。学校教育では，知識や技能を一方的に教え込む「詰め込み教育」が批判され，おおむね1980年代から2000年代にかけて，徐々にいわゆる「ゆとり教育」に移行しました。

　哲学者の仲正昌樹は，その移行の際の，子どもの主体性を重視する教育政策の動向と背景を批判的に論じています。そのポイントは，以下の3点に整理することができます。

　①　主体性の意味が明確にされてこなかった。
　②　目的─文脈─主体性は切り離せず，文脈ごとの主体性がある。
　③　教育者の介入なしに，自然に子どもの主体性が育つわけではない。

（仲正，2003，120～132頁）

　これらの指摘は，保育現場にもあてはまります。まず，子どもの主体性とは具体的に何を指すのかを，より明確にすることが求められています。次に，「文脈」という言葉を「状況」「場面」と言い換えると，様々な状況や場面に，一人ひとりの子どもがどのように向き合おうとしているのかを，子どもの主体性として捉える視点が提起されています。また，子どもの主体性の重視を，放任と理解してはならないことが示されています。

2.　主体的な活動を促すとは

　ガイドラインにおいて，主体性という言葉はどのように用いられているのでしょうか。まずは，幼稚園教育要領からみてみます。

第1章 総則　第4 指導計画の作成と幼児理解に基づいた評価

3 指導計画の作成上の留意事項

(7)　幼児の主体的な活動を促すためには，教師が多様な関わりをもつことが重要であることを踏まえ，教師は，理解者，共同作業者など様々な役割を果たし，幼児の発達に必要な豊かな体験が得られるよう，活動の場面に応じて，適切な指導を行うようにすること。

　ここでは，「幼児の主体的な活動」にとって保育者の関わりが重要であると記されています。それが「放任」を意味しないということは明らかです。また，「場面に応じて」という記述からは，子どもが場面に応じてみせる多様な姿を捉えることも想定されています。

　しかしここで，「教師が子どもの主体的な活動を促す」ことの意味を

考えておく必要があります。たとえば，子どもが自らやりたいと思ったり，選択したのではなく，保育者主導で準備された活動に積極的になれない子どもを「主体性がない」と捉えることは適切であるとはいえません。主体性を「何かに向かおうとする姿」と捉えれば，その活動に積極的ではない子どもの姿から，活動から「離脱しようとする主体性」を読み取ることも可能なはずです。

　したがって「子どもの主体的な活動」とは，子ども自身がみずから参加したいと願い，選択した活動であると捉えることが妥当であるといえます。保育者主導から子ども主導への転換とは，活動内容や，どのような時間を過ごしたいかについて，子どもが自らの意思を表明できるように，保育者の関わり方や役割を変更・調整することが重要なポイントだったと考えられます。

3.　子どもを主体として育てるとは

　ここまでの議論から，「主体的／主体的でない子ども」と単純に分けることや，保育者が準備した活動に積極的かどうかという視点で子どもの姿を捉えることが適切ではないことが明らかになりました。子どもに自己表現の機会が与えられた上で，様々な場面に向かおうとする子ども固有の態度を，子どもの主体性として捉えることが求められています。

　保育所保育指針には，以下の記述があります。

> 第1章 総則　1 保育所保育に関する基本原則　(3) 保育の方法
> ア　一人一人の子どもの状況や家庭及び地域社会での生活の実態を把握するとともに，子どもが安心感と信頼感をもって活動できるよう，子どもの主体としての思いや願いを受け止めること。

　鯨岡は著書の中で，「させる保育」「頑張らせてほめる保育」「保護者に見せる保育」などが横行しているとし，これらを「保育者主導の保育」とした上で，それらと対比して「子どもを主体として育てる保育」を提唱しています（鯨岡，2010）。そしてその際に保育者に求められるのは，「子ども一人一人が主体として受け止められているか（思いが受け止められているか，存在が認められているか）」であるとしています。このときの「主体として育てる」という言葉の意味は，自律した一人の人間として子どもの意思や姿を理解し，尊重することと捉えることができます。

　したがって，子どもの主体性をめぐる議論では，保育者が一人ひとりの子どもをどのように捉え受け止めるかが問われています。したがって，

「子ども理解」に深く関連する概念として受け止める必要があります。

2　子ども理解と保育

1. 子ども観の見直し

　私たちの子どもへのまなざしのことを「子ども観」と呼びます。

　広く共有されているのは，子どもは「白紙状態」で生まれてくるという子ども観です（白紙説）。子どもを白紙に見立てたこの考えによれば，子どもは純粋無垢な存在であり，誕生後に何でも書き込むことができるようになります。つまり，誕生後に大人が子どもに介入することで，子どもをどのような状態にも導くことができる，という考え方にたどりつきます。

　すると，教育はとても重要性の高いものになります。なぜなら子どもは白紙状態なので，何を書き込むかによって，善にも悪にもなりえるからです（教育万能説）。この考えは，教育・保育現場に非常に大きな影響を与えています。

　しかし白紙説は，近年見直されつつあります。脳科学では，子どもの神経細胞の数は，生後1年で最も多くなることがわかっており，人間の子どもが生得的に高い機能を有していることが明らかになってきました。

　また行動遺伝学における「双生児研究」の成果は，人間を形成する遺伝の影響がいかに大きいかを示しています。子どもの学力や知能，性格や行動に至るまで，かなりの程度遺伝の影響として説明されることがわかってきました。

　こうした科学的知見は，人間が白紙である，という想定とはまったく反対の事実を私たちに突きつけています。それは，人間は生得的に，すでに多くを書き込まれた状態で生まれてくるという事実です。白紙説は，見直しを迫られているといえます。

　白紙説が見直されるのだとすれば，そこから導かれていた教育万能説の方も見直す必要がありそうです。少なくとも，教育によっていかようにも子どもをつくることができるかのような考えは，大人が子どもを「教える」という側面を重視しすぎているといえます。そして，教育者・保育者が「子どもがみずから育つ」という側面を過小評価してきたのではないか，と反省してみる必要があります。教育の名のもとに，子どもを大人の意のままに操作しようとしてきた側面はないかを振り返ってみることは意味があるのではないでしょうか。

　こうした視点は，保育者が子ども一人ひとりの理解を基盤として，保育を行う必要があることを正当化する強い根拠となります。

2. 保育の基盤としての子ども理解

　1989年に幼稚園教育要領が改訂され，「環境を通して行う保育」が幼稚園教育の基本となってから，子どもたちが主体性を発揮するために，より一層「子ども理解」が重視されてきました（砂上，2016）。

　文部科学省は，「幼児を理解することが保育の出発点となり，そこから，一人一人の幼児の発達を着実に促す保育が生み出されてくる」と述べています（文部科学省，2019）。またその際，子どもの行動を「こういう意味がある」と決めつけて解釈することや，一般的な子どもの姿や他児との比較で優劣をつけることはふさわしくないとされています。これは「一人一人の幼児と直接に触れ合いながら，幼児の言動や表情から，思いや考えなどを理解しかつ受け止め，その幼児のよさや可能性を理解しようとすること」を指しており，子どもの「内面に沿っていこうとする姿勢」が保育者に求められています（文部科学省，2019，9頁）。

　砂上は，幼児理解の観点を「内面的理解」「発達的理解」「関係論的理解」に分類しています（砂上，2016，26～31頁）。

　内面的理解は，「ただその気持ちに共感する」という保育者の態度を基本とする共感的理解，「子どもとかかわりながら子どもの行為の意味を理解する」人間学的な理解をその特徴としています。子どもの行為の背景にある子どもの内面を探り当て，共感する視点が重要となります。

　発達的理解は，「子どもはどのように発達するか」という発達観に関係しており，幼稚園教育要領等では，子どもの発達は環境との相互作用の過程とされています。また標準的な発達と比較して「遅れている」などの評価をせず，子どもの現在の姿に寄り添う姿勢が求められています。

　関係論的理解は，「個人が周囲の様々な人やモノと取り結ぶ関係の折り目からその人全体を理解しようとする」ことと説明されています。子どもの行為の原因を子ども個人に帰することなく，子どもと周囲のモノや，家庭環境などの人間関係の中に見出そうとする態度につながります。

　これらの視点から子どもの個性や思いを理解することにより，保育のあり方が方向づけられていくといえます。これが，子ども理解が保育の出発点であるという考え方の意味です。

3. 特別な教育的ニーズへの応答

　様々な視点から子ども理解を試みることは，一人ひとりの子どもへの

「特別な配慮」の基盤にもなります。「特別な配慮」とは，障害をもった子ども，言語的・文化的背景が異なる子ども，性的マイノリティの子どもへの配慮などです。

しかし，これらの子どもたちだけに配慮をすればよいというわけではありません。家庭の経済的状況が厳しく，貧困下にある子ども，児童養護施設から通園してきている子どもにも，何かしらの「配慮」が必要となります。

このように考えると，すべての子どもたちに対し，子どもの個性や背景に応じた配慮が必要であるといえます。また，これを，子どもたち一人ひとりが特別な教育的ニーズを有しているといいます。そして，保育者には子どもたち一人ひとりのニーズへの「応答」が求められます。子ども理解とは，子どもたち一人ひとりのニーズを捉える過程であると言い換えることができます。

❸　個と集団の発達をふまえた保育とは

1. 集団保育としての施設型保育

子どもたち一人ひとりの教育的ニーズに応答するという考え方は，子どもたち一人ひとりの育ちを重視する，日本の幼児教育の基本原理と合致しています。しかし，この理念が保育現場において実践可能かといえば，多くの課題があるのが現状です。

日本では，乳児も保育所をはじめとする施設型保育を利用することが一般的です。しかし欧米では，ベビーシッターやナニーと呼ばれる養育者を雇い，家庭で保育をしてもらうことの方が一般的であるといわれます。その背景には，乳児期に，特定の大人との一対一の関係性を重視する養育観などが影響していると考えられます。

そこで論点となるのは，施設型保育における子ども集団と，子ども個人との関係です。この「集団と個人」という問題設定は，日本の保育の草創期，1900年前後から続いています。佐伯（2001）は，日本の保育の「最重要課題」として「集団と個人」について論じています。子ども集団の中で，個人の成長をどのように考えるかという問題は，これまでも多くの保育関係者を悩ませてきました。

ここで重要なのは，問題設定を行う際，集団か，個人かという二者択一の議論にならないよう留意すべきだということです。「どちらが大事か」という問題の立て方をしたり，個人を重視すれば集団が軽視される

ような枠組みでものごとを考えるのではなく，個人の利益を最大化できるようなよい集団とはどのような集団か，と発想することが重要といえます。

　このような観点からみれば，現在の日本の施設型保育に問題がないとはいえません。次に子ども集団と個人について，ハード・ソフトの両面から問題点を指摘したいと思います。

2. ハード面の課題──職員配置基準

　ハード面の課題としては，「職員配置基準」があげられます（表6-1）。

　職員配置基準は，子ども1人当たりの職員数を表しています。幼稚園は1学級35人，保育所は年齢によって基準が異なりますが，0歳児が3人に1人，4・5歳児では30人に1人となります。この数字を他の先進国と比べると，日本の職員配置基準では，保育者1人当たりの子ども数が多いことがわかります。OECDの調査でも，日本のこの基準は保育者1人当たりの子ども数の多さが突出していることがわかります（OECD, 2019）。

表6-1　職員配置基準

幼稚園	保育所
1学級当たり専任教員1人　　1学級の幼児数は35人以下が原則	0歳児　　3人につき1人　1・2歳児　　6人につき1人　3歳児　　20人につき1人　4・5歳児　　30人につき1人

出典：筆者作成。

　OECDは，職員1人当たりの子どもの数について，「子どものより良い発達のための質保証に，主要な役割を果たす」とし，それは保育者と子どもの「頻繁かつ意味のあるやりとりの可能性を高める」（OECD, 2019, 40頁）からであるとしています。学級の規模が大きくなればなるほど，保育者と個々の子どもとの個別の関わりは，質・量ともに低下することはやむを得ません。これは，日本の施設型保育が抱える大きな課題であるといえます。

　イギリスで保育士経験のあるブレイディ（2016）は，この点について「保育士配置基準がヤバすぎる衝撃」と著書の中で紹介し，日本の人員配置基準が及ぼす保育への影響を，イギリスと比較しながら次のように述べています。

　　……日本の保育園の庭で見た光景は，そうした活気のある英国の外遊びの風景とは違っていた。全体的な印象がとても静かで，変化に乏しい。玩具もなければ，保育士によって企画された日替わりの遊びのコーナーもない。子供たちは庭に立ってグループで話し合った

▷1　欧米各国では，保育者1人当たり，5歳児でも多くて15人程度になっている。

り，走ったり，飛び回ったりしているが，それはまるで小学校の休憩時間の校庭のようで，保育士も積極的に子供たちと何かをしているというよりは，何ごとも起こらないように全体を監視しているという感じだった。

　だが，1対20の配置基準ではそうならざるを得ないだろう。

（ブレイディ，2016，99頁）

　ブレイディはイギリスとの比較から，日本の保育のあり方に問題提起をしています。それは日本の保育者に対してではなく，人員配置基準という制度に対して向けられたものです。

3. ソフト面の課題

　基本的に西欧を中心とする先進諸国では，子ども個人にとっての利益を第一に考えます。しかし，そうした保育観自体が西欧的なもので，集団の利益を優先するような異なる文化では受け入れられない可能性が，韓国の研究者から提起されています（Kwon, 2004）。同じ東アジアに位置する日本においても，「集団の利益」を個人の利益に優先させる風潮が少なからずあるのではないでしょうか。

　集団を考える際，問題になるのは集団の規律や秩序です。先に述べた通り，日本の保育者は同時に多くの子どもに対応する必要があります。より具体的にいえば，1学級当たりの子どもの数が多いということです。

　学校教育では，教育活動を円滑に進行するために，教師はその秩序を保つことになります。柳は，学校教育における学級という集団に埋め込まれた特性について，以下のように説明しています。

　　事前制御された「学級」の中で生活するには，児童・生徒が自己の方針を明確に持っていたり，強固な意志を持つ存在であったりしてはならない。（中略）そのためには，学校は児童・生徒を無力化し，彼らが学校秩序に従順になるように仕向ける必要がある。

（柳，2005，179頁）

　ここでは，学級という集団の秩序を守るために，子どもたちに強制されるしくみが，「事前制御」という言葉で説明されています。そこでは，自己決定をはじめとする子どもの自由が，教師によってあらかじめ制限（コントロール）され，そのことを前提として，一斉に教育活動が進められます。

　先ほども述べたように，保育現場においても，学級の規模が大きくなりがちです。したがって，保育者も集団秩序を維持するような働きかけが多くなることが懸念されます。そこでは，子ども個人の自由なふるまいや言動が制限されることになります。

　しかし，幼稚園教育要領等における「幼稚園教育の基本」として，「幼児は安定した情緒の下で自己を十分に発揮する」「自発的な活動としての遊び」「幼児一人一人の特性に応じ，発達の課題に即した指導を行う」ことなどが示されています。これらの理念をみれば，子どもたち個人の利益の確保が，幼稚園教育の基本であることは疑いありません。

　しかしこれらの理念に反し，子どもの自己発揮が抑制され，活動が非自発的になり，一人ひとりの特性に十分に応じられない環境に傾きやすい制度的な特性を日本の保育現場はもっているといえます。「お口チャック」「手はお膝」と呼びかけることで子どもの身体に働きかけ，行動を規制するような事前制御の技法は，見直されるべき時期にきているのではないでしょうか。

　結城は，幼稚園における教育を「集団教育」と表現し，その過程について以下のように述べています。

　　　子どもに協同でひとつの活動を展開させ，知的にも技術的にも高度な活動をさせる過程では，先生の子どもに対する個別的・直接的な干渉はほとんど介在していない。それに代わって存在していたのは，見える／見えないという可視性の異なる集団を利用した包摂と排斥，帰属意識の高揚，上級学年になることへのあこがれなどの感情移入といった，集団関係の形成・操作だった。

（結城，1998，185頁）

　ここでは，保育者が直接的な介入によらず，子どもが自ら集団に同調し，自律していくよう仕向けられている様が描かれています。こうした働きかけも，事前制御の技術の一つであるといえます。このように子どもがいわば「空気を読む」ことで集団へ同調することが求められている環境の中で，子どもたち一人ひとりが十分に自己を発揮することが可能なのかどうか，検討する必要があるといえるでしょう。

4．集団の事前制御から子ども個人への事後応答へ

　1学級当たりの子どもの数が多くならざるを得ない日本の保育現場では，少ない保育者で多くの子どもたちを教育するために，多くの子ども

たちに対応するための技術を発展させてきたということがいえます。そしてその中には，多くの子どもに一斉に教育活動を行うことを円滑にするための事前制御の技術が多く含まれています。

　しかしこれからの時代の保育者に求められるのは，子どもの自由な表現をいかに受け止め応答するかという「事後応答」の技術です。そこで交わされる保育者と子どもとのやり取りによって，子ども個人は利益を享受します。こうしたやり取りが可能な環境づくりが課題であるといえます。

　整然とした秩序の中で保育者の指示によく従う子どもが「いい子」なのか，そうした指導ができる保育者が「いい保育者」なのか。子ども観や保育者観を再検討することが求められています。

（演習問題）

⑴　子どもを主体として尊重するとは，具体的にどういうことか考えてみましょう。
⑵　よりよい子ども理解のために，どのようなしかけが必要になるか考えてみましょう。
⑶　集団的環境の中で保育者と子どもとの直接的なやり取りを増やすためには，どのような工夫が必要か考えてみましょう。

引用・参考文献

OECD 編著／秋田喜代美ほか訳（2019）『OECD 保育の質向上白書——人生の始まりこそ力強く：ECEC のツールボックス』明石書店（OECD（2012）*Starting Strong III A Quality Toolbox for Early Childhood Education and Care*）。

小田豊（2014）『幼保一体化の変遷』北大路書房。

鯨岡峻（2010）『保育・主体として育てる営み』ミネルヴァ書房。

佐伯胖（2001）『幼児教育へのいざない——円熟した保育者になるために』東京大学出版会。

汐見稔幸・松本園子・髙田文子・矢治夕起・森川敬子（2017）『日本の保育の歴史——子ども観と保育の歴史150年』萌文書林。

砂上史子（2016）「子ども理解」日本保育学会編『保育のいとなみ——子ども理解の内容・方法』（保育学講座3）東京大学出版会，25〜42頁。

仲正昌樹（2003）『「不自由」論——「何でも自己決定」の限界』筑摩書房。

浜口順子（2014）「平成期幼稚園教育要領と保育者の専門性」『教育学研究』第81巻第4号，66頁。

ブレイディみかこ（2016）『This is JAPAN——英国保育士が見た日本』太田出版。

文部科学省（2019）「幼児理解に基づいた評価」。

柳治男（2005）『〈学級〉の歴史学』講談社。

結城恵（1998）『幼稚園で子どもはどう育つか——集団教育のエスノグラフィ』
　　有信堂。

Kwon, Y. I. (2004) "Early Childhood Education in Korea : Discrepancy
　　between National Kindergarten Curriculum and Practices," *Educational
　　Review,* Vol. 56, No. 3, pp. 297-312.

第7章
養護と教育が一体的に展開する保育

「保育所保育指針」において，「保育」とは「養護と教育が一体的に展開されるもの」と示されています。本章では，「養護と教育が一体的に展開する保育」とは何かを掘り下げ，保育のあり方を考察します。まず，養護的・教育的な関わりとは何かを考え，次に保育に欠かせない養護の2つの側面を確認します。最後に，子どもの発育・発達に応じてどのような養護が行われるべきか，実際の保育の場面を想定しながら具体的に考察します。

1　保育とは何か──養護的な関わり／教育的な関わり

「保育所保育指針」には，保育所における保育の特性について次のように示されています。

> 第1章 総則　1 保育所保育に関する基本原則
>
> (1) 保育所の役割
>
> イ　保育所は，その目的を達成するために，保育に関する専門性を有する職員が，家庭との緊密な連携の下に，子どもの状況や発達過程を踏まえ，保育所における環境を通して，<u>養護及び教育を一体的に行うこと</u>を特性としている。(下線は引用者による)

　保育とは，環境を通して，養護と教育が一体的に行われることと明記されています。すなわち保育は，乳幼児の保護（養護）と教育を合わせたものです。2017年改定「保育所保育指針」では，「第1章 総則」に「養護に関する基本的事項」が加えられました。改定前には「第3章 保育の内容」の中に含まれていた養護の説明が，独立した項目として設けられたのです。これまで以上に養護が重要だと認識され，保育における位置づけを改めて示す必要が出てきたといえるでしょう。

　養護について考察する前に，養護と一体的に行われる教育とは何を指すのか，確認しておきましょう。「保育所保育指針」においては，「子どもが健やかに成長し，その活動がより豊かに展開されるための発達の援助」と記されています。また「幼稚園教育要領」には，「幼児期の特性を踏まえ，環境を通して行うもの」とあります。つまり，子どもに無意

図・無計画に関わるのは，教育とは
いえません。保育者が行う教育とは，
子どもの発育・発達に関する意図や
ねらいを定め，環境を構成し，子ど
もが新たな力を獲得できるように援
助することです。「保育所保育指針」
には，保育における教育の「ねら
い」と「内容」が，5領域にわたっ
て示されています。この教育と，こ
れから解説する養護は不可分の関係
です。図7-1のように，養護は子
どもの成長を支える保育の根幹であ
り，教育は子どもの可能性を引き出
し発育・発達を促す枝葉の役割を果
たします。

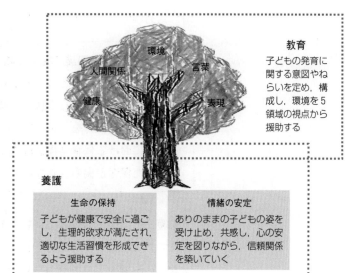

図7-1　養護と教育の関係
出典：筆者作成。

② 養護の2つの側面

　次の2人（保育者A・B）の保育活動について，あなたはどのように
思いますか。

保育者A
　子どもたちが保育室で自由遊びを楽しんでいる。保育者Aは，子ども一
人ひとりの様子を注意深く観察し，気持ちに寄り添い，遊びが発展するよ
う声をかけている。保育室は蒸し暑く，長い間換気されていないために空
気は淀んでいる。床は昼食の食べこぼしで汚れ，砂ぼこりでざらざらとし
ている。そこに積み木やブロックなどの遊具が散乱している。

保育者B
　保育者Bはいつも，園庭の遊具が壊れたり危険な状態ではないかチェッ
クした後，子どもたちを園庭で遊ばせるようにしている。昼食は決められ
た量を食べさせ，午睡を時間通りにさせる。おむつが汚れたらすぐに交換
する。保育室はこまめに換気を行い，掃除機をかけ水拭きし，隅々まで清
潔である。保育者Bは，遊びや生活の中で，子ども一人ひとりの様子を観
察し，ほほえみかけたり，言葉をかけたりすることはない。淡々と仕事を
こなしている。

　どちらの保育活動も，子どもにとって最善の保育とはいえません。何
かが大きく欠けていますね。「保育所保育指針」「養護に関する基本的事

項」においては，養護の理念が次のように記されています。

第1章 総則　2　養護に関する基本的事項　(1) 養護の理念

　保育における養護とは，子どもの生命の保持及び情緒の安定を図
るために保育士等が行う援助や関わりであり，保育所における保育
は，養護及び教育を一体的に行うことをその特性とするものである。
保育所における保育全体を通じて，養護に関するねらい及び内容を
踏まえた保育が展開されなければならない。

　養護には「生命の保持」「情緒の安定」の2つの側面があることが示
されています。先の例に戻ると，保育者Aについては，子どもの健康や
安全への配慮や働きかけ（生命の保持）が欠けています。また保育者B
の場合，子どもの精神的な安定を支える関わりや対応（情緒の安定）が
なされていません。ここからは，保育活動にとって不可欠な養護の2つ
の側面についてみていきたいと思います。

1.　「生命の保持」の側面（図7-2）

　まずは，子どもの健康と安全を守ること。保育者は，子どもの病気や
けがを未然に防いだり，早期に対処しなければなりません。子どもの異
変に気づくため，日々様子を観察し，健康状態や発育過程を把握してお
きます。食物アレルギーなどにも注意が必要です。また，危険な物や場
所がないか点検し，破損や老朽化した遊具などは迅速に修繕します。さ
らに，園内の防炎対策や防犯セキュリティーの強化も求められます。こ
うした通常の保育における安全対策に加え，地震や津波，大雨による災
害に備えることも大切です。避難訓練や子どもの受け渡し訓練の実施，

4つの内容

一人一人の子どもの平常の健康状態や発育及び発達状態を的確に把握し，異常を感じる場合は，速やかに適切に対応する。	家庭との連携を密にし，嘱託医等との連携を図りながら，子どもの疾病や事故防止に関する認識を深め，保健的で安全な保育環境の維持及び向上に努める。
清潔で安全な環境を整え，適切な援助や応答的な関わりを通して子どもの生理的欲求を満たしていく。また，家庭と協力しながら，子どもの発達過程等に応じた適切な生活のリズムがつくられていくようにする。	子どもの発達過程等に応じて，適度な運動と休息を取ることができるようにする。また，食事，排泄，衣類の着脱，身の回りを清潔にすることなどについて，子どもが意欲的に生活できるよう適切に援助する。

図7-2　生命の保持

出典：「保育所保育指針」　第1章 総則　2　養護に関する基本的事項より。

避難場所や連絡方法の確認など，日頃から保育者と子ども，保護者の防災意識を高めておきます。さらに，安全対策についての基本的な考え方をまとめたマニュアルを整備し，リスクマネジメント[1]を行うことも求められています。

　次に，基本的な生活習慣の自立を促すこと。食事，排泄，衣類の着脱，身の回りを清潔に保つことなど，適切な生活のリズムがつくられていくように働きかけます。保護者と連携し，子どもの発達に沿った対応をしていくことも重要です。保育者が無理やり生活のリズムを強制するのではなく，子どもの気持ちに寄り添いながら，自然に生活のリズムをつくっていくようにするとよいでしょう。

2.　「情緒の安定」の側面（図7-3）

　子どもが何かに意欲的に取り組んだり挑戦しようとするとき，原動力になるものは何でしょうか。それは，ありのままの姿を受け止め，たとえ失敗しても「大丈夫だよ」「頑張ったね」と声をかけてくれる人の存在です。「素の自分を出しても大丈夫」「自分は大切にされている」と思えることは，自分自身を肯定する気持ちを育てます。保育者は一人の人間として子どもと真摯に向き合い，子どもの存在を肯定し，信頼関係を築くことが重要です。この信頼関係が子どもの心の安全基地となり，身心の成長を支えるのです。

　さらに，子どもが身心ともにくつろげる環境を整えることも大切です。子ども一人ひとりの発達過程や生活のリズムを把握した上で，適度な運動と休息を取らせるなど，健康的で安全な環境をつくることが求められます。健康と安全（生命の保持）と安心と信頼（情緒の安定）は，固く結びついているのです。

▷1　リスクマネジメント
組織的に行う危機管理のこと。保育所では主任保育士などリスクマネージャーを中心に，すべての保育者が情報を共有して取り組む。事故や傷病につながる可能性のある事物や出来事を報告し，事故防止対策を計画する（Plan），安全管理やシミュレーションなどにより対策を実施する（Do），対策の効果をふり返り，改善すべき点を検討する（Check），改善点を反映させた事故防止マニュアルを作成する（Action）といった改善サイクル（PDCA）を繰り返し，事故が起こりにくいしくみをつくる。

4つの内容

一人一人の子どもの置かれている状態や発達過程などを的確に把握し，子どもの欲求を適切に満たしながら，応答的な触れ合いや言葉がけを行う。	一人一人の子どもの気持ちを受容し，共感しながら，子どもとの継続的な信頼関係を築いていく。
保育士等との信頼関係を基盤に，一人一人の子どもが主体的に活動し，自発性や探索意欲などを高めるとともに，自分への自信をもつことができるよう成長の過程を見守り，適切に働きかける。	一人一人の子どもの生活のリズム，発達過程，保育時間などに応じて，活動内容のバランスや調和を図りながら，適切な食事や休息が取れるようにする。

図7-3　情緒の安定

出典：「保育所保育指針」　第1章 総則 2 養護に関する基本的事項より。

3　子どもの発育・発達状態に応じた養護的関わり

　ここからは，子どもの発育・発達に応じた保育について，具体的に考えてみることにします。子ども一人ひとりの発育・発達の過程は違うため，年齢で区分したり，一概に説明することは難しいのですが，本節では「保育所保育指針」の「乳児」「1歳以上3歳未満児」「3歳以上児」の区分を参照することにします。

1.　乳児保育——身心の発達の基盤をつくる

　乳児は，身心の機能が未熟で，抵抗力も弱いため，特に疾病が多い時期です。子ども一人ひとりの健康状態，アレルギーの有無，発育・発達の過程について把握し，適切な判断に基づく保健的な対応を行います。保育者自身が手指の消毒やうがいをし，自身の健康管理を徹底することも欠かせません。乳幼児揺さぶられ症候群[2]や乳幼児突然死症候群[3]も，この時期に特に注意を要します。保育者は乳児を抱き上げたりあやしたりする際，激しく揺さぶったりせず，首を手や腕でしっかりと固定し，頭のぐらつきを抑えます。仰向けに寝かし，睡眠時は子どもの目の届くところにいて，注意を怠らないようにします。また，乳児は手にしたものを何でも口に入れようとするので，誤飲事故につながる物を手の届くところに置かず，哺乳瓶やおもちゃなどは消毒しておきます。さらに，事故の危険性のある遊具や備品などは，撤去・改修を行うことが大切です。

　視覚や聴覚などの感覚，座る，はう，歩くといった運動機能が著しく発達するのが乳児期です。寝返り，お座り，はいはい，つかまり立ち，伝い歩きなど，発育に応じて体を動かす遊びを行うことが重要です。手遊び，あやし遊び，歌やリズム遊びなどを通じて，自ら体を動かそうとする意欲が育つよう働きかけます（図7-4）。

　乳児期には，食事や睡眠などの生活リズムが芽生えるとされています。

▷2　**乳幼児揺さぶられ症候群**（Shaken Baby Syndrome：SBS）
乳幼児が強く揺さぶられ，脳に深刻なダメージを受けることにより起こる一連の病状。乳幼児は脳と頭蓋骨の間にすき間があるため，激しく揺さぶられると脳の周りの血管や神経が切れたり脳組織が傷つき，脳内出血や眼底出血を起こす。けいれんや呼吸の乱れ，嘔吐などの症状が出るほか，脳性まひ，運動機能障害，視力障害，知的障害などの後遺症が残ることもある。
▷3　乳幼児突然死症候群については，第15章参照。

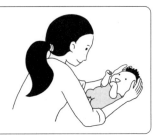

あたまかたひざぽん！
　寝ていることが多い乳児期には，手遊びなどスキンシップを楽しむ遊びを取り入れるとよいでしょう。顔や体などをリズムにのって優しく触ることで，子どもの感覚が刺激され，身心の発達が促されます。さらに，楽しく語りかけるように歌うことにより，子どもと気持ちを通わせることもできるでしょう。

図7-4　保育の場面A

乳児の〈声〉をきくには
　乳児の泣き声やクーイング，喃語は，単に音を発しているのではなく，何らかの意図のこもった〈声〉と捉えましょう。保育者は，表情や泣き方，声のトーン，体の動き，そのときの状況などから，子どもが何を伝えたいのかを探ります。「あーうー」といった喃語には，「なぁに？」「どうしたの？」など，語尾を上げて問いかけます。また，「あーあーだね」「上手におしゃべりするね」といった共感の言葉かけを交えて，子どもの発話を促すのもよいでしょう。

図7-5　保育の場面B

　適切に授乳を行い，離乳を進める過程で様々な食品に慣れさせるとともに，子どもが食べる喜びや楽しさを感じるよう工夫することが重要です。無言で食べ物を押し込むのではなく，「おくちあーん」「おいしいね」などと優しく言葉をかけ，楽しく和やかな雰囲気をつくります。おむつの交換や衣服の着脱を行う際にも，「おむつ替えようね」「気持ちいいね」などの言葉かけを行い，清潔になることの心地よさを感じるよう促します。

　乳児期は，人と関わる力や表現する力の基盤を育てる大切な時期です。乳児は，体の動きや表情，発声，**クーイング**[4]，**喃語**[5]などにより，自分の感情を表現しようとします。手足を動かしているだけ，音を発しているだけと見過ごすのではなく，応答的な関わりをもつことが大切です（図7-5）。優しく抱きかかえ，目を見ながらゆっくり話しかけ，子どもとのやり取りを楽しみましょう。

2.　1歳以上3歳未満児の保育――自立心を育む

　自我が芽生え，自己と他者の違いが次第に認識できるようになり，自分でできることが増えてくるのが，この時期の大きな特徴です。「自分でやる」という気持ちを尊重し，自立心を育むことが，1歳以上3歳未満児の保育において最も重要なポイントです。

　基本的な運動機能が発達してくるこの時期，走る・跳ぶ・登る・押す・引っ張るといった全身を大きく使う動きや，つまむ・めくるなどの指先の細かい動きを，遊びに取り入れるよう工夫します。また，食事を口に運んだり，排泄をしたり，服を着たりするなど，自立のための身体的機能も整ってきます。保育者は，最初は言葉をかけたり介助をしたりすることが必要ですが，徐々にそうした介入を少なくし，自分で考えて正しく行うことができるよう見守ることも重要です（図7-6）。排泄の自立を促す際には，子ども一人ひとりの排尿感覚などをふまえ，おむつ

▷4　**クーイング**（cooing）
生後2〜3か月頃になると，乳児はリラックスしているときなどに，甘えるような声で「あー」「うー」「くー」などの鼻母音を発するようになる。これをクーイングといい，声を出したり，コミュニケーションを楽しむといった，言葉の発達のスタートと考えられている。

▷5　**喃語**（babbling）
生後4〜6か月頃になると，「あーあー」「だーだー」「ばぶばぶ」「まんま」など，多音節の言葉を発するようになる。これを喃語といい，単音節の鼻母音であるクーイングとは区別される。喃語を発することで，口蓋や唇，声帯，横隔膜などの使い方を覚え，破裂音や濁音などの発声のレパートリーが増える。一方で，生後10か月を過ぎる頃，身振りや発声が明瞭になってくると，喃語は減りはじめる。

生活における自立心の芽生え

　衣服の着脱を補助する際には，曖昧な言葉ではなく，「ゾウさんのしるしがあるほうが前だよ」などと具体的に示します。「次は自分でできるかな」「すごいね，上手にできたね」など，自分でやってみようという自立心を育てる言葉かけを行います。また，子ども一人ひとりの状況を把握し，自分でできそうなときは，保育者はじっと見守ることも重要です。子どもの成長を信じ，手伝いすぎないことが，自立心を育てることにつながります。

図7-6　保育の場面C

殴り書きのような点や線から，意味をもった形へ

　子どもの絵は，大きく変化していきます。まずは，手に絵の具をつけたり，クレヨンやペンを持って，紙をトントンと叩いてみる。2歳を過ぎると，「これはパパ」など，紙に書いた丸などの形に意味づけを始める子どもも出てきます。保育者は，子どもの描いた点や線に関心をもったり，自由に描かせるようにします。保育者が「手足がここから出ているのはおかしいよ」「こうしたらもっとうまくかけるよ」などと教えてしまうと，子どもの自主性や創造性を奪うことになります。子どもの個性を尊重し，描きたい気持ちを大切にすることは，自信やる気，自己肯定感を育てることにつながります。

図7-7　保育の場面D

が汚れていないときに便器に座らせ，少しずつ慣れさせるように援助をします。頃合いを見計らって「一緒にトイレに行ってみよう」と優しく促すことから始めるとよいでしょう。自分からトイレに行くことができたときは「よくできたね」と声をかけ，前向きな気持ちを育みます。

　個人差が大きいので一般化はできませんが，この時期の子どもは急にたくさんの言葉を話すようになり，語彙爆発を経験することが多いといわれています。意味のある言葉を発し，二語文になり，さらにごっこ遊びでのやり取りができるほど，言葉を習得する子どももいます。次第に周囲の人に興味をもち，関わりを自らもとうとするのも特徴的です。保育者は，子ども同士のコミュニケーションのきっかけをつくるとよいでしょう。一方で，自分の世界に入り込み，一人で遊びに夢中になることも大切ですし，集団が苦手な子どももいます。子ども一人ひとりに適した働きかけを行うことが保育者には求められます。

　水，砂，土，紙，粘土といった様々な素材に触れる遊びを工夫することも重要です。身近な自然や事物，行事などに関わる中で，見る，聞く，触る，味わう，嗅ぐといった感覚を働かせ，感受性を豊かにします。遊

びや生活の中で，保育者の考える「正解」を無理に押しつけるべきではありません。子ども一人ひとりの異なる表現を認めることにより，自信や自発性，創造力が育まれていきます（図7-7）。

3. 3歳以上児の保育──個の成長を見守り，集団活動を充実させる

　3歳以上児の保育は，小学校への接続を見据えて行う必要があります。身心の発達，生活習慣の自立，語彙や表現の広がり，思考力や創造力の芽生えといった個々人の成長を支えることはもちろん，集団で活動する中で必要とされる協働性や共感性を育むことが重要です。

　運動機能が発達し，基本的な動作が一通りできるようになるこの時期，身体をダイナミックに動かせるよう配慮した園庭や遊具を準備します。子ども自身が危険な場所や事物などに気づけるよう，安全に関する知識や心構えを普段の遊びや生活の中で教えるとともに，避難訓練などを通じて指導を行うことも保育者の重要な役割です。また，基本的な生活習慣も，ほぼ自立できるようになるため，生活に必要な活動を自ら進んで行えるよう促し，見守ります。

　語彙数の増加とともに，知的関心も急激に高まります。絵本の内容を

一緒にカレーをつくろう──遊びの輪を広げる

　誕生日会のため，年長組の子どもたちは，お米を研いだりカレーの具を切ったりして，カレーづくりに取り組みました。これを見た年少組のAくんは，保育室にあるおままごと用キッチンセットを使って，カレーづくりを始めました。「ぼくもカレーをつくる」と野菜を切ったり，木製の小さなフライパンで炒めるしぐさをするAくん。そこへBちゃんが別のフライパンをそっと取って，野菜を入れ始め

ました。「いやだ」「とらないで」とAくん。保育者Cは「Aくんがいやって言ってるよ。どうする？」とBちゃんに声をかけます。するとBちゃんは「いっしょにカレーつくろう」とAくんに言い，Aくんは「いいよ」とあっさり答えました。AくんとBちゃんは仲良く遊び始めました。

　保育者は，子どもの気持ちを理解し，言葉に換える声かけを行うことが求められます。保育者の言葉かけによって，子どもは自分の気持ちを表現してよいという安心感を得て，言葉にしてみたいという意欲をもつことができます。保育者CはBちゃんの遊びたい気持ちを汲み取って，Aくんに「一緒にカレーつくってもいいかな？」などと尋ねることもできました。しかし，2人が日頃から仲良く楽しく遊べる関係が築けていることを知っていたので，あえて2人のやり取りに任せたのです。子ども同士の関係性によって，どのような声かけを行うかが変わってきます。さらに，「先生はニンジンが好きだから，ニンジンのごろごろ入ったカレーが食べたいな」とごっこ遊びを展開させる声かけをしたり，「Dちゃんはどんなカレーが好き？」などと周りにいる子どもにも声をかけ，遊びの輪を広げることも考えられます。

図7-8　保育の場面E

遊びに発展させるなど，言葉と体験をつなげ，言葉に対する親しみや感覚を養うようにするとよいでしょう。また，身近な草花や虫，鳥の色や形，雨や風の音やにおいなどを感じる体験を通して，豊かな感情や好奇心，思考力や表現力を育むよう導きます。

　自己を表現し，他者との関わりを深めることができるようになり，一人遊びから二者間のやり取りへ，集団的な遊びや協働的な活動へと，大きく発展するのがこの時期の特徴とされます。子どもの意見が割れたり，感情がぶつかるときには，保育者が気持ちを受け止めて仲立ちをし，互いを思いやる気持ちを育むよう援助します（図7-8）。

　（演習問題）

(1)　3歳児が保育所で行う主な活動（登園・自由遊び・設定保育・片づけ・散歩・排泄・手洗い・給食・午睡・降園など）を2つ選び，表7-1（次頁に掲載）の左列「活動」欄に記入しましょう。
(2)　(1)で選んだ2つの活動において，養護の2つの側面（生命の保持・情緒の安定）から注意すべき点を，表7-1の中央「養護の側面」欄に書き出しましょう。
(3)　2つの活動は，5領域（健康・人間関係・環境・言葉・表現）にどのように関わるでしょうか。「保育所保育指針」の「3歳以上児の保育に関するねらい及び内容」を参照し，表7-1の右列「5領域との関わり」欄に書きましょう。

引用・参考文献

汐見稔幸監修（2017）『イラストたっぷり　やさしく読み解く保育所保育指針ハンドブック2017年告示版』学研教育みらい。
汐見稔幸・武藤隆監修（2018）『〈平成30年施行〉保育所保育指針　幼稚園教育要領　幼保連携型認定こども園教育・保育要領　解説とポイント』ミネルヴァ書房。
全国社会福祉協議会・全国保育士会 保育の言語化等検討特別委員会編（2016）『養護と教育が一体となった保育の言語化——保育に対する理解の促進と，さらなる保育の質向上に向けて』全国保育士会。
民秋言編（2017）『幼稚園教育要領・保育所保育指針・幼保連携型認定こども園教育・保育要領の成立と変遷』萌文書林。

表7-1　演習問題の解答シート

	活動	養護の側面	5領域との関わり
例	登園	・子どもの顔色や動きから異常がないか把握する。具合が悪そうなときは声をかけ検温を行うなど，適切に対応する（生命の保持） ・靴を脱いだり，着替えたり，自分の持ち物を所定の場所に持っていくなど，一連の動作を正しく自分で行えるかどうか見守り，適切な援助を行う。上手にできたら褒め，自信を育む（生命の保持・情緒の安定） ・「○○くん・ちゃん，おはよう！」と子ども一人ひとりに元気に声をかけ，楽しい気持ちで園での活動を始められるようにし，園での生活に対する安心感を育む（情緒の安定）	・毎朝規則正しく登園し，健康な生活のリズムを身につけるよう促す（健康） ・自分の健康に関心をもてるようにする（健康） ・身の回りを清潔にし，生活の場を整えながら見通しをもって行動できるように援助する（健康） ・朝の挨拶を子ども一人ひとりに元気よく行うことで，自分は認められているという安心感を子どもに与え，保育士や友達とともに過ごすことの喜びを分かち合えるようにする（人間関係）
1			
2			

第8章
環境を通して行う保育

　本章では，2018年に施行された保育所保育指針と，幼稚園教育要領を手がかりに，環境を通して行う保育について考えます。最初に，保育所保育指針や幼稚園教育要領における「環境」という言葉の使い方を確認します。次に，保育の場における，具体的な「環境を通して行う保育」の事例を検討します。さらに，「環境を通していない保育」の事例も紹介します。

１　「環境」とは何か

1. 様々な「環境」（図8-1）

　幼児教育や保育を学んでいたら，この「環境」という言葉によく出会います。みなさんが「環境」という言葉から受ける印象は，おそらく「理系」という言葉で説明できるでしょう。「自然環境」「衛生環境」などが，その最たる例です。みなさんの学校で「保育内容環境」を担当しておられる先生も，多くは理系の出身だと思います。理科の実験室にいる，白衣を着た先生を思い浮かべる人も多いでしょう。

保育の「環境」	人
	物
	空間
	自然
	社会
	保健・衛生

図8-1　保育の「環境」
出典：筆者作成。

　ところが，保育所保育指針には，「第1章　総則　1　保育所保育に関する基本原則　(4)保育の環境」において，次のように記されています（下線は引用者，以下同じ）。

　保育の環境には，保育士等や子どもなどの人的環境，施設や遊具などの物的環境，更には自然や社会の事象などがある。保育所は，こうした人，物，場などの環境が相互に関連し合い，子どもの生活が豊かなものとなるよう，次の事項に留意しつつ，計画的に環境を構成し，工夫して保育しなければならない。
　ア　子ども自らが環境に関わり，自発的に活動し，様々な経験を積

78

　んでいくことができるよう配慮すること。

　イ　子どもの活動が豊かに展開されるよう，保育所の設備や環境を
　　　整え，保育所の保健的環境や安全の確保などに努めること。

　ウ　保育室は，温かな親しみとくつろぎの場となるとともに，生き
　　　生きと活動できる場となるように配慮すること。

　エ　子どもが人と関わる力を育てていくため，子ども自らが周囲の
　　　子どもや大人と関わっていくことができる環境を整えること。

　人，物，自然，社会，そして「場」など，様々な「環境」があるというのです。子どもの周りにある，あらゆる人やモノ，「こと」が，環境なのです。人や物など，目に見えるモノから，人間関係や雰囲気など，目に見えないモノも含まれています。

　今，みなさんの環境はどうなっていますか。誰がいて，何が見え，何が聞こえますか。匂いはどうでしょう。人と人との関係や雰囲気は，どうなっているでしょう。教室で授業を受けているなら，周りの学生，前方にいる先生，椅子，机，黒板やホワイトボード，窓，照明などが見えるでしょう。ほかの学生は授業に集中しているのか，それとも何か別のことに気を取られているのか，どのような状況でしょうか。

　これらのことを，保育の場にも適用して考えてほしいのです。園内で子どもたちを取り巻く環境はどのようになっているのか，壁面構成，部屋の明るさ，職員の配置，椅子や机の配置，子どもたちの雰囲気など，ありとあらゆる「環境」を見つめ，考えてください。

　「理系」の「自然環境」や「衛生環境」だけではない，いろいろな意味を含めた「環境」があります。そして，保育所や幼稚園で子どもたちが，これら自分の周りの環境に，主体的に関わることができるよう，保育者は配慮をしなければならないのです。

2. 保育所保育指針の「総則」にみる「環境」

　保育所保育指針「第 1 章　総則　1 保育所保育に関する基本原則　(3) 保育の方法」には，「イ　子どもの生活のリズムを大切にし，健康，安全で情緒の安定した生活ができる環境や，自己を十分に発揮できる環境を整えること」，あるいは「オ　子どもが自発的・意欲的に関われるような環境を構成し，子どもの主体的な活動や子ども相互の関わりを大切にすること。特に，乳幼児期にふさわしい体験が得られるように，生活や遊びを通して総合的に保育すること」という文章があります。

　これらから，保育者によって適切に整えられた「環境」に，子どもが

「自発的・意欲的」に関わることが期待されていると理解できます。保育における環境は，保育者が一定の目的，ねらいに基づいて構成するものです。「自由保育」といえども，決して子どもをほったらかしにしているわけではありません。

その一方で，子どもたちは，ほかの誰でもない，自分たちがこの遊びをつくり上げているという気持ちをもっています。ここに，「自発的・意欲的」という言葉が活きるのです。もちろん，実際には保育者が整えた環境の中で遊びを展開するわけですが，当の子どもたちはそのことに気づきませんし，気づかせてはなりません。いうなれば，保育者の手の内で，子どもたちがそうとは気づかずに，自分の意思に基づいて意欲的に遊んでいるのです。

3. 幼稚園教育要領の「総則」にみる「環境」

幼稚園教育要領でも，「第1章 総則　第1 幼稚園教育の基本」において，次のように記されています。

> 　幼児期の教育は，生涯にわたる人格形成の基礎を培う重要なものであり，幼稚園教育は，学校教育法に規定する目的及び目標を達成するため，幼児期の特性を踏まえ，環境を通して行うものであることを基本とする。
>
> 　このため教師は，幼児との信頼関係を十分に築き，幼児が身近な環境に主体的に関わり，環境との関わり方や意味に気付き，これらを取り込もうとして，試行錯誤したり，考えたりするようになる幼児期の教育における見方・考え方を生かし，幼児と共によりよい教育環境を創造するように努めるものとする。(中略)
>
> 　その際，教師は，幼児の主体的な活動が確保されるよう幼児一人一人の行動の理解と予想に基づき，計画的に環境を構成しなければならない。この場合において，教師は，幼児と人やものとの関わりが重要であることを踏まえ，教材を工夫し，物的・空間的環境を構成しなければならない。また，幼児一人一人の活動の場面に応じて，様々な役割を果たし，その活動を豊かにしなければならない。

なお，「学校教育法」第22条は，次の通りです。

> 幼稚園は，義務教育及びその後の教育の基礎を培うものとして，幼児を保育し，幼児の健やかな成長のために適当な環境を与えて，その心身の発達を助長することを目的とする。

この第22条に続く第23条では，幼稚園教育の目標として，５つ設定されています。その５つが，保育の５領域に対応しているのです。

いずれにしても，幼稚園教育は環境を通して行うものであり，上記の考えに基づいていることが前提となります。

さらに，幼稚園教育要領の「第１章 総則 第４ 指導計画の作成と幼児理解に基づいた評価 ２ 指導計画の作成上の基本的事項 (2)」には，次のような記載もあります。

> イ 環境は，具体的なねらいを達成するために適切なものとなるように構成し，幼児が自らその環境に関わることにより様々な活動を展開しつつ必要な体験を得られるようにすること。その際，幼児の生活する姿や発想を大切にし，常にその環境が適切なものとなるようにすること。

保育における人的，物的，空間的環境は，子どもたちの主体的な活動が確保されるよう，その行動の理解と予想に基づいて，計画的に，しかも適切に構成されなければならないのです。その環境を通してこそ，子どもたちは必要な体験を得られるのです。

4. 保育内容「環境」のねらい

保育所保育指針では，「第２章 保育の内容 ３ ３歳以上児の保育に関するねらい及び内容 (2) ねらい及び内容 ウ 環境」について，以下の通りの記載があります。またこれは，幼稚園教育要領における「第２章 ねらい及び内容 環境 １ ねらい」と，ほぼ同じです。

> ① 身近な環境に親しみ，自然と触れ合う中で様々な事象に興味や関心をもつ。
> ② 身近な環境に自分から関わり，発見を楽しんだり，考えたりし，それを生活に取り入れようとする。
> ③ 身近な事象を見たり，考えたり，扱ったりする中で，物の性質や数量，文字などに対する感覚を豊かにする。

いずれも，子どもたちが「○○する」という書き方になっています。決して，保育者が子どもたちに「○○させる」のではないのです。なお，この文章は保育所保育指針における「１歳以上３歳未満児の保育に関わるねらい及び内容」を発展させたものです。両者にどのような違いがあるのかは，各自で確認しておいてください。

保育所保育指針も幼稚園教育要領も，上記の「ねらい」を示した上で，

その「内容」を記しています。保育所保育指針では，３歳以上児について，「環境」の「内容」は12項目設定されています。その中には，自然，生活，大きさ，美しさ，不思議さ，物，性質，仕組み，興味，関心，季節，人間，変化，動植物，生命，尊さ，国，地域社会，文化，伝統，遊具，工夫，数量，図形，標識，文字，情報，施設，行事，国旗などの言葉が出てきます。まさしく子どもたちの周りにある，ありとあらゆる環境に対し，自ら関わることを示しているといえるでしょう。

5.　「衛生環境」のこと

さて，保育所保育指針は「第３章 健康及び安全　３ 環境及び衛生管理並びに安全管理」という項目を設け，特に「(1) 環境及び衛生管理」について次のように述べています。

ア　施設の温度，湿度，換気，採光，音などの環境を常に適切な状態に保持するとともに，施設内外の設備及び用具等の衛生管理に努めること。

イ　施設内外の適切な環境の維持に努めるとともに，子ども及び全職員が清潔を保つようにすること。また，職員は衛生知識の向上に努めること。

ここに記されているのが，先ほど少し触れた「衛生環境」という観点です。園内で子どもたちが健康に過ごせるように，適切な衛生環境を整えること，清潔にすることなどを指摘しています。

適切な温度や湿度などについては，明確な基準があります。たとえば，厚生労働省による「保育所における感染症対策ガイドライン（2018年改訂版）」の27頁には，保育室の衛生管理として，以下のことが記載されています。

- 日々の清掃で清潔に保つ。ドアノブ，手すり，照明のスイッチ（押しボタン）等は，水拭きした後，アルコール等による消毒を行うと良い。
- 季節に合わせた適切な室温や湿度を保ち，換気を行う。加湿器使用時には，水を毎日交換する。また，エアコンも定期的に清掃する。
  【保育室環境のめやす】室温：夏26〜28℃，冬20〜23℃，湿度：60%

これらは，あくまで子どもたちの健康，そして成長や発達を考慮しての温度や湿度設定です。

なお，幼稚園には学校薬剤師を配置することが義務づけられています（「学校保健安全法」第23条第２項）。この学校薬剤師には，上記の温度や湿

度などの環境のほか，飲料水などの水質や施設，設備に関すること，ネズミや害虫，校内の備品に関すること，プールの水質や衛生に関することなどを扱うことが期待されています。

2　ある幼稚園での事例

1. 園庭での野球

　ある幼稚園では，朝の登園後，制服から体操服に着替え，持ってきたものを棚に片づけた後は，「朝のお集まり」が始まるまで，子どもたちが好きな遊びに没頭しています。どのような遊びがあるのか，みてみましょう。

　何人かの子どもたちと保育者が，園庭で園が用意したボールとバットを使って，野球をしています。子どもたちは，ピッチャー役の保育者が投げた球を，見事に打ち返しています。その中に，自らトスしたボールを打つことができる子どももいます。この子どもには，お兄ちゃんがいます。そのお兄ちゃんが野球をしているのを見て，自分もしたくなったのです。

　バッティングも捕球も上手で，野球のセンスがあると思われる，高い運動能力のある子どもの周りには，多くの子どもたちが憧れて，やってきます。自分もできるようになりたいという気持ちが芽生え，一緒に野球を楽しむようになります。

　このような野球に参加している保育者は，子どもたちの安全に気を配ります。バットを振る行為，あるいはボールが速い速度で飛ぶことは，ほかの子どもにとって危険です。そのため，保育者は常にバットを持つ子どもだけでなく，その周囲にいる子どもにも気を配り，けがにならないよう配慮しています。

　もちろん，保育者は一人ひとりの遊びの特徴をしっかり観察しています。野球が得意な子どもが目立ってしまう遊びの中で，子どもたちが何を経験し，感じているのか，しっかりみるのです。危ないからといって野球を禁止するのではなく，安全に配慮しながら，子どもの「自発的・意欲的」な気持ちを大切にする保育を展開する必要があるのです。

2. セミを捕まえること

　この幼稚園では，夏になると，桜の木などでセミが大合唱しています。そこで，昆虫好きの子どもたちは，朝の好きな遊びの時間に，網と虫か

ごを持って，桜の木の下に集まります。セミを探しているのです。男女，学年に関係なくセミを探し，捕まえています。そのため，「朝のお集まり」が始まる頃には，木々にセミはおらず，虫かごの中にいるか，別の所に飛んでいってしまいます（騒々しいセミの鳴き声が嘘のように，なくなります）。クマゼミやアブラゼミなどは，子どもたちにも見分けがつきますが，ニイニイゼミ，ツクツクボウシになると，難しいようです。そこで，子どもたちは保育室にある図鑑で調べて，セミの名前を特定します。

　また，子どもたちは担任の先生に，自分たちが捕まえ，虫かごいっぱいになったセミを見せます。そうすると子どもたちは，保育者から，虫にも命があること，セミの命は特に短いことなどを教えてもらいます。すると子どもたちの中に，限りある命への畏敬の念が芽生え，園庭に逃がすことを提案する子が出てきます。翌日以降は，捕まえたセミの数を保育者と一緒に数え，たくさん捕まえたことを褒めてもらいます。その後，子どもたちは自ら，園庭に逃がします。

　たとえばセミの絵を描く，折り紙でセミを折るなど，次なる遊びに発展させることもできるでしょう。ただ，その次につながる遊びの発想が，子どもたちから出てくることが大切です。

　保育者が，「放したセミの代わりに，折り紙を折ろう」と提案することは簡単ですが，それは子どもから出てきた思いや考えではありません。もし，保育者がこのような提案をしてしまうと，子どもたちは，折り紙を「させられている」と感じるでしょう。それは，子どもたちにとって楽しいことではありません。

　もし，子どもたちから「放したセミの代わりに，セミのおもちゃが欲しい」と提案があったら，そのときに，保育者が「セミの折り紙を折って，自分でセミのおもちゃをつくってみよう」と提案してみるのです。そうすることによって，折り紙を折り，完成した折り紙のセミに着色したり，さらに多くのセミを折ったり，あるいは画用紙に木の絵を書いて，そこに折り紙でつくったセミを貼ったり……と，子どもたちから，どんどんアイデアが出てくるでしょう。

3. 泥団子づくり

　この幼稚園には，毎日，泥団子をつくる子どもがいます。毎日つくっていると，次第に固く，ピカピカになる泥団子をつくれるようになる……と思いがちです。また，保育者は上手にできるようになることを期待しがちですが，実際にはそうなりません。もちろん，保育者が固くて

ピカピカ光る泥団子のつくり方を教えれば，子どもたちはできるように
なるでしょう。

　しかし，子どもたちが工夫し，互いに教え合うというプロセスが大切
です。「この砂を団子にかけたら，こうなった」や，「大きさはこれぐら
いがいいみたい」などという子ども同士の話を耳にしたり，年長児が年
中児や年少児につくり方を教えている様子を見かけることもあります。

　保育者も傍らで一緒に泥団子をつくっていますが，子どもたちのつく
り方に口出しはしません。ただ，子どもたちが尋ねてきたときには，
ちょっとしたヒントを伝えています。いきなり「正しい」つくり方を教
えるわけではありません。もちろん，保育者はきれいな泥団子をつくり
ます。それは子どもたちの憧れとなり，自分もピカピカ光る泥団子をつ
くりたいと思うようになり，様々に工夫するのです。

　家に持って帰って，おうちの人に見せたいと思う子どももいます。そ
のために園では，ゼリーなどが給食で出たときに容器を洗って保管して
おきます。おうちの人からも褒めてもらいたい気持ちを大切にするので
す（おうちの人には，その後のこと，つまり泥団子を家に保管するのか，園に
戻すのか，近くの公園に持って行くのかを，あらかじめ伝えています）。

3　ある認定こども園での事例

1. お遊戯会，生活発表会など

　多くの園では，冬の季節になると，「お遊戯会」や「生活発表会」な
どと称する行事を開催します。子どもたちはこの行事のために，数週間
から数か月にわたって，発表の練習を積み重ねます。そうすることが当
たり前と考えるのではなく，このような長期にわたる練習が，本当に子
どもの成長や発達に必要なことなのかを考える必要があります。

　子どもたちが練習している劇，ダンス，合奏，合唱などは，子どもた
ちが「やってみたい！」と提案したものなのでしょうか。それとも，例
年，この行事で各学年が取り組んでいるので，疑いもせずに子どもたち
に練習させ，本番を迎えるのでしょうか。

　ある認定こども園では，この行事を「生活発表会」と名づけていまし
た。筆者が見た中で印象的だったのは，2歳児の発表でした。この2歳
児たちは，借り切った市民会館の中ホールの舞台で，「だるまさんが転
んだ」を始めたのです。保育者のかけ声とともに前進し，かけ声が終わ
ると止まるという，あの「だるまさんが転んだ」です。子どもたちは，

だるまさんの衣装を着ていました。

　2回目の遊びが終わった頃に，保育者がこの遊びについて説明しました。その内容は，2歳クラスの子どもたちが2学期になって，「だるまさんが転んだ」を毎日楽しんでおり，さらに，この遊びが発展して，いくつかの独自ルールができた，あるいは，できつつあるということでした。

　これこそが，まさしく文字通り，子どもたちの普段の「生活」を舞台という場で「発表」する機会です。もちろん，普段の「だるまさんが転んだ」では，衣装を着用してはいないでしょう。しかし，子どもたちの普段の遊びに，少し飾りや服装を工夫することで，立派な「生活発表会」での演目になるのです。

　2歳児は少しずつ，ルールがあることを学びます。自分だけの一人遊びから，お友達と一緒にルールのある遊びを楽しむようになります。誰かと一緒に遊ぶときに，ルールを守ること，あるいは，ルールをつくり上げることは，まさしくこの頃の子どもの特徴です。この「生活発表」は，子どもの発達段階をふまえ，環境を通して保育を行う保育者の考えを，よく示しています。

2.　「母の日」や「父の日」の絵

　この認定こども園では，母の日や父の日の前に，それぞれの絵を描いています。そして，全園児の絵を，近隣の商業施設に掲示しています。この掲示には，ほかの保育所や幼稚園なども出品しています。

　多くの保育所や幼稚園の子どもは，似たり寄ったりの顔の絵を書いています。画用紙の真ん中に丸の形があって，その丸を顔の輪郭として，母親や父親の顔を描くというプロセスを経ているからです。

　ところが，この認定こども園では，子どもたちに母親や父親の絵を，好きなように描かせていました。その中の一人が，母の絵として，興味深い絵を描きました。その子どもの母親は高校の教員をしているのですが，その様子を描いたのです。タイトルは，「教室で生徒に話をしているお母さん」でした。

　画用紙の上の方に黒板があり，その黒板と教卓の間にお母さんが立っています。生徒たちは着席して，先生であるお母さんを見ているという絵でした。その前年，その子どもは母の日の絵として，大好きな電車の絵を描いていました。それを見た母親は，「自分は電車か……」とつぶやいたそうですが，その子どもは，母親と電車に乗ったことを思い出し，そのことを描こうとしたのでしょう。

　ちなみに，この母親は，高校の教室の絵を見たとき，「この子（自分の子ども——引用者）は，教室で授業している自分の姿を見たことがないはずなのに……」と言っていました。この子どもは，小学生の姉の授業参観で見た教室の様子をふまえて，母の日の絵を描いたのでしょう。さらにこの母親は，「でも，私は電車だった去年とは違って，人間として描いてもらった」と話していました。

　保育者が画用紙に丸の形を書いておき，そこに，母親や父親の顔の絵を描かせると，どの子どもが描いても似たり寄ったりになります。もちろん，目や鼻，口，耳，髪型など，それぞれの特徴を出すことはできるでしょう。顔の背景の色を変えることもできます。

　しかしそれでは，保育者が設定した枠組みの中での「顔」になってしまいます。子どもたちは，園内だけで生活しているわけではありません。それぞれの家庭環境で生活しています。家庭では，母親あるいは父親，もしくはそれに代わる人と生活をしています。その家庭環境をふまえると，子どもたちがいろいろな顔，いろいろな絵を描くことは，当然のことです。

4　環境を通していない保育

1. ある保育所の事例

　2月に宮崎県内の保育所を訪問したときのことです。かつて，日向国といわれていた宮崎は，2月でも暖かい気候でした。そのような環境にもかかわらず，その保育所では童謡「雪」を子どもたちが歌っていました。菜の花が咲き乱れ，春の息吹を感じる自然環境が保育所の周りにあるにもかかわらず，「♪ゆきやこんこ」と子どもたちが歌っていたのです。

　なぜ，その保育所では自然環境に合わない童謡を選択していたのでしょう。「2月の歌」といえば童謡「雪」という，固定観念があったのでしょう。その考えに基づいて，保育者は疑うことなく，童謡「雪」を子どもたちに歌わせていたのだと思います。

　保育所や幼稚園で，子どもたちが歌う歌を選ぶときに大切なのは，その園や，子どもたちの環境をふまえることです。宮崎では2月にこそ，「春が来た」や「ちょうちょう」を歌い，春を感じたいものです。

2. いわゆる「習い事」

　多くの保育所や幼稚園では，園内外の講師による「習い事」を実施していると思います。たとえば，英語，体操，リトミック，サッカー，絵画，習字，スイミングなどがあるでしょう。園によっては，体育，マーチング，合奏，漢字や計算などを指導しているところもあると思います。

　いうまでもないことですが，保育所は保育所保育指針に，幼稚園は幼稚園教育要領に則って保育や教育を展開しています。逆にいうと，日々の保育や教育は，保育所保育指針や幼稚園教育要領に，その根拠を求めなければなりません。

　保育所保育指針や幼稚園教育要領に記載されていないことを，保育所や幼稚園で展開してはいけないということではありませんが，やはり，各園における保育には根拠が必要です。「今日のこの保育は，指針（要領）のここに該当します」と説明ができるのが，本来の姿です。

　保育者は，子どもに対する深い理解に基づき，その子どもの可能性を広げるために環境を設定することが求められるということを，これまで述べてきました。普段の保育活動の中で，すべての子どもたちが「英語を習いたい」「体操が上手になりたい」「音楽に合わせて身体を動かしたい」などと思い，保育者がそのことを把握し，適切な環境を準備したならば，このような習い事は保育の一部として導入することがありうるかもしれません。

　しかし，実際には，保育者が「明日はサッカー教室の日だよ」，あるいは「今から体操の先生が来るよ」などと発言して，これらの習い事を子どもたちに提供しているのだろうと思います。それでは，本章で議論してきた「環境を通して行う保育」にはなりません。

> **演習問題**
>
> (1)　保育における「環境」という言葉を説明してみましょう。
> (2)　「環境を通して行う保育」について，具体的な事例で説明してみましょう。
> (3)　「環境」の一部としての保育者の態度について，説明してみましょう。

第9章
生活や遊びによる総合的な保育

乳幼児は生活や遊びの営みの中で様々な経験をし，心身ともに発達をしていきます。生活と遊びは区切られたものではなく，子どもたちの成長や発達において連続的に，そして一体的に営まれていきます。ここでは，子どもにとっての遊びの重要性を考えながら，生活や遊びによる総合的な保育とはどのようなものなのか考えていきましょう。

1 乳幼児期の生活と遊び

1. 保育所保育指針や幼稚園教育要領における生活と遊び

みなさんは「遊び」と聞いたときに，どのような場面を思い浮かべるでしょうか。広辞苑を調べてみると，「仕事や勉強の合い間」と出てきます。では，乳幼児においても同じ概念なのでしょうか。

乳幼児にとっての遊びとは，日々の生活の中にある活動であり，生活そのものでもあります。そのため，子どもたちが生活の大半を過ごすであろう保育の場では，遊びが生活の一つとして捉えられることが重要になってきます。そのことは，保育所保育指針や幼稚園教育要領からも読み取ることができます。

たとえば，「保育所保育指針」第1章 総則では，保育所保育に関する基本原則の一つである保育の方法として，以下の事項があげられています。

第1章 総則 1 保育所保育に関する基本原則 (3) 保育の方法
オ 子どもが自発的・意欲的に関われるような環境を構成し，子どもの主体的な活動や子ども相互の関わりを大切にすること。特に，乳幼児期にふさわしい体験が得られるように，生活や遊びを通して総合的に保育すること。

この内容からは，保育所では「生活や遊びを通して総合的に保育する」ことが重要であると理解できます。一方，幼稚園教育要領では以下のように示されています。

> 第1章 総則　第1　幼稚園教育の基本
>
> （前略）次に示す事項を重視して教育を行わなければならない。
>
> 1　幼児は安定した情緒の下で自己を十分に発揮することにより発達に必要な体験を得ていくものであることを考慮して，幼児の主体的な活動を促し，幼児期にふさわしい生活が展開されるようにすること。
>
> 2　幼児の自発的な活動としての遊びは，心身の調和のとれた発達の基礎を培う重要な学習であることを考慮して，遊びを通しての指導を中心として第2章に示すねらいが総合的に達成されるようにすること。

　この内容からは，幼稚園では「幼児期にふさわしい生活が展開されるようにする」こと，そして「遊びを通しての指導を中心」とした幼稚園教育を行うことが重要であると理解できるでしょう。

　これらの内容は，幼保連携型認定こども園教育・保育要領でも同様に示されており，子どもにとって「生活」と「遊び」は，今日における保育，幼児教育の基本として理解することができます。

2. 乳幼児期における生活とは

　では，保育現場において子どもの「生活」や「遊び」はどのように捉えられ，展開されていくのでしょうか。まずは，「生活」について考えてみましょう。

　保育所保育指針のねらいおよび内容をみてみると，生活や遊びの営みを通して，様々な体験や経験を得る保育が目指されていることが理解できます。たとえば，乳児保育においては「一人一人の生活リズムに応じて，安全な環境の下で十分に午睡をする」「生活や遊びの中で，自分の身近な人の存在に気付き，親しみの気持ちを表す」「生活や遊びの中で様々なものに触れ，音，形，色，手触りなどに気付き，感覚の働きを豊かにする」ことが示されています（保育所保育指針　第2章 保育の内容　1 乳児保育に関わるねらい及び内容）。つまり，乳児期は一人ひとりの生活リズムや発達のペースに応じながら，特定の大人との安定した関係をもとに，基本的な生活習慣や愛着関係，信頼関係を築いていくことが大切になってくるのです。

　生活を通して目指されるこれらの体験や経験は，子どもの成長とともに変化していきます。たとえば1歳以上児になると，自分でできることが増えていきますので，保育者は「子どもの生活の安定を図りながら，

自分でしようとする気持ちを尊重し，温かく見守るとともに，愛情豊かに，応答的に関わる」ことが必要になっていきます（保育所保育指針　第2章 保育の内容　2 1歳以上3歳未満児の保育に関わるねらい及び内容　(1)基本的事項）。そのため，「生活や遊びの中で，年長児や保育士等の真似をしたり，ごっこ遊びを楽しんだりする」「保育士等を仲立ちとして，生活や遊びの中で友達との言葉のやり取りを楽しむ」「生活や遊びの中で，興味のあることや経験したことなどを自分なりに表現する」というような健康，人間関係，環境，言葉，表現の5領域の視点をもった保育が目指されていきます（保育所保育指針　第2章 保育の内容　2 1歳以上3歳未満児の保育に関わるねらい及び内容　(2) ねらい及び内容）。

　そして3歳以上児になると，基本的な生活習慣が確立されていき，遊びにおいても集団的，協同的な遊びがみられるようになっていきます。そのため，「健康な生活のリズムを身に付ける」「友達と楽しく生活する中できまりの大切さに気付き，守ろうとする」「いろいろな遊びを楽しみながら物事をやり遂げようとする気持ちをもつ」というような，子ども相互の関係や協同的な活動が促されるような保育が大切になっていきます（保育所保育指針　第2章 保育の内容　3 3歳以上児の保育に関するねらい及び内容　(2) ねらい及び内容）。

　このように，子ども一人ひとりの成長や心身の発達をふまえながら，その時期にふさわしい生活のあり方について考え，保育を提供していくことが重要となっていきます。保育所保育指針では，保育所は「入所する子どもの最善の利益を考慮し，その福祉を積極的に増進することに最もふさわしい生活の場」でなければならないことが示されています（保育所保育指針　第1章 総則　1 保育所保育に関する基本原則　(1) 保育所の役割）。同時に，保育所は「子どもが生涯にわたる人間形成にとって極めて重要な時期に，その生活時間の大半を過ごす場」ともいわれています（保育所保育指針　第1章 総則　1 保育所保育に関する基本原則　(2) 保育の目標）。そのため，「一人一人の心身共に健やかな成長と発達を保障する観点から，保育所における環境や一日の生活の流れなどを捉え，子どもが様々な人と出会い，関わり，心を通わせる経験を重ねることができるよう，乳幼児期にふさわしい生活の場を豊かにつくり上げていくことが重要」とされているのです（『保育所保育指針解説』第1章 総則　1 保育所保育に関する基本原則　(1) 保育所の役割）。

3. 子どもにとっての遊びの意味

　子どもにとって遊びとは，豊かな生活の中心にあるものであり，生き

ることそのものです。体を動かして遊ぶことで汗をかき，体力をつけ，運動機能を高めていきます。さらに，遊びとはそのこと自体が目的となるため，子どもの好奇心に基づく自発的な行為となります。そのため，「やってみよう！」「やってみたい！」「知りたい！」「わかりたい！」という興味や好奇心，探索心を高め，知的な発達にもつながります。また，遊びを通してルールを守ることの大切さや規範意識を育み，他者との遊びの経験から，思いやりや譲り合い，折り合いをつけるといった人間関係を築く上で大切なことも経験していきます。

　一方で，遊びを通して失敗も経験していきます。悩んだり，つまずいたり，ときに悔しい思いをすることもあるでしょう。しかし，その経験は次へ挑戦する力や解決策を考える力，自ら試練を乗り越える力を得るチャンスにもなります。その経験の過程では，自らあるいは友達とともに工夫したり，試行錯誤を重ね，やがて新たな遊びの発見や気づきにつながります。それはまさに遊びを通した子どもの学びなのです。このことは，幼保連携型認定こども園教育・保育要領の第1章 総則にも明記されています。

第1章 総則　第1　幼保連携型認定こども園における教育及び保育の基本及び目的等　1 幼保連携型認定こども園における教育及び保育の基本
(3)　乳幼児期における自発的な活動としての遊びは，心身の調和のとれた発達の基礎を培う重要な学習であることを考慮して，遊びを通しての指導を中心として第2章に示すねらいが総合的に達成されるようにすること。

　この内容からは，子どもにとって「遊びは学習」であり，子どもは「遊びを通して学ぶ」存在であることがわかるでしょう。戸田雅美は「遊び」そのものが重要な「学び」のテーマを内包していると指摘しています（戸田，2016）。また増田まゆみは，保育の基本を「乳幼児期の発達の特性をふまえ，乳幼児期にふさわしい生活の場において，多様な体験が得られるように，生活や遊びを通して総合的に保育すること」と捉え，乳幼児期の保育においては，「生活と遊びを分断せず，その連続性の中で，子どもが自ら豊かな生活を豊かに育む」ことが大切であると説明しています（増田，2016）。つまり，保育においては，活動と活動の合間に行われるものが「遊び」ではなく，遊びそのものが活動であり，学びであり，生活の一部として一体的に行われることを念頭においておくことが大切なのです。

　子どもたちは遊びを通して多くの経験を重ねていきます。そして，遊びから得られる様々な思いや感情が身近な大人に共感され，認められることで，安心感や信頼感，充実感を得ていきます。それがやがて，情緒の安定につながっていくのです。つまり，子どもにとっての遊びとは，衣食住のような生命の維持と同じように大切なものといえるでしょう。

2　遊びを通した学びとは

1. 自発的な遊びの必要性

　前にも述べた通り，乳幼児期において生活と遊びは一体的に捉えることが重要であり，区分されるものではありません。そのことを保育の場面から考えてみましょう。

【事例1　ままごと遊び】

　写真9-1は1歳児がままごと遊びをしている場面です。身近な大人が料理をしているいつもの姿を真似て，フライパンで目玉焼きをつくっています。日常の生活で得られる，見る，聞く，触れるなどの様々な生活体験と遊びが相互に影響を及ぼし合い，子どもの中でその経験が積み重ねられ，遊びとして展開されているのです。

写真9-1　ままごと遊び

　この子どもは，保育者や身近な大人からままごとの仕方や遊び方を教えられたわけではありません。もちろん，大人からままごと遊びをするよう指示されたわけでもありません。自らの意思でままごとの玩具を選び，キッチンスペースへ持って行き，夢中になって遊んでいるのです。この時期の子どもは，身近な大人の姿から真似をしてみたいという欲求をもち，ままごと遊びを通してその欲求が満たされ，充実感を得ていきます。そして十分に遊んだという満足感が達成感にもなり，さらにほかの環境に関わろうとする意欲や態度を高めていくのです。

　この場面では，その後，保育者がお皿を持って「お腹が空いたなー。目玉焼きください！」と声をかけたことで，この子どもはフライパンにある目玉焼きをお皿にのせ，保育者が目玉焼きを食べるしぐさをすることで笑顔になり，それまで一人で行っていたままごと遊びが，保育者との関わりのある遊びに発展していきました。

　事例1からは，ままごと遊びを通して模倣したり，言葉のやり取りを

楽しんだり，イメージを膨らませながら豊かな経験を重ねていく子どもの姿をみることができるでしょう。

　このような生活に密着した遊びは，発達とともに広がりのある遊びへと発展していきます。そのことを次の事例から考えてみましょう。

【事例2　回転寿司ごっこ】

　ある月曜日，保育者が5歳の子どもたちに「昨日は何して過ごしたの？」と問いかけた際，「家族で回転寿司に行った！」と答えた子どもの発言をきっかけに，クラスの子どもたちが知っているお寿司や食べたことがあるお寿司を言い出し，お寿司づくりが始まりました。保育室に常に置いてある折り紙や

写真9-2　回転寿司ごっこ

ティッシュペーパーを使いながら，思い思いにお寿司をつくっていく子どもたち。そのような中，保育者が回転寿司のレーンに見立てた段ボールを準備すると（写真9-2），すぐに回転寿司ごっこが始まりました。それまでお寿司の製作が行われていた机は，自然な流れで厨房に見立てられ，お寿司をつくっている子どもは店員として忙しそうに動き回ります。それを見ていたほかの子どもたちは，レーンの周りに集まり「たまごください！」「いくらください！」など，お客さん役として楽しそうに注文し，お寿司を食べる真似をしていきます。

　しばらくすると，「メニューがあるといいな」と言い出した子どもが，メニュー表をつくり出しました。また，別の子どもは園の新聞置き場から寿司屋の広告を探してきて，メニュー表として置き始めました。お客さん役の子どもからは，「どっちのメニュー表が本物？」という質問が出ましたが，店員役の子どもたちからは「両方本物！」という返事が返ってきました。

　回転寿司ごっこは，その後クラスのみんなが楽しむ人気の遊びとなり，子どもたちの提案で様々な素材を使ったお寿司がつくられ，新たに段ボールでカウンターが設置されるなど，広がりのある遊びへと発展していきました。

　事例2からは，回転寿司に行くという日常の生活での経験をきっかけに，“回転寿司ごっこ”という遊びに発展していった様子がうかがえます。子どもたちは保育者から回転寿司ごっこを提案されたわけではなく，子どもたち自らの意思でお寿司をつくり，メニュー表を準備し，ごっこ遊びを展開していきました。

　戸田は，子どもの遊びは「自発的行為」であること，「規則も自発的

に受け入れる」こと，そこから「緊張と喜びの感情を伴う」ことが重要であると指摘しています（戸田，2016）。子どもたちの自発的な活動としての遊びからは，イメージを広げ，想像力を豊かにする力が養われます。また，自らの意思で考え活動しますので，判断して行動する力や目的意識をもち達成しようとする意欲にもつながります。さらに，役割を意識しながら友達と一緒に考え，ルールを決め，行動する楽しさを味わったり，相手の気持ちを感じ取りながら自分の気持ちとの折り合いをつけ，相手に合わせるなどの人との関わり方についても経験していきます。ときには，少し難しい遊びに挑戦することで，ハラハラドキドキするような緊張感をも経験することでしょう。このような経験は，規制された枠内での遊びでは得ることができない，子ども自らが自発的に行う遊びだからこそ可能となるものなのです。

2．5領域と遊び

　ここからは，子どもたちの遊びを保育内容である5領域（「健康」「人間関係」「環境」「言葉」「表現」）の視点で検討することで，遊びが子どもたちにとってどのような力や経験の獲得につながっていくのかを考えてみましょう。

　図9-1は，前項の事例2の回転寿司ごっこを5領域の視点で整理したものです。回転寿司ごっこの遊びでは，お寿司屋さんやお客さん役になりきって，それぞれが自分の役割意識のもと，進んで体を動かし，楽しんでいました。また，思い思いのお寿司を形にしていくために，はさみなど様々な道具を安全に使うことも必要になってきます。このことは，明るくのびのびと様々な活動に親しみ，体を動かしながら充実感を味わう経験につながる「健康」の領域に含まれます。

　身近な道具や材料を大切にし，友達と分け合いながらお寿司をつくる活動，そしてお互いに役割を分担し，考えていることや思っていることを確認，相談し合いながら楽しむ活動は，友達と協力しながら関わる楽しさを味わい，友達と協力して進めていく楽しさにもつながっていきます。これは「人間関係」の領域に含まれます。

　回転寿司で経験したことをもとに，机を厨房に見立てたり，段ボールでカウンターをつくってお店のしくみを真似る活動は，保育室にある様々な物に興味や関心をもち，それらを工夫しながら使い，知的好奇心をもちながらつくり出すことを楽しむ経験につながる，「環境」の領域に含まれます。

　また，回転寿司について，自らが経験したことや知っていることを言

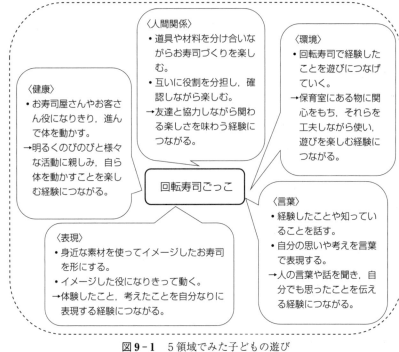

〈人間関係〉
• 道具や材料を分け合いながらお寿司づくりを楽しむ。
• 互いに役割を分担し，確認しながら楽しむ。
→友達と協力しながら関わる楽しさを味わう経験につながる。

〈環境〉
• 回転寿司で経験したことを遊びにつなげていく。
→保育室にある物に関心をもち，それらを工夫しながら使い，遊びを楽しむ経験につながる。

〈健康〉
• お寿司屋さんやお客さん役になりきり，進んで体を動かす。
→明るくのびのびと様々な活動に親しみ，自ら体を動かすことを楽しむ経験につながる。

回転寿司ごっこ

〈言葉〉
• 経験したことや知っていることを話す。
• 自分の思いや考えを言葉で表現する。
→人の言葉や話を聞き，自分でも思ったことを伝える経験につながる。

〈表現〉
• 身近な素材を使ってイメージしたお寿司を形にする。
• イメージした役になりきって動く。
→体験したこと，考えたことを自分なりに表現する経験につながる。

図9-1　5領域でみた子どもの遊び
出典：筆者作成。

葉で表したり，「いらっしゃいませ」「○○ください」「メニューがあるといいな」など，自分の思いや考え，要求を言葉で表現することは，「言葉」の領域に含まれます。

　さらに，保育室に置いてある身近な素材を使いながら，色や形，手触りなどを感じ，イメージしたお寿司を形にしていったり，回転寿司に行った経験からイメージした役になりきって動く活動は，体験したことや考えたことを自分なりに表現し，イメージを膨らませながら遊びをつくり出すことを楽しむ経験につながります。これは「表現」の領域に含まれます。

　子どもたちは何かをねらって遊ぶわけではありません。また，はじめから完成された遊びの形が決められているわけでもありません。子どもたちが自らの意思で「やってみたい！」と思ったことが，子どもたちの意思によって遊びとして展開され，結果として健康な体やコミュニケーション力，知的好奇心や語彙の獲得，想像力や思考力，判断力などの獲得につながっていくのです。

3 豊かな遊びのための保育者のあり方

　子どもたちの自発的な遊びが可能となるために，保育者はどのような

関わりをしていけばよいのでしょうか。『保育所保育指針解説』には次のように記載されています。

第1章 総則　3 保育の計画及び評価
　保育において子どもの主体性を尊重することは、子どものしたいようにさせて保育士等は何も働きかけないようにするということではない。子ども自らが興味や関心をもって環境に関わりながら多様な経験を重ねていけるようにするためには、保育士等が乳幼児期の発達の特性と一人一人の子どもの実態を踏まえ、保育の環境を計画的に構成することが重要となる。

また、『幼稚園教育要領解説』は次のように記載されています。

第1章 総説　第1節 幼稚園教育の基本　4 計画的な環境の構成
　幼児は遊ぶことが好きであるからといって、教師は幼児が遊ぶのをただ放っておいてよいわけではない。なぜなら、幼児は常に積極的に環境に関わって遊び、望ましい方向に向かって発達していくとは限らないからである。（中略）一人一人の幼児に幼稚園教育のねらいが着実に実現されていくためには、幼児が必要な体験を積み重ねていくことができるように、発達の道筋を見通して、教育的に価値のある環境を計画的に構成していかなければならない。

　ここからは、子どもの遊びにおいて「環境を計画的に構成」していくことの重要性が理解できるでしょう。榎沢良彦は、保育実践の第一歩は「保育の計画を立てること」であると指摘しています。そして、それは「目的を持った意図的いとなみ」であるとも説明しています。「子どもが今日の園生活を土台に明日の園生活でどのような自分になろうとしているのか、明日はどのような生活を展開しようとしているのかを思い描き、子どもの自己実現を支える手立てを考えられること」、これこそが保育者の専門性なのです（榎沢、2016）。

　様々な発達段階にある子どもや、配慮を必要とする子どもを同時に保育するケースも少なくない現場において、保育者のやりやすい方法が選択されることがあるかもしれません。また、日々、様々な業務を同時にこなしていかなければならない保育現場では、ときに効率性が優先されることも少なくないでしょう。このやり方は、一見効果的で上手い方法にみえるかもしれませんが、これでは子どもの主体性や自主性を育む機会は期待できず、むしろ支配や管理された保育になってしまいがちです。

　子どもの豊かで楽しい遊びが展開されるために、保育者はその日の園

での生活において何を大切にしなければならないのか，その生活や遊びが子どもたちのどのような力や経験につながるのか，丁寧に考えていく必要があります。そして，子ども一人ひとりの家庭での生活をも含めた理解のもと，子どもが興味をもてるような環境を用意し，子どものそのときどきの言動をキャッチしながら環境を整えていくことが求められるのです。

（演習問題）

(1)　子どもの頃の楽しかった遊びを思い出し，そのときの経験が今の自分にどう影響しているか考えてみましょう。

(2)　子どもの楽しい遊びをイメージし，その遊びが子どもたちのどのような力や経験につながっていくのか，図9-1を参考に5領域の視点で整理してみましょう。

(3)　子どもの生活の大部分を占める「遊び」の大切さについて，自分の考えをまとめてみましょう。

引用・参考文献

榎沢良彦（2016）「保育者の専門性」日本保育学会編『保育者を生きる――専門性と養成』（保育学講座4）東京大学出版会，7～25頁。

厚生労働省（2018）『保育所保育指針解説』フレーベル館。

戸田雅美（2016）「遊び」日本保育学会編『保育のいとなみ――子ども理解と内容・方法』（保育学講座3）東京大学出版会，65～84頁。

内閣府・文部科学省・厚生労働省（2018）『幼保連携型認定こども園教育・保育要領解説』フレーベル館。

増田まゆみ（2016）「生活」日本保育学会編『保育のいとなみ――子ども理解と内容・方法』（保育学講座3）東京大学出版会，85～103頁。

文部科学省（2018）『幼稚園教育要領解説』フレーベル館。

第10章
生活や発達の連続性を考慮した保育

保育が子どもの日々の多様な生活を基礎としていることを確認することが大切です。多様な生活を営む子どもは，教育政策や保護者にどのように認識されているのでしょうか。また「幼児期」とはどのような時期なのでしょうか。本章では，こうしたことがらを確認しながら，子どもの生活や発達の連続性を考慮する上で大切な保育について考えていきましょう。

1 教育政策と保護者による子どもの捉え方

1. 教育政策における子どもの捉え方

　子どもの生活や発達の連続性について考える前に，今の教育政策の中で子どもはどのように捉えられているのでしょうか。また，今の子どもはどのような課題を抱えていると考えられているのでしょうか。「幼稚園，小学校，中学校，高等学校及び特別支援学校の学習指導要領等の改善及び必要な方策等について（答申）」（以下，「答申」）には，「子供たちの現状と課題」として以下に抜粋しているように説明されています（中央教育審議会，2016）。

- 学力については，国内外の学力調査によれば改善傾向である。
- 「人の役に立ちたい」と考える子どもの割合は増加傾向である。
- 判断の根拠や理由を明確に示しながら自分の考えを述べたり，実験結果を分析して解釈・考察し説明したりすることなどについて課題がある。
- 情報通信技術（ICT）を利用する時間は増加傾向である。
- 視覚的な情報と言葉との結びつきが希薄になり，知覚した情報の意味を吟味したり，文章の構造や内容を的確に捉えたりしながら読み解くことが少なくなっている。
- 受け身の読書体験にとどまっており，著者の考えや情報を読み解きながら自分の考えを形成していくという，能動的な読書になっていない。
- 豊かな心や人間性を育んでいく観点からは，子どもが自然の中で豊

かな体験をしたり，文化芸術を体験して感性を高めたりする機会が限られている。

- 運動する子どもとそうでない子どもの二極化傾向である。
- 特別支援教育の対象となる子どもたちは増加傾向である。
- 外国籍の子どもや，両親のいずれかが外国籍であるなどの，外国につながる子どもたちも増加傾向である。
- 不登校児童生徒数が依然として高水準で推移している。

　教育政策では現代社会を生きる子どもをこのように捉えていますが，保育者を目指す私たちも生活の中で子どもをみています。教育政策が指摘するような子どもの姿をみたことがありますか。ここに述べられていない姿をみたことがある人もいるでしょう。日々の生活の中で子どもは何をしているのか，どんなものに興味・関心があるのかに，保育者を目指す私たちが目を向けることも大切です。

2. 保護者が大切にしていること

　それでは次に，子どもを育てている保護者が子どものことをどのように考えているのかみていきましょう。近年の傾向として，子どもが家庭で落ち着いて過ごす時間の減少と，習い事などの多様化や，自然体験等の不足が指摘されています（ベネッセ教育総合研究所，2016；若尾，2018）。また，外国籍の子どもの増加やそれに伴う言語の問題なども自治体をあげて取り組む課題となっており，子育てに関わる様々なテーマ，問題を耳にしない日はないといってもいいすぎではありません。

　こうした背景をふまえ，子どもの大切な生活基盤である子育て世帯の状況と，保護者が何を求めているのかを確認しましょう。子育てには様々な人が関わっていますが，特に保護者はわが子の生活や発達に対して，細心の注意を払い，関心を寄せています。子育て世帯は，子どもにどのように育ってほしいのでしょうか。

　保護者が子どもにかける願いは，子どもを取り巻く生活環境の一つです。これについて，ベネッセ教育総合研究所が取りまとめた「第5回幼児の生活アンケート」の調査項目である「子育てで力を入れていること」をみていきましょう（ベネッセ教育総合研究所，2016）。

　表10-1は2005年，2010年，2015年の回答結果を経年比較したものです。「他者への思いやりをもつこと」「親子でたくさんふれあうこと」「基本的生活習慣を身につけること」の3つが，調査時期を問わず高い割合で大切にされていることがわかります。また，「社会のマナーや

表10‑1　子育てで力を入れていること　(%)

回答内容	2005年	2010年	2015年
他者への思いやりをもつこと	55.5	52.7	51.4
親子でたくさんふれあうこと	46.6	45.3	46.9
基本的生活習慣を身につけること	48.0	45.1	45.7
社会のマナーやルールを身につけること	―	43.6	44.1
自分でできることは自分ですること	―	41.8	39.0
自分の気持ちや考えを人に伝えること	―	39.9	36.8
身体を丈夫にすること	35.1	39.3	36.5
興味や関心を広げること	35.1	30.7	33.4
自然とたくさんふれあうこと	21.6	24.7	19.7
屋外で遊ぶこと	18.9	23.0	19.4
友だちと一緒に遊ぶこと	24.4	24.1	18.6
数や文字を学ぶこと	7.2	11.0	12.1
外国語を学ぶこと	5.8	4.9	7.5
伝統や文化を大切にすること	―	7.7	6.7
芸術的な才能を伸ばすこと（音楽や絵画など）	6.0	6.4	6.1

出典：ベネッセ教育総合研究所（2016）から筆者作成。

ルールを身につけること」も高い割合で保護者が大切にしています。

　そうした中，表10‑1で大きく数字が変化しているのが「友だちと一緒に遊ぶこと」（2005年：24.4％→2015年：18.6％），「数や文字を学ぶこと」（2005年：7.2％→2015年：12.1％）ではないでしょうか。子どもを養育する保護者にとって，友達と一緒に遊ぶことの重要度が低下する傾向が読み取れます。その一方で数や文字という小学校以降の教科教育を意識した学習内容についての関心が増大していることもうかがえます。

　これらのことから少なくとも，保護者は社会規範や倫理観を身につけることを大切にし，学習に対する意識を高めている，と考えられるのではないでしょうか。子どもが育つ生活環境の一端を推し量れる結果だと思います。

② 発達と生活の連続性

1. 一人ひとり異なる幼児期の生活と発達

　これまで教育政策や保護者が，子どもをどのように考えているのかを確認しました。一方，子どもたちが家庭と並んで一日の多くの時間を過ごす場所である保育の現場では，何が大切にされるべきなのでしょうか。そして幼児教育は子どもたちにどのような力を育むことを目的としているのでしょうか。「答申」では，子どもの現状と課題をふまえて，以下のように幼児期の説明がなされています（中央教育審議会，2016，下線は引用者，以下同じ）。

> 幼児一人一人が異なる家庭環境や生活経験の中で，自分が親しんだ具体的なものを手掛かりにして，自分自身のイメージを形成し，それに基づいて物事を感じ取ったり気付いたりする時期であることから，「見方・考え方」を働かせた学びについても園生活全体を通して，一人一人の違いを受け止めていくことが大切である。

　今一度，私たちが考えなければならないことは，園生活を送る子どもたちは一人ひとり異なる家庭環境や生活経験を背景にもっていることです。そしてこのことは，一人ひとりの発達の様子が異なることを意味しています。子どもが自分の身の回りのものごとをどのように捉えるかは，個々の子どもによって異なります。

　たとえば紙飛行機をつくるときに，速く飛ばすことが好きな子どもと，ふわふわ飛ばすことが好きな子どもでは，紙飛行機の折り方が異なるとは思いませんか。飛行機の胴体や羽の形を工夫して，どうやって自分好みの飛行機をつくろうかと考えている子どもは，「飛行機」に対する見方・考え方が大きく異なります。具体的に「飛行機」づくりを試行錯誤しながら，紙の質，飛行機の重さ，羽の大きさ，羽の形などに思いをめぐらせているはずです。紙飛行機を製作するプロセスで，子どもは興味・関心に応じて様々な気づきを得ていくのです。そのため，保育者は「一人一人の違いを受け止めていくこと」が大切になるのです。

2. 子ども理解と学びのきっかけづくり

　「一人一人の違いを受け止めていくこと」は，子どもの生活の中から今まさに育とうとしている・伸びようとしている成長の姿を保育者が理解する，ということです。つまり，子どもの日々の生活と発達は必ず関連しているのです。そのため保育者は子どもの心の動き，思考の方向性を理解し，一人ひとりの子どもが学んでいる姿に向き合う必要があります。このことについて，「答申」では以下のように説明されています（中央教育審議会，2016）。

> このような「見方・考え方」は，遊びや生活の中で幼児理解に基づいた教員による意図的，計画的な環境の構成の下で，教員や友達と関わり，様々な体験をすることを通して広がったり，深まったりして，豊かで確かなものとなっていくものである。こういった「見方・考え方」を働かせることが，幼稚園等における学びの中心として重要なものである。

　保育者は「今，この子に何が必要なのか」「もう少しかな？　でもこれを乗り越えたら大きく伸びるぞ」「明日は今日とは違う言葉をかけてみよう，何か気づいてくれるかもしれない」と自分自身の心と対話しながら子どもと関わっています。保育者の意図的，計画的な関わりを通じて，子どもは学びを深めていくのです。そしてこのような関わりは，子ども理解に裏づけられた営みです。そのため，本章のテーマである発達と生活の連続性については，保育者が考慮しなければならないものなのです。

3　保育においてどのように生活と発達の連続性を確保するか

1. 発達と生活の連続性と子どもの実態

　発達と生活の連続性を考える上で，子ども理解は欠かせないものです。保育者を目指す私たちは，実習で部分保育，一日保育に取り組むでしょう。その際，園の先生から「今のクラスの子どもたちの様子を考えれば，あなたの考えた保育は少し難しくなかったかな？」という指摘を受けることもあるかもしれません。そのとき，園の先生はあなたの子ども理解，つまり保育をする上で大切な「子どもの姿」についての認識に疑問をもっている可能性があります。

　園の先生にとって，「子どもの姿」は何より大切な保育の出発点です。もし「子どもの姿」がクラスの子どもたちを適切に捉えたものでなければ，どんなによい活動，取り組みをしたとしても，それは保育者の自己満足で終わってしまうからです。保育者の自己満足で終わってしまった活動は，結局のところ子どもが活動に必要性を感じることができないため，保育と子どもの生活や発達との連続性を見出せないものになってしまいます。では，保育者が保育を計画する上で，幼稚園教育要領はどのような点に注意すべきだと述べているのでしょうか。

> 第1章 総則　第4 指導計画の作成と幼児理解に基づいた評価
> 　2 指導計画の作成上の基本的事項
> （2）指導計画の作成に当たっては，次に示すところにより，具体的なねらい及び内容を明確に設定し，適切な環境を構成することなどにより活動が選択・展開されるようにするものとする。
> 　ア　具体的なねらい及び内容は，幼稚園生活における幼児の発達

> の過程を見通し，幼児の生活の連続性，季節の変化などを考慮
> して，幼児の興味や関心，発達の実情などに応じて設定するこ
> と。

　幼稚園教育要領では，保育において子どもの生活の連続性，季節の変化，子どもの興味や関心，発達の実情をあげて，これらを子どもの様子に適切に合わせて保育を構想することが大切だとしています。また，『幼稚園教育要領解説』に目を向けると，以下のように解説されています（文部科学省，2018）。

> 　このような生活の実態を理解する視点としては，幼児の興味や関心，遊びや生活への取り組み方の変化，教師や友達との人間関係の変化，さらには，自然や季節の変化など，様々なものが考えられる。
> 　また，このような生活の実態を理解するだけでなく，生活が無理なく継続して展開されていくように，その連続性を重視することが大切である。この連続性については，日々の保育の連続性とともに，幼稚園生活で経験したことが家庭や地域の生活でも実現したり，逆に，家庭や地域の生活で経験したことが幼稚園生活でも実現したりできるなど，幼児の生活全体として連続性をもって展開されるようにすることが大切である。
> 　具体的なねらいや内容の設定に当たっては，教師は幼児と共に生活しながら，その時期に幼児のどのような育ちを期待しているか，そのためにどのような経験をする必要があるかなどを幼児の生活する姿に即して具体的に理解することが大切である。

　この解説からは，園生活と家庭・地域の生活が相互補完的に関係し合う中で，子どもの生活を考える必要性が述べられています。生活は子ども一人ひとりの異なる経験が集まったものです。そのため，一人ひとりの子どもが学ぶことは異なるはずです。保育者は子どもとともに生活をしながら，子ども理解を深め，実態把握に努めなければなりません。それこそが，生活と発達の連続性を意識した保育につながるのです。

2. 発達と生活の連続性と保育の計画性

　前項では，子ども理解に努め，子どもの実態に沿った保育を構想する大切さを確認しました。子どもの実態に沿った保育を構想するのはベテラン保育者にとっても大変難しいことです。幼稚園や保育所の先生たちも，子どもの実態に沿った保育については悩みが多いと思います。しか

し，保育の現場では長年の経験をふまえて指導計画を作成しています。指導計画には長期と短期のものがありますが，幼稚園教育要領では以下のように説明されています。

第1章 総則　第4　指導計画の作成と幼児理解に基づいた評価

3　指導計画の作成上の留意事項

(1)　長期的に発達を見通した<u>年，学期，月などにわたる長期の指導計画</u>やこれとの関連を保ちながらより具体的な<u>幼児の生活に即した週，日などの短期の指導計画</u>を作成し，適切な指導が行われるようにすること。特に，<u>週，日などの短期の指導計画については，幼児の生活のリズムに配慮し，幼児の意識や興味の連続性のある活動が相互に関連して幼稚園生活の自然な流れの中に組み込まれるようにすること</u>。

　長期の指導計画とは年，学期，月などの計画を指し，短期の指導計画とは週，日などを指します。長期の計画には，ほかに入園から卒園までの計画もあります。指導計画で対象とする期間が短いほど，保育直前の「幼児の生活に即した」ものになります。なお保育所では月齢によって成長が大きく異なる未満児のために，一人ひとりの子どもに応じた計画を作成する場合もあります。

　こうした指導計画はどのように作成されるのでしょうか。『幼稚園教育要領解説』には以下のように述べられています（文部科学省，2018）。

　<u>長期の指導計画は，幼稚園生活の全体を視野に入れて，学年や学級の間の連携を十分図りながら作成する必要があり，全教職員の協力の下に作成するのが一般的である</u>。これに対して，<u>短期の指導計画は，各学級の生活に応じた計画であることから，学級担任が自分の学級について原則として作成するものである</u>。しかし，<u>幼児の生活する姿を的確に捉えるためには，多くの他の教師の見方を参考にすることが必要であり，教師同士で情報や意見を交換することが大切である</u>。

　長期の指導計画は，年間や学期，入園から卒園までというように園全体の計画になります。そのため，学年やクラス，職位にかかわらず全教職員が保育の計画を共有するために，全教職員で計画を立てる必要があります。一方，短期の指導計画は，クラス担任や担当する学年の子どもを対象として，日々の子どもの様子から保育の計画を立てるものです。そのため，受け持つ子どものことを最もよく理解している保育者が立て

なければなりません。

　ただし『幼稚園教育要領解説』でも指摘しているように，短期の指導計画においても，同じ学年の保育者や指導経験の長い保育者の意見を聞くことで，保育者自身が自分の保育を見直すきっかけになることがあります。そのため保育者同士が相談して指導計画を立てることもあります。こうした保育者の日々の努力の積み重ねで，子どもの生活と発達の連続性が保育において確保されているのです。

3. 子どもの生活と発達の連続性を確保することとは ▮▭▭

　子どもの生活と発達の連続性を確保する様々な意見や立場，保育における子どもの考え方，幼稚園教育要領等に示された保育の基本原則は，いずれも私たち保育者を目指す者が知っておかなければならないことです。

　しかし，なぜ知らなければならないのでしょうか。それは保育を受ける子どもが楽しく園生活を送れるためです。幼児期とはどのような時期か，保育において子どもの実態を把握する重要性は何か，長期・短期の指導計画を作成するメリットは何か，こうしたことがらは一人ひとりの子どもで異なる成長の姿を保育者に気づかせてくれるポイントです。

　私たちは発達段階に応じた子どもの成長モデルを勉強しています。「4歳の子どもはこれくらいできるだろう」ということは，もちろん大切です。そしてそれと同じくらい，もしくはそれ以上に，個々の子どもが求めているもの，伸びようとしているものに目を向けて，子どもと関わる保育者の姿は大切です。「先生は，わたしのことをわかってくれている」，子どもがこのように感じることが最も大事なのです。子どもの生活と発達の連続性を確保することは，子どもに安心感を与え，よりよい保育の環境を構成することともいえます。

┌─ 演習問題 ─────────────────────────────┐

(1)　あなたの身の回りにはどのような子どもたちがいるでしょうか。その子どもたちの様子を思い出し，どのような遊びをしているか，どのような言葉を使っているかなど，まとめてみましょう。

(2)　生活と発達の連続性を考える上で，一人ひとりの子どもの実態を把握することは大切です。本章で引用した「答申」において「幼児期」はどのように説明されていたでしょうか。本章を見直し，まとめてみましょう。

(3)　保育において生活と発達の連続性はどのように確保されるものでしょうか。まず，保育者は子どもの何を把握するのでしょうか。そして次のステップとして，園全体で，クラスの担任として何を作成する必要があるのでしょうか。本章の内容を振り返ってみましょう。

└────────────────────────────────────┘

引用・参考文献

大庭三枝（2018）「生活や発達の連続性と保育内容」名須川知子・大方美香監修，鈴木裕子編著『保育内容総論——乳幼児の生活文化』ミネルヴァ書房，96〜110頁。

厚生労働省（2018）『保育所保育指針解説』フレーベル館。

高橋一夫（2018）「発達と学びの連続性を意識した保育内容」中村恵・水田聖一・生田貞子編著『新・保育実践を支える　保育内容総論』福村出版，118〜129頁。

中央教育審議会（2016）「幼稚園，小学校，中学校，高等学校及び特別支援学校の学習指導要領等の改善及び必要な方策等について（答申）」（http://www.mext.go.jp/b_menu/shingi/chukyo/chukyo0/toushin/__icsFiles/afieldfile/2017/01/10/1380902_0.pdf 2019年7月30日アクセス）。

内閣府・文部科学省・厚生労働省（2018）『幼保連携型認定こども園教育・保育要領解説』フレーベル館。

ベネッセ教育総合研究所（2016）「第5回幼児の生活アンケートレポート」。

文部科学省（2018）『幼稚園教育要領解説』フレーベル館。

若尾良徳（2018）「保育内容の現状と課題」神長美津子・津金美智子・田代幸代編著『保育内容総論』光生館，198〜210頁。

第Ⅲ部

連携をふまえた保育

第11章
家庭との連携と保育

保育は，家庭と保育所や幼稚園との共同作業によって，よりよいものになります。家庭との連携には，様々な手法がありますが，ここでは連絡帳，保育参観・保育参加，保護者懇談会などを取り上げ，家庭との連携をふまえた保育のありようについて探っていきます。

1 家庭との連携が必要な理由

　保育を行うにあたって，家庭との連携が必要な理由は3つあります。
　1つ目は，子どもの保育および子ども理解のためです。当然ですが，子どもの生活は，保育所や幼稚園にいる時間だけではありません。家庭に帰って，食事や入浴，睡眠，遊び，人間関係など，様々な経験をしています。家庭での経験の続きとして，保育所や幼稚園で生活をしています。保育者は，子どもの姿が，どのような家庭生活の影響を受けているか理解する必要があります。また，子どもの経験をどのように豊かにしていくか，家庭とともに考え合い，双方で実践していく必要があります。また，子どもによっては，家庭または園のどちらかでしか，自分の気持ちを表現できない場合もあります。家庭と園が，情報を共有し合い，子どもの育ちを支えていく必要があります。
　2つ目は，子育て支援のためです。「子どもの権利条約」は，子どもの「人格の全面的かつ調和のとれた発達」を保障するため，保護者や家族が適切に養育責任を果たすことができるよう，締約国に，その援助を行うことを求めています。また，保護者にも子どもの最善の利益に関心を払うことが期待されています。この理念をふまえ「児童福祉法」は，保育士について「児童の保護者に対する保育に関する指導を行うことを業とする」（第18条の4）と定めています。ここで述べられている「保護者に対する保育に関する指導」とは，保護者が支援を求めている子育ての問題や課題に対して，保護者の気持ちを受け止めつつ行われる，子育てに関する相談，助言，行動見本の提示その他の援助業務の総体を指します。その際，保育士は，保育の専門的知識・技術をもって，保護者の

子育てを自ら実践する力の向上に資するよう支援していきます。

　3つ目は，母子が自律した「個」として，社会生活を送るためです。発達行動学者の根ヶ山光一（2006，209〜210頁）は，子育てのゴールを「子どもを社会的単位として自立した個体にすること」と規定しています。そのためには，子どもと親が相互に自律的存在となることが目指されるのであって，その意味において「子育てとは子別れの道のりに他ならない」と指摘します。そして，母子が離れながら，なおかつ子どもを放置せず保護するというヒト独特の子育てスタイルの価値に注目します。そこで，母子の安全な分離を実現するために必要なものが，保育者による保育を含む「アロケア」であるといいます。「アロケア」によって，母親は，子どもを分離し保護することを実現しながら，同時に，職場や学校という別のシステムに参入し，就労や学習などを通じて自己の「個」としての充実を図っているといいます。母子が離れながら，なおかつ子どもを放置せず保護し，「守り育てる」ためには，保育者が家庭と連携しながら保育をしていく必要があります。

　つまり，子どもの保育および子ども理解のため，子育て支援のため，母子が自律した「個」として社会生活を送るために，家庭との連携は必要であるといえます。

❷　保育所保育指針における家庭との連携

1. 家庭との連携における基本的事項

　保育所保育指針では，家庭との連携について，以下の基本的事項が示されています。

① 　子どもの最善の利益を念頭に置きながら支援する。

② 　子どもの成長をともに喜び合う関係を築く。

③ 　子どもや保護者が日常的に存在する環境や保育士や栄養士など専門職のいる特性を活かす。

④ 　親子関係に着目して保護者自身の成長を支える。

⑤ 　相談支援者としての基本原則（信頼関係・個別化・受容・自己決定・非審判的態度等）を守る。

⑥ 　地域の関係機関との連携・協働（地域ネットワークづくり）を図り，保育所全体の体制構築に努めることに留意する。

⑦ 　プライバシーの保護や守秘義務を守ることに留意する。

▷1　アロケア
母親以外の個体による子どもの世話をアロケアまたはアロマザリングと呼ぶ。世界的にみると，中国では「寄養」という，子どもを他人に預けて育ててもらう風習が残っている。18世紀のフランスでは，1年間に生まれた2万1000人の子どものうち，母親に育てられたのは1000人にも満たなかったという。根ヶ山は，アロケアの豊かさが，母子双方が「個」として周囲の世界と関わっていくことを支援すると述べている（根ヶ山，2006）。

2.　入所している保護者に対する支援内容と留意点 ■■■▶

　また保育所保育指針（第4章 子育て支援　2 保育所を利用している保護者に対する子育て支援）では，保護者に対する支援内容と留意点について，以下の通り整理されています。

① 　日常の保育に関連した様々な機会を活用し，子どもの日々の様子の伝達や収集，保育所保育の意図の説明などを通じて，保護者との相互理解を図る。

② 　保育の活動に対する保護者の積極的な参加は，保護者の子育てを自ら実践する力の向上に寄与することから，これを促す。

③ 　保護者の就労と子育ての両立等を支援するため，保護者の多様化した保育の需要に応じ，病児保育事業など多様な事業を実施する場合には，保護者の状況に配慮するとともに，子どもの福祉が尊重されるよう努め，子どもの生活の連続性を考慮する。

④ 　子どもに障害や発達上の課題がみられる場合には，市町村や関係機関と連携および協力を図りつつ，保護者に対する個別の支援を行うよう努める。

⑤ 　外国籍家庭など，特別な配慮を必要とする家庭の場合には，状況等に応じて個別の支援を行うよう努める。

⑥ 　保護者に育児不安等がみられる場合には，保護者の希望に応じて個別の支援を行うよう努める。

⑦ 　保護者に不適切な養育等が疑われる場合には，市町村や関係機関と連携し，要保護児童対策地域協議会で検討するなど適切な対応を図る。また，虐待が疑われる場合には，速やかに市町村または児童相談所に通告し，適切な対応を図る。

3.　地域の子育て家庭に対する支援内容と留意点 ■■■▶

　さらに保育所保育指針（第4章 子育て支援　3 地域の保護者等に対する子育て支援）では，地域の子育て家庭に対する支援内容と留意点について，以下の通り整理されています。

① 　保育所は，「児童福祉法」第48条の4の規定に基づき，その行う保育に支障がない限りにおいて，地域の実情や当該保育所の体制等をふまえ，地域の保護者等に対して，保育所保育の専門性を生かした子育て支援を積極的に行うよう努める。

② 　地域の子どもに対する一時預かり事業などの活動を行う際には，一人ひとりの子どもの心身の状態などを考慮するとともに，日常の

保育との関連に配慮するなど，柔軟に活動を展開できるようにする。

③　市町村の支援を得て，地域の関係機関等との積極的な連携および協働を図るとともに，子育て支援に関する地域の人材と積極的に連携を図るよう努める。

④　地域の要保護児童への対応など，地域の子どもをめぐる諸課題に対し，要保護児童対策地域協議会など関係機関等と連携および協力して取り組むよう努める。

3　保育の質を高める家庭との連携の実際

1. 家庭との連携の内容および役割と機能

保育における家庭との連携は，様々な手法を開発しながら，各園が創意工夫して行っています。表11-1では，一般的な家庭との連携の内容および役割と機能をまとめています。たとえばA園では，「親子ボランティア活動」や，「親子で一緒に遊ぼう会」の開催，園外保育の付き添いとして「パパママ先生」活動，保護者が絵本を読み聞かせる「絵本の読み聞かせ隊」の活動，父親を対象にした保育参観（保育参加），祖父母との交流など，積極的に保護者の保育への参加を促し，家庭との連携を行っています。以下では，様々な手法の中でも，連絡帳，保育参観・保育参加，保護者懇談会，新しい家庭との連携の手法について取り上げ，子どもの保育内容の質を高める点に焦点化して考えてみます。

表11-1　家庭との連携の内容および役割と機能

主な内容	役割・機能
・連絡帳，送迎時の対話 ・日々のコミュニケーション ・保護者懇談会，個人面談，家庭訪問，保育参観，保育参加（体験），行事 ・保護者によるボランティア ・意見箱の設置 ・第三者評価委員会の設置，など	・子ども理解 ・子どもの健康管理 ・子どもの生活と学びの連続性の保障 ・安全教育・食育指導 ・異年齢の交流 ・自然認識，社会認識を深めるため ・豊かな生活体験の保障 ・豊かな遊びの展開のため ・障害児の支援 ・相談援助・助言 ・苦情解決 ・情報公開 ・要保護児童支援 ・防災 ・保護者の自主活動の支援 ・地域の子育て家庭支援

出典：筆者作成。

2．連絡帳

　連絡帳（図11-1参照）は，今井和子（2000）によると「ひとり一人の子どもの様子や育ちを確認し合い，双方が意見交流をはかるというコミュニケーションの手段」です。

　保育者と保護者は，連絡帳を使って，子どもの24時間の生活の様子について共有します。特に0〜2歳児は，毎日，体調や，排泄，食事（哺乳量，離乳食），睡眠，機嫌など，生活の細かい様子を共有する必要があります。アレルギーのある子どもを含む特別な配慮の必要な子どもにとっては，連絡帳でのやり取りが，命を守ることにもつながります。

　また，園と家庭での子どものエピソードを共有することで，子どもの

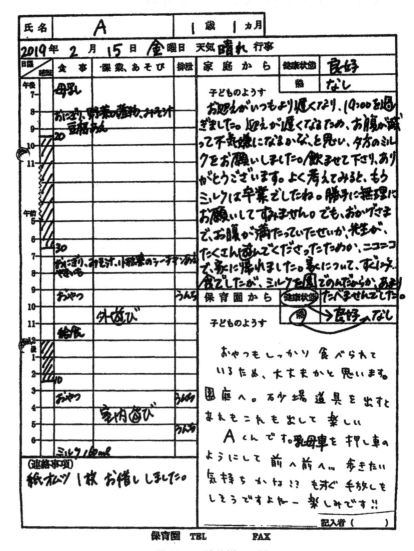

図11-1　連絡帳の一例

育ちを温かく見守っていこうとする保育者と保護者の関係が築かれます。さらに，過去の連絡帳を見返すことで，その日だけではなく，1週間，1か月という長いスパンで，子どもの成長を深く理解することができます。そして，保育者，保護者双方にとって，お互いの記述を読むことで，お互いがどのような子ども観，保育観をもっているのかを知るきっかけにもなります。

　一方，子どもは，保育者の労働時間以上に，長い時間を保育所で過ごす場合があります。たとえば，早朝保育，延長保育（預かり保育），土曜保育，休日保育など，複数の保育者が，その子どもに関わります。そのため，保育者間の連携を進める上でも，連絡帳の存在はとても重要なものです。

　忙しい日常の保育の中で，連絡帳を書くことはとても大変なことです。しかし，多くの保護者は，自分が知らない園での子どもの姿を知ることができるため，連絡帳を読むことを毎日楽しみにしています。たとえば，早朝や延長保育で送迎をする保護者にとっては，毎日会うことのできない担任保育者との重要なコミュニケーションツールとなります。また保護者は，育児の不安や大変さを連絡帳に書き，専門家である保育者から，アドバイスや共感のコメントをもらうことで，育児不安や育児の大変さが解消される例も少なくありません。3歳以上になると，受け持ちの人数が増えることとも相まって，連絡帳を廃止する園もあります。しかし双方が必要なときに記入するという方法など，忙しい中でも工夫しながら続けていくと，継続的な家庭との連携が可能となります。

　今井（2000）は，連絡帳を書くときのポイントとして，①誰にでも当てはまる記述となっていないか，②保護者の立場になって書いているか，③周りの子どもと比較した書き方をしていないか，④育児支援になる書き方になっているか，の4つをあげています。保育の専門性を発揮しながら，連絡帳を有効に活用することで，家庭と連携しながら保育を行っていくことが求められています。

3. 保育参観・保育参加

　保育参観・保育参加は，保護者が，実際の保育をしている場に入り，集団の中での子どもの様子を見る機会となります。友達との関係や，保育者との関係など，家庭の様子と違った子どもの様子を知ることで，保護者の子ども理解を促します。あるいは，保育の専門家である保育者の子どもへの関わり方を学び，家庭保育に生かすことができます。さらに，互いの子どもの様子や関わり合いの様子を話題に，保護者同士が関係を

深めるきっかけにもなります。

今井（2000）は，保育参加と保育参観の共通点と違いを次のように分類しています。

保育参観と保育参加の共通点には，①子どもたちの成長を保護者と保育者が協力して支え合う，②園での保育内容の質を高めるための保護者の協力や声を反映させる，③孤立しがちな子育ての輪を広げ連帯を強める，があります。

また，保育参観は，保護者との連携を図るため，園でのありのままの子どもの姿を見てもらうことを目的に行います。そのねらいは，①子どもが自己発揮できているかを見てもらう（家庭と園の様子に違いはないか），②子どもの保育者や友達との関わりを見てもらう（保育者の子どもへの対応の仕方に注目してもらう），③保育の場（集団）だからこそ体験できることへの共感と理解を得る，にあります。

それに対して，保育参加は，①保護者に子どもと一緒に遊んだり関わってもらう，②子どもと一緒に楽しく過ごす，③日頃の保護者の関わり方（育児の仕方）を再確認する，④生活習慣への援助のあり方や様々な遊び方を知り，家庭生活に生かしてもらう，⑤ほかの子どもたちや保護者同士のふれあいを楽しみ連携を深める，ということを目的とするものです。

さらに今井（2000）は，参観の際の注意事項として，①日頃の保育を見てもらうというねらいから離れて「見せるための保育」にならないよう，子どもや保育者にとって負担や無理のない計画を立てる，②参観をした後は，懇談会をもち，保護者の意見や質問などにきちんと対応し，園への信頼・安心感をもてるようにする，③けんかをする子，乱暴な子，話を聞けない子などが，保護者から「困った子」という目で見られないよう，子どもの成長の過程にみられる言動として保護者の理解を広げる説明をする，④その日の行動が園生活のすべてではないこと，参観を意識し日頃の行動とは異なる態度になった子どもをフォローする，⑤可能であれば，参観日を特定せず，年間を通していつでも，誰でも参観できることを伝え，父親の参観も計画する，ことなどを整理しています。

4. 保護者懇談会

保護者懇談会（以下，懇談会）は，保育者と保護者が，直接会って，じっくりと子どもの様子，子育ての様子など，日頃，感じていることや，疑問や不安に思っていることを話す重要な機会となります。表11-2は，社会福祉法人どんぐり福祉会 久宝寺保育園（定員160名，対象0～5歳児，

表11-2　懇談会（社会福祉法人どんぐり福祉会久宝寺保育園の場合）

種類	回数	構成メンバー	内容
クラス懇談会	年4回	クラスの保護者	毎月内容は変わる。たとえば，4月は，新しいクラス担任と保護者の顔合わせ，年間保育目標と保育する上で大切にしたいことを伝える，職員と保護者，保護者同士の交流，保護者会役員選出。
二者懇談会	月1回	保護者会役員四役，園長，副園長，主任2名	園より，保育情勢の報告，前月の園行事の報告と次の月の行事についての報告など。保護者会より，活動報告や予定などの連絡。保護者会と保育園の交流。
離乳食懇談会	年1回	ゼロ歳児の保護者と，栄養士，クラス担任，管理職	離乳食の必要性，進め方，つくり方，試食，ベビーフードについて懇談。保育園で使用している食器，スプーンの紹介。保護者の質問や疑問，悩みを聞く。
アレルギー児懇談会	必要に応じて	保護者，栄養士，看護師，管理職	医師の指示書をもとに，確認を行う。年度の初めと半年経過後に受診をしてもらい，解除も含めてそのつど懇談で確認する。
個人懇談	年1回	全保護者	運動会終了後に，保育園での子どもの成長した姿を伝え，年度末までに獲得してほしい子どもの目標などを保護者と共有する。保護者の質問や悩みを聞き取る。
継続児面談	年1回	次年度継続児の保護者，園長，副園長	次年度の保育時間，連絡先などの確定を中心に，保育園への意見や希望などを聞き取る。
全体懇談会	必要に応じて	全保護者	行事の取り組み方など，クラスを超えての問題がある場合，設定する。

出典：山本（2014）52～59頁より筆者作成。

開所時間7：00～20：00）の園長・山本涼子が，久宝寺保育園の懇談会の種類と内容を整理したものです。本園では，実に7種類もの懇談会が設定され，家庭と密な連携を行っています。園によって懇談会の種類や内容は様々ですが，各園が創意工夫をしながら家庭と連携しています。

5. 家庭と連携するための新しい手法
──子どもの育ちを保護者とともに喜び合うラーニング・ストーリー

　香川県丸亀市の丸亀ひまわり保育園と研究者の松井剛太（2018，27～29頁）は，子どもの育ちを保護者とともに喜び合うラーニング・ストーリーの手法を提案しています。保育者が，子どもの写真を撮り，子どもの様子を記録したラーニング・ストーリーを，月に1回，保護者に手渡します。保護者も，その記録にコメントを書きます。連絡帳との違いは，読み手が，保護者ではなく子どもだということです。

　読み手が「子ども」であるという意義は，子どもが字が読めるように

なってから，そして大人になってから，「子どものとき，どんなにみんなに愛されて育ったか，どんなに友だちと心が通い合っていたかを思い出してほしい」，つまり子ども自身の存在の根幹になることを願うという意図があるそうです。記述はすべて，子どものありのままの姿を肯定的に受け止め，その価値や意味を保育者と保護者で伝え合い，共感し合い，子どもに伝えていきます。

　保育者が，子どもの様子を記録するポイントは，①何かに関心をもっている姿（子どもが面白そうなものを見つけている姿），②子どもが熱中している姿（子どもが楽しくて仕方がない様子を見せている姿），③困難に立ち向かっている姿（難しいことに真剣に取り組んで壁を乗り越えようとしている姿），④自分の考えや気持ちを表現している姿（自分をわかってもらいたいと訴えている姿），⑤自分の役割を果たしている姿です。

　また，保育者と保護者で共有したことは，①子どもの姿をポジティブに捉えること，②子どもの育ちを喜んでくれるたくさんの人と共有すること，③未来の子どもに向けてメッセージを書くこと，④子どもが読めるようにひらがなで書くこと，⑤コメントは，家族の誰が書いてもよいこと，の5点です。丸亀ひまわり保育園と松井の提案のように，様々な園が，様々な手法を開発しつつ，家庭との連携を模索しています。

（演習問題）

(1)　連絡帳が家庭との連携に果たす役割についてまとめてみましょう。
(2)　保育参加と保育参観には，どのような共通点と違いがあるでしょうか。
(3)　保護者懇談会には，どのような種類と内容があるでしょうか。

引用・参考文献

池内美香（2014）『親が参画する保育をつくる──国際比較調査を踏まえて』勁草書房。

今井和子（2000）「家庭との連携を育む行事」新澤誠治・今井和子『家庭との連携と子育て支援──カウンセリングマインドを生かして』ミネルヴァ書房，114，178～179頁。

根ヶ山光一（2006）『〈子別れ〉としての子育て』日本放送出版協会。

松井剛太（2018）『子どもの育ちを保護者とともに喜び合う　Learning Story』ひとなる書房。

森上史朗・柏女霊峰編（2015）『保育用語辞典（第8版）』ミネルヴァ書房。

山本涼子（2014）「保護者との信頼関係を築きながら新たなくふうや努力が必要」全国保育団体連絡会『連絡帳・こんだん会・保育参観』8月号臨時増刊号，ちいさいなかま社，52～59頁。

第12章
地域との連携と保育

保育は，保育・幼児教育施設だけで完結するものではありません。特に日本では，近年，政策的に「地域との連携」が重視されてきています。地域と連携することは，子どもの保育・教育内容を豊かにします。それだけでなく，大人が交流し学び合う場にもなることを学んでいきます。

1 保育における地域との連携の重要性

OECD（2019）は，世界の保育・幼児教育の調査を通して，保育における地域との連携について，次の3つを指摘しています。

① ECEC（保育・幼児教育）に対して，広範なコミュニティサービス事業（たとえば，保健または社会サービスやスポーツ振興団体など）からの支援のあることや，保育現場に地域の人々が入ることは，乳幼児の発達に重要な役割を果たす。

② 乳幼児期の発達過程に対して地域からのサポートのあることは，質の良い ECEC 施設に共通にみられる特徴である。

③ 幼い時期から地域との関わりがあった場合には，子どもたちは小学校入学後やその後の人生においても達成のチャンスに恵まれることがわかっている。園・学校と地域とのつながりがしっかりしている場合には，子どもたちは成功に不可欠な社会情動的スキルや身体的・知的スキルをよりスムーズに発達させることができる。

このように保育・幼児教育の施設において，地域と連携することは，世界的にみても，非常に重要なことであると認識されています。

2 日本の「地域との連携」に関わる法整備

1. 社会に開かれた教育課程

日本では，2015年，中央教育審議会（以下，中教審）において「社会に開かれた教育課程」の理念が登場し，2017年改訂幼稚園教育要領の前

文において,「社会との連携及び協働により」「社会に開かれた教育課程」を実現していくことが重要だと記されました。

　学校教育の分野では, それ以前から「地域との連携」を政策として位置づけていく流れがありました。2004年6月に「地方教育行政の組織および運営に関する法律」(以下, 地教行法)の一部改正により, すでに導入されていた学校評議員制度に加えて学校運営の改善を図る「学校運営協議会」が制度化され, これを設置する学校を「コミュニティ・スクール」と呼ぶようになりました。コミュニティ・スクールは,「持続可能性」「社会総がかり」「協働」の3つのメリットがあるといわれています。さらに2017年, 地教行法が改正され, 公立学校すべてをコミュニティ・スクール化することが努力義務とされました。ただ, 公立幼稚園では, まだ2.7%(147園, 2018年)の実施となっており, 私立幼稚園やほかの施設への広がりもあわせて政策的に今後の展開を期待されている状況です。

2. 保育・教育内容を豊かにする地域資源の活用

▷1　資源

「資源」という用語は, 経営学において「経営資源」という用語で使用されてきた。一般的に, ①人的資源(ヒト), ②物的資源(モノ), ③資金的資源(カネ), ④情報的資源(情報)の4つに分類される。そのほか, 時間(タイム)や社会的インフラなども, 経営資源の一つである。情報的(経営)資源は, 見えざる資産といわれ, 近年注目されている。最近では, ソフトな経営資源である, ①資源を組み合わせる能力(ケーパビリティ), ②課題を解決するための能力・技術(コンピタンス), ③資源の知識, などが重要だといわれる。これらは, お金を出して買う資源ではなく, 各園で育てるものであり, 長期的な計画が必要である。社会的インフラは, 人間の活動の基盤となるものである。特に生活や福祉に関するもので, 水道設備や医療・福祉制度などが含まれる。

　2016年, 中教審において「教育内容と, 教育活動に必要な人的・物的資源等を, 家庭や地域の外部の資源も含めて活用しながら効果的に組み合わせること」と記され, 教育内容を豊かにするために「地域資源の活用」が求められるようになりました。それを受けて, 2017年改訂幼稚園教育要領では,「第1章 総則　第6 幼稚園運営上の留意事項」において,「地域の自然, 高齢者や異年齢の子供などを含む人材, 行事や公共施設などの地域の資源を積極的に活用し, 幼児が豊かな生活体験を得られるように工夫するものとする」と記述されています。また,「第3章 教育課程に係る教育時間の終了後等に行う教育活動などの留意事項」では,「地域の人々と連携するなど, 地域の様々な資源を活用しつつ, 多様な体験ができるようにすること」と述べられています。

　「地域資源(地域の資源)」という用語は, PDCAサイクルなど教育課程編成や評価・改善をより計画的に行うようになった2008年の幼稚園教育要領・保育所保育指針から, 使用されるようになりました。しかし, 幼児の多様で豊かな体験を保障するためには, 場当たり的に地域資源を活用するのではなく, 地域の資源を事前に把握し, 構造化する必要があります。そのためには, 子どもの実態および地域社会(地域資源)の実態を把握し, 子どもや保護者, 地域のニーズ(要求, 需要)を理解することが求められます。

　では, 地域にはどのような種類の資源があり, どのように活用できる

表 12-1　地域資源の 3 つの分類

分　類	種　　類
ヒ　ト	• 個人（祖父母，読み聞かせが得意な人，伝統文化の継承者） • 組織（自治会，婦人会，学校，警察，消防署）など
モ　ノ	• 生産物（農林水産物，伝統工芸） • 場所（公園，美術館，高齢者施設，児童館，商店街，駅，文化遺産，自然環境）など
コ　ト	• 機会（地域の環境美化活動） • 仕組み（企業との連携，まちづくりネットワーク） • 行事（地域の祭り）など

出典：東内（2018）33頁より引用。

表 12-2　地域との連携の内容および役割と機能

主な内容	役割・機能
• 教育機関（小学校等）との連携 • 福祉施設（高齢者施設等）との連携 • 警察や消防署との連携 • 地域の商店街との連携 • 地域団体（自治会等）との連携 • 母子保健機関との連携 • 療育機関・療育施設との連携 • 児童相談所や婦人相談所等との連携 • 主任児童委員や地域子育て支援の関係機関 　との連携 • 地域の子育て家庭との連携 • 地域の企業との連携 • 地域の祭り，行事などの文化，スポーツへ 　の参加 • 地域の自然環境，遊び場等の活用 • 第三者評価委員会の設置，など	〈保育内容を豊かにするため〉 • 子ども理解 • 子どもの健康管理 • 子どもの生活と学びの連続性の保障 • 安全教育・食育指導 • 異年齢の交流 • 自然認識，社会認識を深めるため • その他，豊かな生活体験の保障 • 豊かな遊びの展開のため 〈子ども・子育ての支援のため〉 • 地域の子育て家庭支援 • 障害児の支援 • 相談援助・助言 • 苦情解決 • 情報公開 • 要保護児童支援 • 保護者の自主活動の支援 • 防災

出典：筆者作成。

のでしょうか。地域資源は，たとえば，表12-1の通り，①ヒト（個人，組織など），②モノ（生産物，場所など），③コト（機会，仕組み，行事など），という 3 分類で整理することができます。たとえば「地域の豊かな伝統文化に触れる」ことをねらいとし，「地域の祭り」を資源として考えると，短期の計画として，園内での出店ごっこや，お神輿制作などの活動が位置づけられます。そして，中期の計画として，実際のお祭りへの出店やお神輿かつぎへの参加を位置づけることができます。

　ほかにも，表12-2のように，地域との連携の内容やその役割と機能は，多岐にわたります。子どもや家庭，地域の実態に即した地域との連携を考えていく必要があります。

3　実践の展開と持続可能な地域づくり

1. 実践の展開

　日常の保育において，地域資源を活用していくためには，園の保育者だけの閉じられた人間関係ではなく，保護者や地域の住民，地域の諸団体との開かれた関係（交流や連携）をつくることが大切です。

　たとえばA園は，まちづくり協議会が活発に活動している地域特性を活かしています。ここでは，まちづくり協議会からの声かけと協力によって，様々な地域資源（野菜の苗植えや収穫体験，地域の伝統文化である菊の苗植えから菊人形づくりの体験，七夕笹飾りの作成など）を教材化し，子どもの生活体験を豊かにしています。またB園は，豊かな自然環境がある地域にあります。その地域特性を活かし，川・畑・田んぼ・木立など園周囲の自然に親しみ，小動物の飼育，畑や植木鉢での栽培の実体験を通して，子どもたちに豊かな感性を育んでいます。さらに地元の美術館での陶芸体験を通して，自然を活かした地元の産業文化の理解へとつなげています。

2. 地域との連携を取り巻く政策的な課題と持続可能な地域づくり

　三輪律江（2017）は，保育・幼児教育施設が地域と連携する際には，今日的な「地域との関係性の築きにくさ」という課題があると指摘します。それは，保育・幼児教育施設の地域における配置計画が，政策的に「足りないから空いている土地につくる」「少子化だから廃園する」という単純な発想しかなく，都市計画として位置づけられていないためです。その結果，都市部の待機児童問題と施設設備の規制緩和によって，保育・幼児教育施設が，地域の迷惑施設と判断され，住民の建設反対運動や騒音に対するクレームの対象となる事例もあります。また，豊かな地域資源がありながらも，地域活動が活発でない地域や，地域そのもののつながりが希薄な地域で，教育・保育活動への協力を得られない場合もあります。

　このような問題を克服し，地域資源を開発するために，三輪（2017）は，「まち保育」という概念を提起しています。三輪は，「まち保育」について「まちにあるさまざまな資源を保育に活用し，まちでの出会いをどんどんつないで関係性をひろげていくこと，そして，子どもを囲い込まず，場や機会を開き，身近な地域社会と一緒になって，まちで子ども

が育っていく土壌づくりをすること」であると定義しています。また，「子どもをまちで育てようというまち保育の試みは，保護者や保育者以外のまちの住民を巻き込んでまち全体が子どもを育てる意識を生み，それはまちそのものが大きく育つことにつながる」（三輪，2017，28頁）と指摘します。地域の力を一方的に活用（自己完結）するという発想ではなく，持続可能な地域づくり（地域志向）のために，保育・幼児教育施設が地域資源を開発することを目指す必要があります。

　三輪が提起する具体的な地域資源の開発方法の一例は，「まち保育式おさんぽ」です。保育者は，ねらいの違いや，目的地のある・なしなど，複数の散歩ルートパターンをつくります。そこでは，子どもたちが身近な自然を探したり，地域の人々に出会ったり，商店や町工場に行ったり，名前のない空間を見つけたりします。子ども自身の心身の発達や社会性の発達に合わせて地域資源に出会って，地域資源を開発していくのです。その結果を「おさんぽマップ」として整理すると，地域資源のリスト化が可能となります。また，「おさんぽマップ」を手がかりに，防災の観点から地域の人々と街歩きをしながら，地域資源を見直すことも，新たな地域資源開発に有効な手立てになるといいます。

4　地域との連携の歴史

　以上，今日的な政策を中心に述べてきましたが，そもそも日本の保育・幼児教育では，戦前から「生活教育」という教育方法がありました。「生活教育」とは，子どもたちの生きて暮らしている地域の現実に学びつつ，実際の生活に即して，子どもの認識を育てていこうとする保育・教育方法です。

　1931（昭和6）年，平田のぶは，東京都江東区深川という当時は貧困家庭の多く住む地域に，「子どもの村保育園」を開設しました。保育は，貧民救済を目的とする財団法人同潤会が建てた同潤会アパートの二階にある六畳と四畳半のふた間を使って行われました。子どもの村保育園における実践では，たとえば，子どもたちに，地域の道の歩き方，店に入ったときの挨拶やお金の渡し方など細かく教えた上で，実際に子どもたちに買い物を体験させます。実際の経験を通してお金の使い方についても学びます。この保育方法は，「買い物ごっこ」を教えるよりも，むしろ，ほんとうの「買い物」を教える方が，子どもにとって重要だという認識の上で行われました。この保育によって，「それまで，無鉄砲で手のつけられなかったわんぱくが，すすんで母親の手だすけをするよう

になり，小学校へすすむころには，その身につけたしつけが学校の先生たちを不思議がらせ，『さぞかし，有名な幼稚園にかよっていたんでしょうね』と，たずねさせずには置かなかった」（上笙・山崎，1985，281頁）そうです。

さらに，平田は「ほんとうにすばらしい子どもを育てあげるためには，親たちはもちろん，地域社会がこころをひとつにして教育にあたらなければならない」と考え，親たちの組織「母様学校」「父様学校」を組織化し，父母にも幼児教育から社会全般の問題にわたって考える態度を養うよう指導していきます。

また，戦後も地域と連携した様々な実践が記録として残っています。「地域との連携」は，今日的な課題というわけではなく，保育実践の歴史の中で，多くの蓄積があることも押さえておく必要があります。

5　地域の一市民としての「子ども観」

保育において地域との連携を考えるとき，子どもの捉え方も，重要な論点になってきます。雑誌『ニューズウィーク』が，「世界で最も先進的な初期教育のための施設」として紹介した，イタリアの**レッジョ・エミリア市**[2]の保育では，左の詩に表されるような，すべての子どもの権利と子どもの可能性を信じ尊重する有能な「子ども観」をもっています。

大宮勇雄（2010，19頁）は，**レッジョ・エミリア市の保育**[3]などにみられる，欧米を中心とした世界的な「子ども観」の潮流について，子ども時代を人生の準備期間，つまり「準備期としての子ども観」とみなすのではなく，子どもは「（すでに立派な）一人の市民である」とする「市民としての子ども観」という考え方が主流となってきているといいます。レッジョ・アプローチでは，子どもは「市民性」「市民化」「市民意識」の権利をもっていると理解されています。

また，バーバラ・ロゴフ（2006，29頁）は，人間は，文化コミュニティの一員として発達するという社会的構成主義の発達論を展開します。ロゴフは，いくつかの社会で工業化以降，子どもたちをコミュニティの諸活動から分離し，大人の生活から隔離し，準備に特化した学校という環境に置くようになったと指摘します。そこでは唯一の望ましい発達の「結果」があると

でも，百はある。

子どもには
百とおりある。
子どもには
百のことば
百の手
百の考え方
遊び方や話し方
百いつでも百の
聞き方
驚き方，愛し方
歌ったり，理解するのに
百の喜び
発見するのに
百の世界
夢見るのに
百の世界がある。
子どもには
百のことばがある
（それからもっともっともっと）
けれど九十九は奪われる。
学校や文化が
頭とからだをバラバラにする。
そして子どもにいう
手を使わずに考えなさい
頭を使わずにやりなさい
話さずに聞きなさい
ふざけずに理解しなさい
愛したり驚いたりは
復活祭とクリスマスだけ。
そして子どもにいう
目の前にある世界を発見しなさい
そして百のうち
九十九を奪ってしまう。
そして子どもにいう
遊びと仕事
現実と空想
科学と想像
空と大地
道理と夢は
一緒にはならないものだと。

つまり
百なんかないという。
子どもはいう。
でも，百はある。

（ローリス・マラグッツイ／田辺敬子訳）

出典：レッジョ・エミリア市乳児保育所と幼児学校（2001）3頁。

考えられていましたが，それは偏った考え方であったと指摘しています。つまり，保育における地域との連携を考えるとき，「教えられる立場としての子ども観」「閉じられた保育・幼児教育施設だけで育つ子ども観」ではなく，「有能な子ども観」「一市民としての子ども観」をもつことが求められます。

6　市民参加と地域文化の共同体づくり

　また，地域との連携は，単に，地域の一組織が，保育者の求める保育・幼児教育の「教材」を提供するという安易なつながりではありません。保育において地域が連携することは，子どもの保育内容を豊かにするだけでなく，大人同士の学び合いとなり，大人と子どもがともに交流し学び合う地域文化の共同体をつくることにつながっていきます。

　このことを，里見実（2017）は，レッジョ・エミリア市の実践を通して説明します。里見は，レッジョ・エミリア市の公立幼児学校および乳幼児保育所は，質の高い保育を行うために「地域との連携（市民参加）」を基盤に「芸術・科学両面での知育」を追求してきたと指摘します。

　レッジョ・エミリア市では，19世紀から社会主義運動や女性運動，反ファシズム闘争，農業労働者運動，協同組合運動などが発展し，市民参加と市民連帯に基づく民主主義が機能しています。

　里見によると，レッジョ・エミリア市の保育の歴史は，1945年5月，戦争が終結した5月後のメーデーに，早くも女性を中心にした地域住民たちが保育所の建設を決議したところから始まります。ドイツ軍が放棄した軍用車や戦車のスクラップを売って最初の資金にあて，廃墟となった建物のレンガを集めて資材とし，土日は村の老若男女が繰り出し人海戦術で幼児学校をつくったといわれています。この後，次々と市民が協力して幼児学校をつくっていくのですが，1968年に立ちあげた幼児学校をつくる有志の会という地区住民組織が1970年に学校・都市委員会となり，これが1972年に市議会で市の設置する全幼児学校および保育施設の法律「幼児学校規定」に位置づけられました。その中には地域との連携について「①乳児保育園と幼児学校は，子ども，教職員，親，地域の教育の場である」「②父母と地域の学校参加は定期的に改選される『学校と都市委員会』を通して組織される」「③学校の環境は，屋内であれ屋外であれ，重要な学習の環境である。台所，浴室，庭，いずれも，その例にもれない」と規定されました。こうして父母，子ども，教職員，地域代表による幼児学校・保育施設の「社会的管理」の母体となる組織が

▷2　レッジョ・エミリア市
レッジョ・エミリア市は，エミリア・ロマーニャ州にあり，イタリアの中部，人口16万5000人の中都市である。

▷3　レッジョ・エミリア市の保育
1991年12月，雑誌『ニューズウィーク』が，「世界で最も先進的な初期教育のための施設」として，イタリアのレッジョ・エミリア市立「ディアーナ幼児学校」を紹介した。この保育・教育方法は，「レッジョ・アプローチ」として世界で有名になった。日本で有名になったのは，日伊両国政府主催「日本におけるイタリア2001年」のイベントの一環として2001年4月28日〜6月24日にかけて，東京ワタリウム美術館で，「子どもたちの100の言葉」と題する特別展が開催されたことがきっかけである。

つくられます。子どもにとって学校を楽しい場にするのは，教師と父母を含む地域の大人たちの共同の責任です。この共同の仕事に取り組むことを通して，子どもばかりでなく，大人たちの間にも相互のコミュニケーションと連帯が生まれます。保育所・幼稚園は，地域の人々が交流する広場となります。市民とともに学校をつくることは，学校にとどまらず，市民とともに公共空間をつくること，つまりは町そのものを築く土台であったそうです。

　この理念に基づき，レッジョ・エミリア市では，地域と連携しながら，非常に豊かな保育内容が展開されています。ここでの知育は，「教科」に分断された知識や技能の伝達ではありません。一言でいえば，芸術・科学両面での探求と創造の「遊び」です。有能な学び手である子どもが，ものごとに問いかけ，対話し，探求し，様々な言語で彼らの物語を構築し，創造していきます。そのためには，子どもの探求と創造の遊びが最大限に実現できる建築環境の設定，子どもが十分に経験と発見ができる刺激豊かな生活環境，家族と，自然と，人間世界とに開かれた方法で交流する文化の共同体が必要なのです。

（演習問題）

(1)　日本では，保育における地域との連携が，どのような政策によって進められているのかをまとめてみましょう。
(2)　地域と連携をする際に必要な「子ども観」についてまとめてみましょう。
(3)　地域と連携することは，子どもと大人それぞれにとって，どのような意味があるのか，まとめてみましょう。

引用・参考文献

エドワーズ，C. ほか編／佐藤学ほか訳（2001）『子どもたちの100の言葉』世織書房。

OECD 編著／秋田喜代美ほか訳（2019）『OECD 保育の質向上白書——人生の始まりこそ力強く：ECEC のツールボックス』明石書店（OECD（2012）*Starting Strong III A Quality Toolbox for Early Childhood Education and Care*）。

大宮勇雄（2010）『学びの物語の保育実践』ひとなる書房。

上笙一郎・山崎朋子（1985）『日本の幼稚園——子どもにとって真の幸福とは』光文社。

里見実（2017）「ローリス・マラグッツイとレッジョ・エミーリアの幼児教育（3）」『國學院大學教育学研究室紀要（田嶋一教授古希記念号）』第52巻，215～229頁。

中央教育審議会（2016）「幼稚園，小学校，中学校，高等学校及び特別支援学校の学習指導要領等の改善及び必要な方策等について（答申）」。

東内瑠里子（2018）「地域資源は，どのように活用すればよいのか」池田幸代・田中謙編著『マネジメントする保育・教育カリキュラム』教育情報出版，32〜35頁。

松島のり子（2018）「幼稚園におけるコミュニティ・スクールの導入を考える」池田幸代・田中謙編著『マネジメントする保育・教育カリキュラム』教育情報出版，36〜39頁。

三輪律江（2017）「保育をまちに広げよう　まち保育の4つのステージ」三輪律江・尾木まり編著『まち保育のススメ』萌文社。

レッジョ・エミリア市乳児保育所と幼児学校（2001）『子どもたちの100の言葉　イタリア／レッジョ・エミリア市の幼児教育実践記録』学研。

ロゴフ，バーバラ／當眞千賀子訳（2006）『文化的営みとしての発達――個人，世代，コミュニティー』新曜社。

第13章
小学校との連携と保育

本章では，幼児教育と小学校教育の連携・接続について学びます。私たちは幼児教育と小学校教育が連続していることを当たり前と考えています。しかしこの連続はどうして必要なのでしょうか。そのことを理解するために幼児教育と小学校教育のあり方について学びましょう。そして幼稚園教育要領や小学校学習指導要領でどのように述べられているのかを確認し，幼小連携はどのように進められているのかを把握しましょう。

1 幼児教育と小学校教育の連携について

1. 幼小連携の必要性

　保育者を目指す中で「幼稚園と小学校の連携は大事だよね？」「園長先生と主任の先生が小学校で会議だったらしいよ」という言葉を聞いたことがある人もいるのではないでしょうか。また，幼稚園教育要領や保育所保育指針，幼保連携型認定こども園教育・保育要領に目を通していると，幼児教育と小学校教育のつながりについての記述を見たり，あるいは，マスメディアでもたびたび取り上げられていることですが，幼稚園や保育所，認定こども園に通う子どもの保護者が抱える卒園後の小学校進学の不安について耳にしたことがあるでしょう。このように幼小連携については，誰もが一度は耳にしたことがある話題であるにもかかわらず，どのような決まりがあるのか，具体的に連携や接続はどのように考えられているのか知らない人も多いでしょう。実際教育実習や保育実習でも，小学校との連携や接続を見て学ぶ機会はほとんどないと思います。

　保育者を目指すならば，小学校との連携について，目の前の子どもたちの姿から考えなければならない瞬間が出てきます。本章の目的は，そのようなときのために，幼小連携・接続の基礎的な知識を身につけることです。まずはこれまでの幼児教育と小学校教育の連携・接続に関する指摘・通知等を紹介し，どのように幼小連携・接続が語られてきたのかを確認します。

　2005年に出された答申「子どもを取り巻く環境の変化を踏まえた今後

の幼児教育の在り方について」（中央教育審議会，2005）は，わが国で幼児教育についての初めての答申です（浜崎，2018）。この答申には「幼児教育と小学校教育との連携・接続の強化・改善や3歳未満の幼稚園未就園児の幼稚園教育への円滑な接続など，幼児の発達・学びの連続性を踏まえた幼児教育の充実を図っていく」という言葉で幼児教育と小学校教育の連携・接続の重要性が述べられています。そして子どもの発達と幼小の学びのつながりから，幼小連携を進めていく方針が以下のように示されています（下線は引用者，以下同じ）。

> 　遊びを通して学ぶ幼児期の教育活動から教科学習が中心の小学校以降の教育活動への円滑な移行を目指し，幼稚園等施設と小学校との連携を強化する。特に，子どもの発達・学びの連続性を確保する観点から，連携・接続を通じた幼児教育と小学校教育双方の質の向上を図る。
> 　具体的には，幼児教育における教育内容，指導方法等の改善等を通じて生きる力の基礎となる幼児教育の成果を小学校教育に効果的に取り入れる方策を実施する。

　私たちは「遊びを通して学ぶ」幼児教育と「教科学習が中心」の小学校教育の学びの違いに注目しなければなりません。幼小それぞれに異なる教育内容・指導方法をいかして小学校教育における子どもの成長につなげていく必要性が指摘されていますが，保育者を目指す私たちは授業や実習等で「子どもの発達段階に応じた関わり・援助が大切である」ということを何度も確認しています。そのことが国によっても確実に意識され，幼児教育に携わる者に説明されています。

2. 幼小の学びの違い

　次に，2010年に出された答申「幼児期の教育と小学校教育の円滑な接続の在り方について（報告）」（幼児期の教育と小学校教育の円滑な接続の在り方に関する調査研究協力者会議，2010）をみましょう。この答申では，幼児教育と小学校教育の接続期が，どのような期間であるのかが「学びの芽生えの時期から自覚的な学びの時期への円滑な移行」という視点から以下のように述べられています。

> 　幼児期から児童期にかけては，学びの芽生えの時期から自覚的な学びの時期への円滑な移行をいかに図るかが重要となる。
> 　「学びの芽生え」とは，学ぶということを意識しているわけでは

ないが，楽しいことや好きなことに集中することを通じて，様々なことを学んでいくことであり，幼児期における遊びの中での学びがこれに当たる。一方，「自覚的な学び」とは，学ぶということについての意識があり，集中する時間とそうでない時間（休憩の時間等）の区別がつき，与えられた課題を自分の課題として受け止め，計画的に学習を進めることであり，小学校における各教科等の授業を通した学習がこれに当たる。

　幼児期は，自覚的な学びへと至る前の段階の発達の時期であり，この時期の幼児には遊びにおける楽しさからくる意欲や遊びに熱中する集中心，遊びでの関わりの中での気付きが生まれてくる。こうした学びの芽生えが育っていき，それが小学校に入り，自覚的な学びへと成長していく。すなわち幼児期から児童期にかけての時期は，学びの芽生えから次第に自覚的な学びへと発展していく時期である。

　この2010年の答申では，子どもが日々の生活を通してものごとへの興味・関心を育て，教育されているということに気づかずに，個々の子どもが学びを深める幼児教育の姿が示されています。そのような幼児教育から，時間割や教科書という学びの素材を意識的に対象化し，勉強していることへの自覚をもった学びへと移行する小学校教育との連続性が述べられています。ただし，幼児教育と小学校教育の連携・接続は「学びの芽生えから次第に自覚的な学びへと発展していく時期」と述べられているように，ゆっくりと学びが移り変わっていく視点が重要です。幼稚園・保育所等から小学校に進学したら，すぐに「自覚的な学び」へと移行するのではありません。子どもはゆっくりと成長していくのです。

② 幼児の成長の記録

1. 幼稚園幼児指導要録と10の姿

　みなさんは保育者になるために勉強を始めてから今までに「要録」という言葉を聞いたことがあるでしょうか。幼稚園では「幼稚園幼児指導要録」，保育所では「保育所児童保育要録」，認定こども園では「幼保連携型認定こども園園児指導要録」の作成が求められています。これら「要録」は，園生活で子どもたちがどのような生活を送り，何を学んだか，保育者はどのような関わりを行ってきたかを記録する文書で，「要録」の作成と保存についてはしっかりとしたルールがあり，大変重要な

書類です。ここではその詳細や書き方は記しませんが，「幼稚園幼児指導要録」を例に，具体的な作成フォーマットを参照して，幼小連携・接続について学びます。

　2018年3月に文部科学省が都道府県教育委員会教育長等に宛てて出した「幼稚園及び特別支援学校幼稚部における指導要録の改善について（通知）」（文部科学省，2018）という文書を確認します。この文書は幼児教育と小学校教育の「緊密な連携」のために幼児教育に携わる者だけでなく，小学校等においても，この文書の趣旨を理解することが求められています。この文書においては，幼児教育における評価の基本的な考え方が以下のように述べられています。

> 指導の過程を振り返りながら幼児の理解を進め，幼児一人一人のよさや可能性などを把握し，指導の改善に生かすようにすること。その際，他の幼児との比較や一定の基準に対する達成度についての評定によって捉えるものではないことに留意すること。

　つまり，幼児教育においては「計算ができる」「ひらがなが書ける」といった点を積極的に評価するのではなく，個々の子どもの育ちや発達の姿をふまえた関わり・評価が求められています。そしてこのような幼児教育のあり方が小学校教育にも引き継がれることが求められます。

　この通知をふまえて，各都道府県の教育委員会等では新しい「幼稚園幼児指導要録」（以下，「要録」）の検討が進められました。「幼稚園及び特別支援学校幼稚部における指導要録の改善について（通知）」では「要録」のサンプルが示されています。ここでは，文部科学省が示すサンプルを参照して確認します。

　表13-1，表13-2は「指導に関する記録」といわれるものです。保育者が日々の子どもとの関わりを通じて捉えた一人ひとりの子どもの姿を記入します。表13-1，表13-2の左の欄に「ねらい（発達を捉える視点）」があります。これは小学校でもらう通知表とは異なり，点数化されるものではありません。一人ひとりの子どもの育ちや発達の姿を記入します。日々の生活，活動を通してその子がどのように変化したか，その子の「学びの芽生え」は何か，子どもは「学びの芽生え」とどのように関わったのかを記入するものです。

　また表13-2では私たち幼児教育について学ぶ者にとって，大きなトピックが示されています。それは表の右の欄に示されている「幼児期の終わりまでに育ってほしい姿」，いわゆる「10の姿」です。「幼児期の終わりまでに育ってほしい姿」は，幼児期の終わりまでに子どもたちが必

表13-1　幼稚園幼児指導要録（指導に関する記録）例

氏名／性別／ねらい	指導の重点等	平成　年度	平成　年度	平成　年度
ふりがな　氏名　平成　年　月　日生	指導の重点等	(学年の重点)	(学年の重点)	(学年の重点)
性別		(個人の重点)	(個人の重点)	(個人の重点)
ねらい（発達を捉える視点）				

	ねらい	指導上参考となる事項		
健康	明るく伸び伸びと行動し、充実感を味わう。			
	自分の体を十分に動かし、進んで運動しようとする。			
	健康、安全な生活に必要な習慣や態度を身に付け、見通しをもって行動する。			
人間関係	幼稚園生活を楽しみ、自分の力で行動することの充実感を味わう。			
	身近な人と親しみ、関わりを深め、工夫したり、協力したりして一緒に活動する楽しさを味わい、愛情や信頼感をもつ。			
	社会生活における望ましい習慣や態度を身に付ける。			
環境	身近な環境に親しみ、自然と触れ合う中で様々な事象に興味や関心をもつ。			
	身近な環境に自分から関わり、発見を楽しんだり、考えたりし、それを生活に取り入れようとする。			
	身近な事象を見たり、考えたり、扱ったりする中で、物の性質や数量、文字などに対する感覚を豊かにする。			
言葉	自分の気持ちを言葉で表現する楽しさを味わう。			
	人の言葉や話などをよく聞き、自分の経験したことや考えたことを話し、伝え合う喜びを味わう。			
	日常生活に必要な言葉が分かるようになるとともに、絵本や物語などに親しみ、言葉に対する感覚を豊かにし、先生や友達と心を通わせる。			
表現	いろいろなものの美しさなどに対する豊かな感性をもつ。			
	感じたことや考えたことを自分なりに表現して楽しむ。			
	生活の中でイメージを豊かにし、様々な表現を楽しむ。			

出欠状況		年度	年度	年度	備考			
	教育日数							
	出席日数							

学年の重点：年度当初に、教育課程に基づき長期の見通しとして設定したものを記入

個人の重点：1年間を振り返って、当該幼児の指導について特に重視してきた点を記入

指導上参考となる事項：

(1) 次の事項について記入すること。

①1年間の指導の過程と幼児の発達の姿について以下の事項を踏まえ記入すること。

・幼稚園教育要領第2章「ねらい及び内容」に示された各領域のねらいを視点として、当該幼児の発達の実情から向上が著しいと思われるもの。その際、他の幼児との比較や一定の基準に対する達成度についての評定によって捉えるものではないことに留意すること。

・幼稚園生活を通して全体的、総合的に捉えた幼児の発達の姿。

②次の年度の指導に必要と考えられる配慮事項等について記入すること。

(2) 幼児の健康の状況等指導上特に留意する必要がある場合等について記入すること。

備考：教育課程に係る教育時間の終了後等に行う教育活動を行っている場合には、必要に応じて当該教育活動を通した幼児の発達の姿を記入すること。

出典：「幼稚園及び特別支援学校幼稚部における指導要録の改善について（通知）」11頁（http://www.mext.go.jp/a_menu/shotou/youchien/1403169.htm　2019年8月2日アクセス）。

表13-2　幼稚園幼児指導要録（最終学年の指導に関する記録）例

ふりがな		平成　　年度	幼児期の終わりまでに育ってほしい姿	
氏名	指導の重点等	（学年の重点）	「幼児期の終わりまでに育ってほしい姿」は、幼稚園教育要領第2章に示すねらい及び内容に基づいて、各幼稚園で、幼児期にふさわしい遊びや生活を積み重ねることにより、幼稚園教育において育みたい資質・能力が育まれている幼児の具体的な姿であり、特に5歳児後半に見られるようになる姿である。「幼児期の終わりまでに育ってほしい姿」は、とりわけ幼児の自発的な活動としての遊びを通して、一人一人の発達の特性に応じて、これらの姿が育っていくものであり、全ての幼児に同じように見られるものではないことに留意すること。	
平成　　年　　月　　日生				
性別		（個人の重点）		
ねらい（発達を捉える視点）				
健康	明るく伸び伸びと行動し、充実感を味わう。		健康な心と体	幼稚園生活の中で、充実感をもって自分のやりたいことに向かって心と体を十分に働かせ、見通しをもって行動し、自ら健康で安全な生活をつくり出すようになる。
	自分の体を十分に動かし、進んで運動しようとする。		自立心	身近な環境に主体的に関わり様々な活動を楽しむ中で、しなければならないことを自覚し、自分の力で行うために考えたり、工夫したりしながら、諦めずにやり遂げることで達成感を味わい、自信をもって行動するようになる。
	健康、安全な生活に必要な習慣や態度を身に付け、見通しをもって行動する。	指導上参考となる事項		
人間関係	幼稚園生活を楽しみ、自分の力で行動することの充実感を味わう。		協同性	友達と関わる中で、互いの思いや考えなどを共有し、共通の目的の実現に向けて、考えたり、工夫したり、協力したりし、充実感をもってやり遂げるようになる。
	身近な人と親しみ、関わりを深め、工夫したり、協力したりして一緒に活動する楽しさを味わい、愛情や信頼感をもつ。		道徳性・規範意識の芽生え	友達と様々な体験を重ねる中で、してよいことや悪いことが分かり、自分の行動を振り返ったり、友達の気持ちに共感したりし、相手の立場に立って行動するようになる。また、きまりを守る必要性が分かり、自分の気持ちを調整し、友達と折り合いを付けながら、きまりをつくったり、守ったりするようになる。
	社会生活における望ましい習慣や態度を身に付ける。			
環境	身近な環境に親しみ、自然と触れ合う中で様々な事象に興味や関心をもつ。		社会生活との関わり	家族を大切にしようとする気持ちをもつとともに、地域の身近な人と触れ合う中で、人との様々な関わり方に気付き、相手の気持ちを考えて関わり、自分が役に立つ喜びを感じ、地域に親しみをもつようになる。また、幼稚園内外の様々な環境に関わる中で、遊びや生活に必要な情報を取り入れ、情報に基づき判断したり、情報を伝え合ったり、活用したりするなど、情報を役立てながら活動するようになるとともに、公共の施設を大切に利用するなどして、社会とのつながりなどを意識するようになる。
	身近な環境に自分から関わり、発見を楽しんだり、考えたりし、それを生活に取り入れようとする。			
	身近な事象を見たり、考えたり、扱ったりする中で、物の性質や数量、文字などに対する感覚を豊かにする。		思考力の芽生え	身近な事象に積極的に関わる中で、物の性質や仕組みなどを感じ取ったり、気付いたり、考えたり、予想したり、工夫したりするなど、多様な関わりを楽しむようになる。また、友達の様々な考えに触れる中で、自分と異なる考えがあることに気付き、自ら判断したり、考え直したりするなど、新しい考えを生み出す喜びを味わいながら、自分の考えをよりよいものにするようになる。
言葉	自分の気持ちを言葉で表現する楽しさを味わう。			
	人の言葉や話などをよく聞き、自分の経験したことや考えたことを話し、伝え合う喜びを味わう。		自然との関わり・生命尊重	自然に触れて感動する体験を通して、自然の変化などを感じ取り、好奇心や探究心をもって考え言葉などで表現しながら、身近な事象への関心が高まるとともに、自然への愛情や畏敬の念をもつようになる。また、身近な動植物に心を動かされる中で、生命の不思議さや尊さに気付き、身近な動植物への接し方を考え、命あるものとしていたわり、大切にする気持ちをもって関わるようになる。
	日常生活に必要な言葉が分かるようになるとともに、絵本や物語などに親しみ、言葉に対する感覚を豊かにし、先生や友達と心を通わせる。			
表現	いろいろなものの美しさなどに対する豊かな感性をもつ。		数量や図形、標識や文字などへの関心・感覚	遊びや生活の中で、数量や図形、標識や文字などに親しむ体験を重ねたり、標識や文字の役割に気付いたりし、自らの必要感に基づきこれらを活用し、興味や関心、感覚をもつようになる。
	感じたことや考えたことを自分なりに表現して楽しむ。		言葉による伝え合い	先生や友達と心を通わせる中で、絵本や物語などに親しみながら、豊かな言葉や表現を身に付け、経験したことや考えたことなどを言葉で伝えたり、相手の話を注意して聞いたりし、言葉による伝え合いを楽しむようになる。
	生活の中でイメージを豊かにし、様々な表現を楽しむ。			
出欠状況		年度	備考	豊かな感性と表現	心を動かす出来事などに触れ感性を働かせる中で、様々な素材の特徴や表現の仕方などに気付き、感じたことや考えたことを自分で表現したり、友達同士で表現する過程を楽しんだりし、表現する喜びを味わい、意欲をもつようになる。
	教育日数				
	出席日数				

学年の重点：年度当初に、教育課程に基づき長期の見通しとして設定したものを記入
個人の重点：1年間を振り返って、当該幼児の指導について特に重視してきた点を記入
指導上参考となる事項：
(1) 次の事項について記入すること。
　①1年間の指導の過程と幼児の発達の姿について以下の事項を踏まえ記入すること。
　　・幼稚園教育要領第2章「ねらい及び内容」に示された各領域のねらいを視点として、当該幼児の発達の実情から向上が著しいと思われるもの。
　　　その際、他の幼児との比較や一定の基準に対する達成度についての評定によって捉えるものではないことに留意すること。
　　・幼稚園生活を通して全体的、総合的に捉えた幼児の発達の姿。
　②次の年度の指導に必要と考えられる配慮事項等について記入すること。
　③幼児の健康の状況等指導上特に留意する必要がある場合などについて記入すること。
(2) 幼児の健康の状況等指導上特に留意する必要がある場合などについて記入すること。
　備考：教育課程に係る教育時間の終了後等に行う教育活動を行っている場合には、必要に応じて当該教育活動を通した幼児の発達の姿を記入すること。

※③項目について
　最終学年の記入に当たっては、特に小学校等における児童の指導に生かされるよう、幼稚園教育要領第1章総則に示された「幼児期の終わりまでに育ってほしい姿」を活用して幼児に育まれている資質・能力を捉え、指導の過程と育ちつつある姿を分かりやすく記入するように留意すること。また、「幼児期の終わりまでに育ってほしい姿」が到達すべき目標ではないことに留意し、項目別に幼児の育ちつつある姿を記入するのではなく、全体的、総合的に捉えて記入すること。

出典：「幼稚園及び特別支援学校幼稚部における指導要録の改善について（通知）」12頁（http://www.mext.go.jp/a_menu/shotou/youchien/1403169.htm　2019年8月2日アクセス）。

ず身につけておかなければならない到達目標ではありません。子どもが自分を取り巻く生活の中で，何かに夢中に取り組む，友達と遊ぶ，何気なく過ごす日常を通じて自然に育つ姿が個々の子どもにはあるはずです。そのような子どもの姿から，一人ひとりの子どもの成長を捉える視点が「幼児期の終わりまでに育ってほしい姿」において大切にされています。

2. 幼小連携で「要録」がもつ3つの役割

「要録」は一人ひとりのよさを小学校の教師に伝える役割を担っています。『幼児理解に基づいた評価』（文部科学省，2019）では，「要録」がもつ3つの役割が述べられています。その3つとは，①「よさを伝える」，②「指導をつなぐ」，③「小学校との交流を深める」です。この3つの役割について文部科学省は，以下のように概要を述べています。

> ①「よさを伝える」：小学校の教師が，幼児一人ひとりのよさや可能性を受け止め，小学校でもよりよい指導を生み出すためには，その幼児の特徴的な姿や育ちつつあるもの，また幼児なりに成長した姿がどのような環境や教師等の関わりによって現れたのかを具体的に記述すること。
> ②「指導をつなぐ」：幼稚園から小学校に指導をつなぐということは，幼児の発達や教師の当該幼児に対する思い，小学校の指導に対する期待を，指導の記録というバトンに託してリレーしていくということ。
> ③「小学校との交流を深める」：小学校に送る指導要録の作成に当たっては，幼稚園の教師は，小学校の生活や学習の進め方や評価の考え方について理解することが必要であるということ。

保育所や認定こども園で作成される「要録」が同じ役割をもつことはいうまでもありません。「要録」は保育者が担任をしてきたクラスの子どもたち一人ひとりに抱く思いや願いを記入し，伝えるものです。このことから，幼児教育と小学校教育に学び方の違いはあるものの，子どもの育ちを一貫して考え，個々の子どもの成長を保育者のきめ細かな視点で捉えようとしていることがわかります。

3　幼稚園教育要領等と小学校学習指導要領にみる連携・接続

1. 幼稚園教育要領，保育所保育指針，幼保連携型認定こども園教育・保育要領における幼小連携

　本節では，要領・指針等と学習指導要領の記述内容から幼小連携を考えます。まずは幼稚園教育要領から確認をしましょう。幼稚園教育要領では，次のように述べられています。

> 幼稚園教育要領　第1章 総則　第3 教育課程の役割と編成等
> 5　小学校教育との接続に当たっての留意事項
> (1)　幼稚園においては，幼稚園教育が，小学校以降の生活や学習の基盤の育成につながることに配慮し，幼児期にふさわしい生活を通して，創造的な思考や主体的な生活態度などの基礎を培うようにするものとする。
> (2)　幼稚園教育において育まれた資質・能力を踏まえ，小学校教育が円滑に行われるよう，小学校の教師との意見交換や合同の研究の機会などを設け，「幼児期の終わりまでに育ってほしい姿」を共有するなど連携を図り，幼稚園教育と小学校教育との円滑な接続を図るよう努めるものとする。

　幼稚園教育要領においては，幼児教育が小学校からの生活や学習の基盤になることをふまえ，小学校教育との接続が円滑に進められるように，保育者と小学校教師との間での意見交換や子どもの姿を共有する研究・研修の必要性が述べられています。この点をふまえて保育所保育指針と幼保連携型認定こども園教育・保育要領を確認しましょう。

> 保育所保育指針　第2章 保育の内容　4 保育の実施に関して留意すべき事項
> (2)　小学校との連携
> ア　保育所においては，保育所保育が，小学校以降の生活や学習の基盤の育成につながることに配慮し，幼児期にふさわしい生活を通じて，創造的な思考や主体的な生活態度などの基礎を培うようにすること。
> イ　保育所保育において育まれた資質・能力を踏まえ，小学校教育が円滑に行われるよう，小学校教師との意見交換や合同の研究の

　　機会などを設け，第1章の4の(2)に示す「幼児期の終わりまでに
　　育って欲しい姿」を共有するなど連携を図り，保育所保育と小学
　　校教育との円滑な接続を図るよう努めること。
　ウ　子どもに関する情報共有に関して，保育所に入所している子ど
　　もの就学に際し，市町村の支援の下に，子どもの育ちを支えるた
　　めの資料が保育所から小学校へ送付されるようにすること。

幼保連携型認定こども園教育・保育要領　第1章 総則　第2 教育
及び保育の内容並びに子育ての支援等に関する全体的な計画等
1　教育及び保育の内容並びに子育ての支援等に関する全体的な計
画の作成等
(5)　小学校教育との接続に当たっての留意事項
ア　幼保連携型認定こども園においては，その教育及び保育が，小
　　学校以降の生活や学習の基盤の育成につながることに配慮し，乳
　　幼児期にふさわしい生活を通して，創造的な思考や主体的な生活
　　態度などの基礎を培うようにするものとする。
イ　幼保連携型認定こども園の教育及び保育において育まれた資
　　質・能力を踏まえ，小学校教育が円滑に行われるよう，小学校の
　　教師との意見交換や合同の研究の機会などを設け，「幼児期の終
　　わりまでに育ってほしい姿」を共有するなど連携を図り，幼保連
　　携型認定こども園における教育及び保育と小学校教育との円滑な
　　接続を図るよう努めるものとする。

　保育所保育指針，幼保連携型認定こども園教育・保育要領においても，
幼稚園教育要領と同じ視点で保育者と小学校教師との間での意思疎通の
重要性が述べられています。ただし保育所保育指針においては，幼小の
意思疎通をスムーズに行う上で「子どもの育ちを支えるための資料」に
ついて言及されています。保育所では「保育所児童保育要録」が作成さ
れます。「要録」は幼小連携のもとで大切な役割を担っていることが，
改めて確認できます。

2.　小学校学習指導要領における幼小連携

　それでは，小学校学習指導要領ではどのように幼小連携について述べ
られているか確認しましょう。

第1章 総則　第2 教育課程の編成　4 学校段階等間の接続
(1)　幼児期の終わりまでに育ってほしい姿を踏まえた指導を工夫す

> ることにより，幼稚園教育要領等に基づく幼児期の教育を通して育まれた資質・能力を踏まえて教育活動を実施し，<u>児童が主体的に自己を発揮しながら学びに向かうことが可能となるようにすること。</u>
>
> （中略）特に，<u>小学校入学当初においては，幼児期において自発的な活動としての遊びを通して育まれてきたことが，各教科等における学習に円滑に接続されるよう，生活科を中心に，合科的・関連的な指導や弾力的な時間割の設定など，指導の工夫や指導計画の作成を行うこと。</u>

　小学校学習指導要領においては「幼児期の終わりまでに育ってほしい姿」をふまえながら，子どもたちが「主体的に自己を発揮しながら学びに向かう」ことが述べられています。その際に大切になるのが「幼児期において自発的な活動としての遊びを通して育まれてきたことが，各教科等における学習に円滑に接続される」ということです。「学びたい！知りたい！　どうなっているんだろう？　なぜだろう？」という，子どもが自らの興味・関心から学びをスタートできるように，幼児教育で育んできた生活や学びの経験を十分に生かし，教科学習に移行していくことが大切なのです。

　小学校では，生活科という教科がありますが，生活科は小学校教育においては，幼児教育と小学校教育の接続を意識した「**スタートカリキュラム**[1]」の代表例と考えられています（田村，2017）。2017年に示された学習指導要領に先立って「幼稚園，小学校，中学校，高等学校及び特別支援学校の学習指導要領等の改善及び必要な方策等について（答申）」（中央教育審議会，2016）では，今後の教育で充実させるべきものが，以下のように述べられています。

- 幼児教育において育成された資質・能力を存分に発揮し，各教科等で期待される資質・能力を育成する低学年教育として滑らかに連続，発展させること。<u>幼児期に育成する資質・能力と小学校低学年で育成する資質・能力とのつながりを明確にし，そこでの生活科の役割を考える必要がある。</u>
- 幼児教育との連携や接続を意識した<u>スタートカリキュラムについて，生活科固有の課題としてではなく，教育課程全体を視野に入れた取組とすること。</u>スタートカリキュラムの具体的な姿を明らかにするとともに，国語，音楽，図画工作などの<u>他教科等との関連についてもカリキュラム・マネジメントの視点から検討し，学</u>

▷1　**スタートカリキュラム**

小学校へ入学した子どもが，幼稚園・保育所・認定こども園などの遊びや生活を通した学びと育ちを基礎として，主体的に自己を発揮し，新しい学校生活をつくり出していくためのカリキュラムである。このカリキュラムを通して，幼児期の学びの芽生えから児童期の自覚的な学びへと連続的な成長を促すものである（文部科学省国立教育政策研究所教育課程研究センター（2015）『スタートカリキュラムの編成の仕方・進め方が分かる　スタートカリキュラムスタートブック』(https://www.nier.go.jp/kaihatsu/pdf/startcurriculum_mini.pdf#search＝%27%E3%82%B9%E3%82%BF%E3%83%BC%E3%83%88%E3%82%AB%E3%83%AA%E3%82%AD%E3%83%A5%E3%83%A9%E3%83%A0%27 2020年1月10日最終アクセス))。

> 校全体で取り組むスタートカリキュラムとする必要がある。

　「スタートカリキュラム」が生活科を起点として行われることは疑いはありませんが，「生活科固有の課題としてではなく」学校全体で取り組むものとして捉えられています。子どもたちが小学校に入学すると，様々な教科や活動，学級での生活が待っています。そうした小学校教育に関わるあらゆる場面で，低学年の間は子どもたちが積極的に生活と関わり，幼児教育で学んできたことをいかしながら学びを深めていくことが求められているのです。

3. 幼小連携で必要なこと

　「学びの芽生え」である幼児教育と「自覚的な学び」である小学校教育では，「先生」の援助や指導の方法にも違いが出てきます。しかし本章で確認したように，「先生」の関わり方の違いは，保育者から小学校教師に「要録」で引き継がれていきます。幼小の「先生」がお互いに話をすること，幼児教育でどこまで育ってきたのか，小学校教育で何に期待するのか，という意思疎通が幼小連携を左右するのです。

　そうした意思疎通の支えになるのが，幼稚園教育要領，小学校学習指導要領等で示されている幼小連携に関する基本的な考え方です。どちらの要領においても，幼児教育が小学校教育の基盤となること，子どもが幼児教育で学んできたことを発揮して充実した小学校生活を送るための，学習指導・生活指導の必要性が述べられています。保育者を目指す私たちは，幼小連携を支える基本的な事柄をしっかり確認・認識して保育を考えていかなければなりません。

（演習問題）

(1)　幼児教育と小学校教育における子どもの学びの違いはどのようなものだったでしょうか。テキストを見直し，まとめてみましょう。

(2)　幼小連携を円滑に行うために保育者が作成する文書は何だったでしょうか。幼稚園，保育所，認定こども園それぞれでの名称を整理しましょう。また，それらはどのような役割をもっていたでしょうか。

(3)　幼稚園教育要領等と小学校学習指導要領で幼小連携を進める上で大切にされていることは何でしょうか。本章であげた資料を復習し，まとめてみましょう。

引用・参考文献
田村学（2017）「新しい生活科が目指すもの」久野弘幸編著『平成29年度版　小学校　新学習指導要領ポイント総整理　生活』東洋館出版社，4～5頁。

中央教育審議会（2005）「子どもを取り巻く環境の変化を踏まえた今後の幼児
　　教育の在り方について」（http://www.mext.go.jp/b_menu/shingi/chukyo
　　/chukyo0/toushin/05013102/003.htm　2019年7月28日アクセス）。

中央教育審議会（2016）「幼稚園，小学校，中学校，高等学校及び特別支援学
　　校の学習指導要領等の改善及び必要な方策等について（答申）」（http://
　　www.mext.go.jp/b_menu/shingi/chukyo/chukyo0/toushin/__icsFiles/afie
　　ldfile/2017/01/10/1380902_0.pdf　2019年7月30日アクセス）。

浜崎由紀（2018）「家庭・地域・小学校との連携を踏まえた保育」中村恵・水
　　田聖一・生田貞子編著『新・保育実践を支える　保育内容総論』福村出版，
　　105〜117頁。

文部科学省（2018）「幼稚園及び特別支援学校幼稚部における指導要録の改善
　　について（通知）」（http://www.mext.go.jp/a_menu/shotou/youchien/14
　　03169_01.pdf　2019年8月2日アクセス）。

文部科学省（2019）『幼児理解に基づいた評価』チャイルド本社。

山本尚史（2018）「小学校生活科におけるスタートカリキュラムについての一
　　考察——言葉による伝え活動を意識した自己紹介を事例に」『長崎女子短
　　期大学紀要』第42号，169〜178頁。

幼児期の教育と小学校教育の円滑な接続の在り方に関する調査研究協力者会議
　　（2010）「幼児期の教育と小学校教育の円滑な接続の在り方について（報
　　告）」（http: //www. mext. go. jp/component/b_menu/shingi/toushin/__
　　icsFiles/afieldfile/2011/11/22/1298955_1_1.pdf　2019年8月6日アクセス）。

第14章
専門機関との連携

本章では，最初に保育所や幼稚園が関係する専門機関として，保育・教育機関，医療機関，地域の機関，保育者養成校，業者などをあげます。その上で，保育者の職務上の限界を確認します。次に，障害の可能性のある子どもや，虐待を受けている可能性のある子どもと，それらの家族への対応について検討します。

1　保育者の限界と専門機関の存在

1. 保育に関わる専門機関

　保育者は，所内や園内（以下，園内）の同僚，先輩，主任，所長や園長（以下，園長）と仕事をしているだけではありません。様々な専門機関と常に連絡を取り，情報を共有しながら，日常の保育や保護者支援に取り組んでいます。その専門機関とは，具体的にどのようなところがあるのでしょう（図14‐1）。

　保育所や幼稚園（以下，園）に近い機関としては，同じ地域にある別の園，きょうだい児が通っている小学校や中学校などがあります。これらの機関とは，子どもや家庭に関する情報を共有します。地域の警察や消防には，避難訓練のほかにも，救命救急講習（消防），交通安全教室や犯罪被害防止活動（警察）などで，指導をしてもらうことがあります。実際に園内で何らかの事件が発生した場合には，やはり，警察や消防の指示を仰ぐことになります。

　市区町村や都道府県などの地方自治体とは，様々な書類のやり取りや情報共有をします。2019年10月に始まった，いわゆる「保育の無償化」に関する書類の手続きも，ここに含まれます。さらに，こういった地方自治体の組織の中でも，児童相談所，福祉事務所，家庭児童相談室，保健所（保健センター）などとは，子どもや子育て，保護者支援，保育などの観点で，特に緊密な連携を取ることがあります。

　子どもに障害がある場合，児童発達支援センターなど，障害児の療育に取り組む機関と連携を取ります。たとえば，園に在籍しながら，週に

１日から数日，児童発達支援センターに通っている子どもがいます。この場合，園は，児童発達支援センターと子どもの成長や発達に関する情報を共有し，療育に取り組みます。子どもが小学校に進学する前には，特別支援学校の教員や小学校の特別支援を担当する教員と，子どもの障害や特徴について引き継ぎをする必要もあります。

　園では，定期的に内科検診や歯科検診などを行っています。これらのために，地域の小児科医や小児歯科医に，園に来てもらいます。幼稚園に関しては，これらの方々を学校医あるいは学校歯科医と呼んでいます。また，あまり知られていないようですが（そして法的には必置なのですが），幼稚園では学校薬剤師の設置が義務づけられています。幼稚園で使ったり，保管したりする薬品類の管理という職務に加えて，換気，採光，照明など環境衛生の維持管理に関する指導や助言，さらには，健康相談や保健指導などが，職務として期待されています。これら学校医，学校歯科医，学校薬剤師は，幼稚園では職員という位置づけです。

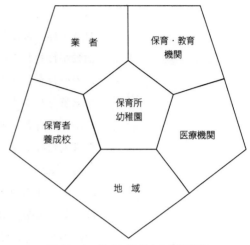

図14－1　保育に関係する専門機関

出典：筆者作成。

2. 保育を支える専門機関

　さらに，園のある地域に目を向けてみると，民生委員（児童委員）と呼ばれる人々との関係は重要です。民生委員は，地域の高齢者，障害者，ひとり親家庭などを見回り，必要な支援を行う非常勤の地方公務員です。なお，民生委員は法律上，無給です（「民生委員法」第10条）。法律上，民生委員は児童委員を兼務していて，地域の子どもや子育て家庭についても支援をしています。日常的に家庭で何らかの支援が必要な子どもが園にいる場合，その子どもが住む地域の民生委員（児童委員）と連携して情報を共有することもあります。

　地域といえば，地域の事情に詳しい町内会（自治会）との関係は大切です。夏祭りなどの町内の行事に保育所や幼稚園として参加することがあります。その逆に，保育所や幼稚園の行事に，町内会長（自治会長）を来賓として呼ぶこともあります。日頃，朝夕の子どもたちの送迎時，あるいは保育中の音響などで迷惑をかけている園の地元の地域とは，機会あるごとに良好な関係を築いておく必要があります。

　公民館など地域の住民が集まって何かを学んだり，地域活動の中心となる場，あるいは機関との連携も必要です。特に，職員が常駐している

公民館が近くにある園では，公民館主催の子育て支援の場に，園から保育者を専門家として派遣することがあります。公民館を拠点として地域活動が行われている場合は，その活動で園長が保育の専門家として何らかの役目を引き受けることもあります。また，園の行事に公民館長などを来賓として呼ぶこともあります。

　園は保育者を養成する大学，短大，専門学校とも連携しています。園の求人だけでなく，教職員に対する研修，保育や保護者への子育て支援に関する助言をしてもらうことがあります。園の教職員の母校の教員の専門的な知識や情報を園で活用したいものです。園の教職員が母校を訪問して，後輩に保育の楽しさを伝えることで，将来の保育業界の人材確保につながる可能性もあります。

　園内環境の整備のため，園は様々な業者とも連携しています。たとえば，夜間や休日の園の警備などを担当する業者，あるいは園から出たゴミを処理する産業廃棄物処理業者などがあります。園の新築や改築の際には，設計業者，建設業者などと連携します。電気，水道，ガスなどの専門業者とも連絡を取り合います。ほかにも，保育に必要な道具を準備してくれるのが，保育関連用品を扱っている業者です。園内の植栽の管理を造園業者に依頼していることもあります。園バスがあれば，年に何度も，バスを専門の業者で点検してもらいます。園で新たに教職員を採用する場合は，公共職業安定所や人材紹介業者に依頼することもあります。

3. 保育者の限界

　保育者が日常の保育や保護者などとの関わりの中で，何らかの困難やしんどさを抱えてしまうことは，よくあることです。園内の同僚，先輩，主任，園長に相談したり，保護者などから家庭の様子を教えてもらうことで，大抵のことは対応できるでしょう。

　保育者は，それぞれの園の基本方針や情報の共有に基づいて，日々の保育や，子どもと保護者への個別対応をするわけですが，それには限界があります。できないことを「できる」と思って実行してしまうと，後で大きな問題に発展してしまうことがあります。

　たとえば，気になる行動をする子どもについて，「あの子どもは自閉っぽい」とか，「あの子どもは多動っぽい」などと教職員間で話をすることは，多くの園で日常的なことなのでしょう。「あの子は自閉っぽい（多動っぽい）から，担任である自分の話を聞くことができないのは，仕方がない」と考えて対応してしまうことは，子どもや保護者などに失

礼であり，その子どもの成長や発達にとって，何のプラスもありません。そもそもその子どもが「自閉スペクトラム症」なのか，「注意欠如・多動性障害（注意欠如・多動症）」なのか，診断するのは医師の業務です。

　保育者の業務は，障害の可能性について早い段階で気づき，保護者などにその可能性を伝え，医師の診断を受けるように促したり，その診断結果に基づいて療育を受けるように促し，あるいは園内での個別保育計画を作成して，保育に活かしたりすることです。決して，勝手に「診断」して，自分に言い訳をすることではありません。

　これまで述べてきたように，保育には多くの専門機関が関わっています。また，保育を様々な専門機関が支えています。もちろん，園の教職員として，障害の可能性がある子どもの療育や保護者支援，虐待を受けている可能性がある子どもと家庭の全面的な支援を，すべて園で対応することは，現実的に不可能です。園としてできること，すべきこと，そしてできないこと，するべきではないことを明確にして，関連する機関と連携を取ることが大切なのです。

2　障害の可能性のある子ども

1. 障害の可能性の気づき

　園には，何らかの特徴的な行動をする子どもが少なくありません。毎日毎日，同じ遊びに没頭する子ども，友達と同じ遊具を共有することができない子ども，場にふさわしくない大きな声を出す子ども，椅子や床にずっと座っていることができず，寝転がったり，立ち上がって歩いたり走ったりしてしまう子どもなど，様々です。

　入園前の段階で，保護者などが子どもの特徴的な行動について話をしてくれることがあります。療育に通っていたり，療育手帳を持っているという情報を，保護者から教えてもらうこともあります。入園の面接で，保育者が子どもの行動を観察して，障害に気づくこともあります。いずれにしても，入園前から子どもの障害，あるいは障害の可能性に気づいた場合は，入園後のよりよい保育を提供することを目的に，できるだけ早い段階で児童発達支援センターなどの療育機関につなげることが必要です。

　このように，入園前に保護者などが子どもの障害に気づき，専門機関と連携することができていれば，園としての関わり方，担任としての保育に情報を活かすことができます。そして子どもが園内で安心して，安

全に過ごすことができます。

　ところが，それぞれの園で実感として困難さを感じるのは，入園してから障害の可能性をもつ子どもと，その保護者などへの対応です。入園面接などでは十分に気づくことができなかったものの，入園後の集団生活において，何らかの困難が生じる子どもがいます。

2. 障害の可能性と保護者への伝達

　何を根拠に障害の可能性を考えるのか，それはたとえば，集団生活へのなじみ方です。特に入園後は，多くの子どもが保護者などとの毎朝の別れを嫌がり，泣き，叫ぶものです。ところが，保護者が見えなくなったり，保育室に入ったりすると，大抵の子どもは泣き止みます。保護者の迎えが来るまで泣き続ける子どもでも，数日すれば，保育室でほかの子どもと一緒の行動に適応できます。

　むしろ気になるのは，落ち着きがない，暴言や暴力がある，あるいは他者と関わろうとしないなどの，集団生活に適応できない，適応しようとしない子どもたちです。保育者からすると，不規則発言をする，年齢に不相応な話題や会話をする，場にふさわしくない大声を出す，ほかの子どもに手を出す，保育室を抜け出す，自らトイレに行こうとしないばかりか，促されても行かずに失敗する，禁止されていることを意図的にやってしまう，極端な偏食があるなどという子どもを想起できるでしょう。

　これらの子どもを「そういう子どもだ」と決めつけて，あるいは「自閉っぽい」や「多動っぽい」などと「レッテル」を貼って，「だから，保育者の指示を聞くことができなくても仕方がない」と判断してしまうことは，保育者としての業務を放棄していることになります。

　そうはいっても，保育者が心理学や特別支援教育に関する専門的な知識に基づいて，そのような子どもに療育をすべきであるとは思いません。保育者の業務は，該当する子どもを日々観察し，特徴的な行動について把握することから始まります。保護者などと子どもの行動について少しずつ情報を共有するのです。そして，必要に応じて，児童発達支援センターなどの専門機関につなげ，連携するのです。保護者に障害の可能性について伝える際，いきなり子どもの特徴的な行動を保護者に示してはいけません。まずは，園でできていることを多く伝えてください。その後に，園で気になる行動を1つか2つほど伝えて，「おうちではいかがですか」と尋ねてみるのです。

　大抵の保護者などは，自分の子どもの特徴的な行動に気づいているの

ですが，保育者という他者から指摘されることを嫌がります。子育ての場合だけでなく，誰でも，自覚しているけれども受け入れたくないことを他者からストレートに指摘されると，拒否をしたくなるものです。保護者などには，日々の家庭での子育ての労をねぎらった上で，園での様子を伝え，「ご家庭でお困りのことはありませんか」と尋ねるのです。

　そうすると，「実は……」と，保護者などが自ら，子どもや子育てについて困っていることを話し始めてくれます。こうして，少しずつ保護者と担任が子どもの成長や発達についての情報を共有することができます。同時に，担任は子どものことについて園内で共有する（少なくとも主任や園長に報告する）ことを，保護者などから了解をしてもらう必要があります。

　子どもと保護者などを，児童発達支援センターなどの専門機関につなげるのは，担任という一個人の判断ではなく，園という組織の判断であり，障害の可能性のある子どもを含めて，すべての子どもへの対応は園内で統一するという共通理解が必要なのです。

3.　関係する専門機関との連携

　障害の可能性のある子どもを専門機関や小児科が診ることによって，診断名がつくこともあるでしょう。診断名がつかない場合でも，行動の特徴に合わせた保育についてのアドバイスをもらうことができます。また，児童相談所などで発達検査や知能検査などを行うことで，それぞれの指数を把握することができます。さらに，身体障害のある子どもについては，すでに児童発達支援センターなどで療育を受けていたり，医師による治療を受けていることもあります。

　このように，児童発達支援センターや児童相談所，医療機関と園がつながることで，それぞれの専門機関の「見立て」と，園の「見立て」を共有し，両者がそれぞれの得意分野を活かして，子どもの療育に取り組むことができます。それぞれの専門機関が設定する，いわゆる個別支援計画を共有することができます。関係機関が連携して，同じ方向を向いて子どもの療育に取り組むことは，保護者にとっても大きな安心につながります。

　さらに，園としても，連携相手の専門機関の特徴を知る機会となり，お互いにできることと，できないことを把握することもできます。将来，別の子どもが何らかの療育を必要とすることになった場合でも，どの専門機関と連携するのか，考えることができるようになります。

3　児童虐待の対応

1．児童虐待に気づくこと

　朝，登園してきた子どもの顔にアザがあることに気づいた場合，保育者として，どのように行動するでしょうか。

　子どもに「そのけが，どうしたの？」と尋ねても，「こけた」とか「気づいたらこうなっていた」と答えるでしょう。そのそばに保護者などがいる場合は，その人のことを気にしながら，それなりの回答をするはずです。保育者の目で見て，転倒してできたけがではなく，また，何らかの外的な力による故意に生じたけがであることが明らかであるにもかかわらず，子どもはそれなりに適当に答えます。保護者に尋ねても，「私がたたきました」という答えをすることは期待できないでしょう。「この子がそう言っているのだから，そうなんでしょう」と，素っ気なく答えることが多いのです。

　別の子どもの全身にアザがあった場合，そのアザの色がほとんど同じであれば，一時に暴力を受けたことの証となります。アザの色がいろいろであれば，その子どもは長期間にわたって，継続的に暴力を受けたことがわかります。みなさん自身も経験があると思いますが，アザの色は時とともに変化していきます。このようなアザについて，可能であれば写真に撮るか，簡単なスケッチとして記録に残してください。このような事実の記録や，保護者との対応記録は，児童相談所などとしてもとても重要な情報となります。

　園生活において，聞き慣れない暴言や性的な言葉を使う子どもがいたら，やはり何らかの虐待の被害を受けていることを考えてください。家庭で日常的にそのような言葉を聞いている可能性が十分にあります。それらの言葉が，子どもに向けられているのか，家庭のほかのきょうだいなどに向けられているのか，それとも DV（ドメスティック・バイオレンス）が発生しているのか，いろいろな可能性が考えられます（現在，子どもが DV を目撃することも，心理的虐待とみなされます）。

　特に，子どもが性的な言葉を発したり，保育者や友達の股間や胸など，性的な部分を触ってきた場合，そのような行為を止めることは必要ですが，それ以上に，行為を責めることは慎むべきです。性的虐待の加害者は，被害者に対して「あなたのことが好きだから，こういうことをするんだよ」というメッセージを出すことがほとんどです。被害に遭ってい

る子どもは，他者に対する愛情表現として，あるいは自分が受けている
行為の意味を確かめる手段として，そのような発言や行為をしている可
能性があります。保育者が子どもの性的な発言や行為を必要以上に否定
すると，被害を受けている子どもが混乱してしまうことは，想像に難く
ありません。

2. 児童虐待の通報

　当然のことですが，虐待を受けたと思われる子どもを発見した場合は，
児童相談所などに通報しなければなりません。「児童虐待の防止等に関
する法律」の第6条には，「児童虐待を受けたと思われる児童を発見し
た者は，速やかに，これを市町村，都道府県の設置する福祉事務所若し
くは児童相談所又は児童委員を介して市町村，都道府県の設置する福祉
事務所若しくは児童相談所に通告しなければならない」とあります。こ
こで重要なのは，「虐待を受けたと思われる児童」という表現です。園
で「虐待かな？」などと，虐待の可能性に気づいた時点で，通報の義務
が生じるのです。その際，虐待の証拠を把握する必要はありません。虐
待の証拠は，児童相談所などの専門機関が確認します。

　もっとも，この法律の第5条には，「学校，児童福祉施設，病院その
他児童の福祉に業務上関係のある団体及び学校の教職員，児童福祉施設
の職員，医師，歯科医師，保健師，助産師，看護師，弁護士その他児童
の福祉に職務上関係のある者は，児童虐待を発見しやすい立場にあるこ
とを自覚し，児童虐待の早期発見に努めなければならない」という一文
があります。欧米などにおいては，一般的に，保育士や幼稚園教諭が児
童虐待に気づきながらも，専門機関に通報しなかった場合，その資格や
免許が剥奪されます。日本ではそのような制度や決まりはありませんが，
日頃から子どもに接し，子どもの命を守る立場の専門家として，保育士
や幼稚園教諭は，児童虐待に対し毅然とした対応をしなければなりませ
ん。

　このように，法律で児童虐待の通報が義務づけられているにもかかわ
らず，保育所や幼稚園は，子どもが児童虐待の被害を受けている可能性
を通報することに戸惑ってしまいます。そして，「もうしばらく様子を
みましょう」という，曖昧な結論になってしまいます。

　せっかく虐待に気づいたにもかかわらず，通報できないのはなぜで
しょうか。虐待の証拠がない，虐待ではなかった場合はどうなるのか，
すでに誰かが通報しているだろうなど，いろいろな言い訳があります。
園として保護者との関係を重視するあまり，このような言い訳をして通

報しないことがありうると思います。

3. 園と児童相談所などとの役割分担

　法律で明記されている通り，園の教職員が，子どもの虐待被害に気づいた場合，児童相談所や市区町村，福祉事務所に通報する義務があります。その通報を受けて，児童相談所などでは，該当する子どもの被害について，家庭訪問をするなどして虐待の有無を確認します。

　ここで，児童相談所と，それ以外の市区町村や福祉事務所との役割分担を確認しておきましょう。子どもの命に危険が及んでいたり，性的な虐待を受けていたりするなど，重篤なケースは，児童相談所が対応します。必要に応じて，家庭への立ち入り調査や，子どもの一時保護，そして施設入所や里親委託などを行うことの権限は，児童相談所にあります。一方，数回の相談で対応できるような児童虐待に関する相談は，市区町村などで対応します。もちろん，児童相談所は市区町村に対して職員研修など後方支援をします。

　園として児童虐待の通報をした場合，気になるのは，やはり保護者との関係です。園としての通報は，実際には園長が行うことになるでしょう。園長が通報をためらうので，担任が個人として通報することもあると思います。いずれにしても，匿名での通報でも大丈夫です。もちろん，園名や園長（担任）の名前を児童相談所などに伝えたとしても，児童相談所は通報者の個人情報を必ず守ります（「児童虐待の防止等に関する法律」第7条）。虐待者などに通報者の情報を伝えることはありません。

　そこで，子どもの虐待被害を児童相談所などに通報した場合，児童相談所などが子どもの家庭を訪問し，虐待の有無を確かめることはすでに述べた通りです。その際，園や園の教職員は，保護者などに対し，児童相談所などと連携していることは一切表に出さず，普段通りに園で子どもを受け入れ，保護者に対応することになります。もし，保護者から児童相談所などの話が出れば，相づちを打ちながら，あくまで園としては知らないふりをするのです。ここは，園の教職員の演技の見せ所です。

　もしかしたら，虐待の被害を受けていた子どもを児童相談所が保護することもあるでしょう。その際，保護者などは児童相談所と敵対関係になってしまいます。だからこそ，保育所や幼稚園は，保護者の話を聞く立場，いわば，保護者の味方につくことになります。保護者などの話を聞き，子育てのしんどさ，夫婦間の関係，親戚間の関係，職場の話など，虐待の背景になっている様々なことについて情報を集め，それらをまとめて児童相談所と共有するのです。

　必要に応じて，保育所や幼稚園，児童相談所や市区町村の担当者だけでなく，きょうだい児が通っている各学校の教職員，警察，民生委員（児童委員）などが集まって，虐待が発生している（発生していた）家庭の支援について検討する会議を開催することがあります。各関係機関が，それぞれできることとできないことを明確にしつつ，役割分担をするのです。

　児童虐待の通報は，それから始まる長い長い子どもや家庭の支援の入り口です。保育所や幼稚園が，子どもや子育て，保育の関係機関と連携しつつ，長い時間をかけて家庭に関わり，虐待が発生しないよう環境を整えます。もしかしたら，虐待を受けた子どもを施設に入所させたり，里親に委託したりするかもしれません。すべては子どもの命を守るためであり，健全な心身の成長，発達を保障するための取り組みです。

　園として，些細な心配事でも，積極的に児童相談所などに通告しましょう。一旦，児童虐待がエスカレートして，子どもの生命が脅かされたとき，その子どもを守れなかった園は報道などにより，社会的な制裁を受けることになるでしょう。また，園長や担任の保育者などは，生涯にわたって後悔することになるでしょう。

　児童相談所としても，些細な情報をもっておくことは，とても大切です。万が一，そのケースに動きがあったとき，児童相談所が少しでも情報をもっているだけで，どのケースのことなのかを理解し，対応しやすくなります。むしろ，重篤な事態に発展するまで児童相談所などに伝えていなかったら，「なぜ，そのような状況になるまで伝えてこなかったのだ」と，園が責められ，不信感をもたれてしまいます。

　保育所や幼稚園が，児童相談所などの関係機関と情報を共有し，連携をすることこそが，子どもの命を守る第一歩なのです。

演習問題

(1)　保育所や幼稚園の関係機関を説明してみましょう。

(2)　保護者への，子どもの障害の可能性の伝え方を説明してみましょう。

(3)　児童虐待について，保育者としてできること，できないことを説明してみましょう。

第IV部

保育の多様な展開

生後1年未満の時期，つまり乳児期とは，人間の人生の中でも心身両面において著しい発育・発達を示し，変化が際立つ時期といえます。また赤ちゃんの家族にとっては，親になる，兄になる，姉になるといった役割上の大きな変化を迎える時期となります。本章では人間固有の発達をとげる乳児期の特徴を示し，保育の場での養護の側面を中心とする生活上の配慮，および保育内容の特徴を概説します。

▷1 保育所においては慣習的に3歳未満の子どもたちを「乳児」と呼ぶことがあり，保育士養成課程における「乳児保育」もこの意味で用いられている。これに対して本章における「乳児」とは，「児童福祉法」にならって満1歳に満たない者を指す言葉として扱う。
▷2 厚生労働省（2008）から抜粋要約した。

1 乳児期の発達的な特徴と保育

1. 乳児の発達

　乳児，つまり生後1年未満の赤ちゃんは，人間の人生の中でも心身の両面において著しい変化（発育・発達）を示す時期です。誕生後，赤ちゃんはまず母体内から外界への急激な環境の変化に適応していくことが必要になりますが，視覚や聴覚の発達に加えて，首がすわるようになってくると（生後4か月頃），その活動の幅を飛躍的に広げます。手足を活発に動かして，目の前のものをつかもうとしたり，手を口にもっていったりして，自分の身の回りの世界を知ろうとし始めます。さらにその後，寝返りや腹ばいによって上半身の自由がきくようになると，興味のひかれるものの方に関心を向けて手を伸ばして遊ぶことができるようになり，生後6か月までには全身を動かした活動が活発になっていきます。その後，座る，はう，立つ，伝い歩きなど，基本的な姿勢保持と移動のための動きができるようになるにつれて，自分で自由に行きたいところに行けるという喜びに促されつつ，さらに周囲の物や人への興味関心を満たすように，探索活動を活発に行うようになります。

　周囲の人とは，丁寧なケアをしてもらい，抱っこしてもらったりあやしたりしてもらったりして，自らの欲求や行動を満たしてもらう日々が始まります。その中で周囲の人や他者への基本的な信頼感が生まれ，やがて特定の人との情緒的な絆が形成されていく中で，この人に伝えたい，受け止めてもらいたい，という欲求が芽生え，生理的な微笑や泣きは，やがて感情や欲求を伝える泣き方，喃語や身振りへと変化していきます。

特に生後9か月を目安として，指差しなどによって他者と興味・関心を分かち合う行動が成立すると，他者と経験を共有する基盤が生まれて気持ちの上でも言葉の上でも，社会や文化を学ぶ上でも大事な経験が積み重ねられていくようになります。

2. 人間の赤ちゃんの固有性

　さて，このような急激な発達を示す，生後1年未満の人間の赤ちゃんですが，ほかの動物の赤ちゃんと比べて特有な性質をもっているといわれています。その特徴を生物学の観点から明らかにしようとしたのが生物学者のポルトマン（Portmann, A.）でした。ポルトマンはその著作（Portmann, 1944=1961）において，歴史・文化をもつ人間の存在形態に，ほかの生物とはまったく違う性格を見出し，生物学をその性格を理解することが可能な学問として再構築しました。そしてそのために，鳥類・哺乳類などの形態・行動と比較して，人間の発生・発達の特徴を見出そうとしました（図15-1）。

　人間の赤ちゃんは生まれたとき，自立して動く能力がありません。その点では，親の世話を必須として，巣に居座るリスやイタチ，イエネズミなどに似通っています。ただ，これらの動物のほとんどが親の胎内に長く滞在せず，一度にたくさん生まれてくるのに対して，人間の赤ちゃんは長く胎内にいて，少なく生まれてきます。この特徴は，霊長類の赤ちゃんと共通しています。しかし，霊長類の赤ちゃんは，ヤギやアザラシと同様，長く胎内にいる分，生まれた時点から巣立つ力をもっています。人間の赤ちゃんだけが，長く胎内にいて，しかもきわめて幼く未成

▷3　生後9か月前後には，「共同注意」と呼ばれる，他者と指差しし合ったりして興味の対象を分かち合おうとする行動（Moore & Dunham, 1995=1999）や，「社会的参照」と呼ばれる，子どもがその場に居合わせる他者の顔を覗き込んだり，その声音に耳を澄ましたりして，状況の意味をはっきりさせようとする行動がみられるようになる（Feinman & Lewis, 1983）。いずれも，他者の表情や視線，指差しの意味を汲み取って，経験を分かち合う行動の萌芽と理解されている（遠藤・小沢, 2001）。

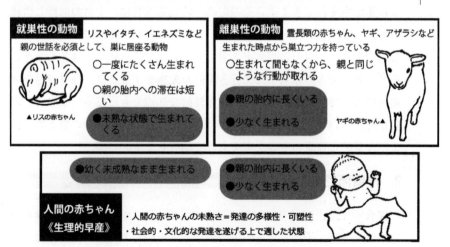

図15-1　ほかの動物との比較から理解する「生理的早産」
注：グレー部分は，他の動物の赤ちゃんと共通する人間の赤ちゃんの特徴を表す。
出典：筆者作成。

熟に，かつ少なく生まれるという特徴を示します。このような人間の赤ちゃん固有の特徴をポルトマンは「生理的早産」と呼びました。

3. 社会・文化の中で育つ赤ちゃん

さて，この「生理的早産」という奇妙な特徴は，人間の赤ちゃんが身体的，社会的，精神的に著しい弱さを抱えた存在であることを表す一方，生まれてからの伸びしろの大きさも表しています。そしてその伸びしろは，他者から弱さをケアしてもらい生命を守ってもらう日常の中で，引き出されていきます。言い換えればそれは，赤ちゃんが大人に手厚く守られることによって，その育つ社会や文化が示す方向性に向けて育っていく上での可塑性なのです。そのきわめて高い可塑性は，人間の文化的，歴史的な社会に導かれ，その一員として組み入れられていくのにとても適した特徴といえます。

生後1年未満の乳児期は，この生理的早産の性質が際立つ時期です。乳児保育を担う保育者は，一人ひとりの赤ちゃんに対して，生命を保持し，情緒の安定を図りながら，私たちが生きる文化・社会での具体的な育ちへと導く役割を担うことになります。

2　乳児期の保育の場での生活

1. 乳児のために生活をデザインする

前節でも触れた通り，人間の赤ちゃんは身体的，精神的に著しくひ弱な状態で生まれてきます。そのため，乳児期は特に，生命の保持と情緒の安定に最大限の注意を払います。ただ，保育所は多数の乳幼児が集まる場であり，一対一の対応が必ずしも十分にできる状況にはありません。そのため，個々の赤ちゃんに行き届いた配慮をするには，毎日の場を時間的にも空間的にも上手に設計し保健的な知識をもって場に臨むことが必須です。以下では，保育所における乳児保育の生活の場の整え方，および保健的な留意の主要な点をあげて紹介します。

2. 保育所での生活の流れ

保育所では，デイリープログラム（生活日課）と呼ばれる枠組みを設定することで，子どもたちの生活のリズムをつくり出して生命の保持，情緒の安定の基盤とし，また生活の充実を目指していきます。生活の流れを形成する際，乳児期の子どもたちの特徴をふまえて，少なくとも次

▷4　子どもたちが年長者に導かれ協同的に活動して文化的共同体に参加することで学んで育ち，当該文化・社会の一員になっていく「導かれた参加」のプロセスは，Rogoff（2003＝2006）に詳しい。

の３点によく留意することが必要となります。^{▷5}

　第１に，一人ひとりの子どもの個別性，つまり生育歴や心身の発達，活動の実態などです。乳児期は，保育所での保育を受けるようになる最初の時期になりますが，家庭から保育所への移行（入園）の時期もまばらです。睡眠一つをとっても，乳児期の子どもたちには昼夜の区別がなく，一日を通じて寝起きを繰り返す状態で，そのペースもまばらです。月齢でその状態に大きな違いが出てくるのもこの時期の特徴です。乳児期においては，このような状態の子どもたちに対して，個別に応答的に関わり，「欲求や思いを実現してもらえる」という経験が積み重ねられるようにしていきます。そのため，毎日の生活の流れには，余裕をもたせ，月齢である程度分けて流れを考えることも必要になってきます。

　第２に，保育所での生活の充実です。乳児期の子どもは，身の回りのものや他者との関わりを，時間をかけて幾度も繰り返すことで，ゆっくりと世界を味わっていきます。子どもたちの経験が充実したものになるには，この反復の経験が可能になるような時間と空間を整えることが大事になります。また，繰り返しの経験の中に，季節や行事に伴う生活上の変化をつけていくことで，単調になりやすい園生活に，安定と変化のリズムを織り出していくことを期待します。

　第３に，家庭での生活等を視野に入れた，一日の生活の連続性です。保育所で過ごす子どもたちは，家庭と保育所の２つの環境を行き来しながら生活しており，概して子どもたちは保育所での生活の時間が長時間になる状況にあります。帰宅が遅くなるぶん，就寝時刻も遅くなりがちです（『保育所保育指針解説』第１章 総則　２ 養護に関する基本的事項　(2) 養護に関わるねらい及び内容　ア 生命の保持(イ)③④，イ 情緒の安定(イ)④）。定められた保育時間に加えて，延長保育を利用する子どもたちも多く，その場合には，この傾向は余計に極端なものになることは予想に難くありません。その背景には，帰宅後の食事の時間が遅くなることに加えて，子どもと養育者にとって帰宅後，就寝までのわずかな時間が，ともに過ごす限られた時間であることがあげられるでしょう。また，子どもにとって家庭は，テレビやパソコン，スマートフォンなどのメディア機器を含めて，保育所とは異なる意味で，刺激に満ちた場になることがもう一つの大きな理由になります。

　そのために，保育所では退園後の生活——おもに家庭生活——との連続も考慮に入れて，園での生活の流れを考える必要があります（『保育所保育指針解説』第１章 総則　３ 保育の計画及び評価　(2) 指導計画の作成エ～カ）。たとえば，就寝時間を考慮して午睡を調節する必要が出てくる

かもしれません。夜間保育，延長保育では夕食，補食を提供する場合は，帰宅後の食事との兼ね合いも考えつつ，時間や量を勘案します。また担当保育者の交替や保育室の移動などによって，環境が変わる場合は，保育者の交替，および移動のタイミングを勘案し，落ち着いて過ごす環境を整えます。

3.　健康と安全

　乳児期の健康状態は，生命の保持に直結します（『保育所保育指針解説』第1章 総則　2 養護に関する基本的事項(2)ア(イ)①）。しかも，その乳児の状態は非常に変化しやすいものです。生後数か月以降には母親から受け継いだ免疫が減り始め感染症にかかりやすくなります。また，坐位から立位，そして二足歩行へと姿勢の保持や移動が目覚ましく発達していき，転倒や高所からの落下のリスクが高まる時期でもあります。そのため，保育所では乳児に関して，清潔で安全な園環境の維持向上に加え，衣服の着脱や排泄などの基本的な身の回りのケアを通じて，健康で快適な状態を整えるように努めます（『保育所保育指針解説』第1章 総則　2 養護に関する基本的事項(2)ア(イ)③④）。このような配慮に加えて，保育所では保健の知識をもって常に子どもの状態を細かく観察し，疾病や異常を早く発見し，適切な対応をすることが日常的に求められます。一日の生活の流れに埋め込まれて行われる必要のある保育者による保健的な配慮，対応（『保育所保育指針解説』第3章 健康及び安全　1 子どもの健康支援　(3) 疾病等への対応）を，特に乳児期の特徴的なものに絞って以下に示します。

①日常的かつ定期的な観察──感染症，窒息，SIDS 予防

　日常的かつ定期的な観察が重要であるのは，一つには，感染症予防のためです。免疫の特徴に加えて，集団保育の場の性格上，感染症を予防，早期発見，広げない対応が特に要求されます。朝の受入れ時は，家庭での状況を保護者から聞き，連絡帳を確認して，視診を行います。「保育所における感染症対策ガイドライン」（厚生労働省，2018a）は，保育所で確認されることの多い感染症について，リスクと対応方法が示されており，子どもたちの体調を確認する上での指標となりますが（図15-2），個々の子どもの毎日の平均的な状態を観察していることが，異変に気づく最も大きな手がかりとなります。保育を行っている間も，機嫌や食欲など様々な面から観察をして健康状態を知る手がかりとします。特に，体に何らかの異変・変化がみられたときは，保護者に連絡をするとともに，状況に応じて嘱託医やかかりつけ医等の指示を受け，適切に対応します。また園内での感染症が広がることのないように，園全体での予防

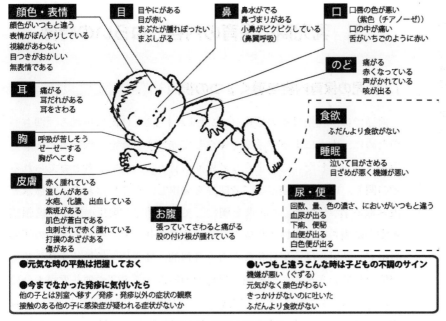

顔色・表情
顔色がいつもと違う
表情がぼんやりしている
視線があわない
目つきがおかしい
無表情である

目
目やにがある
目が赤い
まぶたが腫れぼったい
まぶしがる

鼻
鼻水がでる
鼻づまりがある
小鼻がピクピクしている
（鼻翼呼吸）

口
口唇の色が悪い
（紫色（チアノーゼ））
口の中が痛い
舌がいちごのように赤い

のど
痛がる
赤くなっている
声がかれている
咳が出る

耳
痛がる
耳だれがある
耳をさわる

食欲
ふだんより食欲がない

睡眠
泣いて目がさめる
目ざめが悪く機嫌が悪い

胸
呼吸が苦しそう
ゼーゼーする
胸がへこむ

皮膚
赤く腫れている
湿しんがある
水疱、化膿、出血している
紫斑がある
肌色が蒼白である
虫刺されで赤く腫れている
打撲のあざがある
傷がある

お腹
張っていてさわると痛がる
股の付け根が腫れている

尿・便
回数、量、色の濃さ、においがいつもと違う
血尿が出る
下痢、便秘
血便が出る
白色便が出る

● 元気な時の平熱は把握しておく

● 今までなかった発疹に気付いたら
他の子とは別室へ移す／発疹・発疹以外の症状の観察
接触のある他の子に感染症が疑われる症状がないか

● いつもと違うこんな時は子どもの不調のサイン
機嫌が悪い（ぐずる）
元気がなく顔色がわるい
きっかけがないのに吐いた
ふだんより食欲がない

図15-2　視診の手がかり

出典：厚生労働省（2018a）71頁を筆者再構成。

的対応が必須です。

　もう一つは，睡眠中の病気や事故予防のためです。赤ちゃんが，睡眠中に死亡するケースが知られています。原因として，窒息等によるものもありますが，**乳幼児突然死症候群**と呼ばれる病気が知られています。いずれに関しても，赤ちゃんの睡眠時には保育者は場を離れたり，目を離したりせず，仰向けで寝ているか，呼吸をきちんとしているかを，定期的に観察・確認することが予防になります。

②アレルギーへの対応

　次に，アレルギー——特に食物アレルギー——への対応があげられます。乳幼児期の食物アレルギーの発症の約9割は乳児期で，生後5，6か月頃から離乳食への移行が始まりますが，まだ食べたことのない食物が多いこの時期の赤ちゃんは，初めて触れた食物で発疹等が出ることもあります。食物アレルギーの診断がされていない子どもであっても，保育所において初めて食物アレルギーを発症することもあります。また，床やテーブルの上などに落ちているものを触ったり，誤飲したりすることでアレルギー症状が発生することもあります。そのため，保育所ではアレルギー症状の発症を防ぐ方法をめぐって組織的に取り組むことが大事です。また特にアレルギー症状が発生する緊急時の対応の仕方については，個々が常時，知識と技術を高めておき，専門職同士の連携を進めることも重要になります。

▷6　**乳幼児突然死症候群**（Sudden Infant Death Syndrome：SIDS）
何の予兆や既往歴もないまま乳幼児が死に至る原因不明の病気である。SIDSの予防方法は確立していないが，特に保育所で取り除くことのできるSIDSの発症リスクとしてはうつぶせ寝があげられている（厚生労働省）。

▷7　ここでは，乳児期早期に育児用粉乳および母乳に対する新生児消化器症状は取り上げていない。乳幼児期のアレルギーの種類・症状，および対応方法の詳細は，厚生労働省（2019）の「保育所におけるアレルギー対応ガイドライン」を参照のこと。

▷8　アレルギー疾患のうち特に緊急性の高いものに，「アナフィラキシーショック」がある。血圧が低下し意識レベルの低下や脱力をきたすような場合を指し，ただちに対応しないと生命

に関わる重篤な状態である（厚生労働省，2019）。補助治療剤として「エピペン」があるが，直接乳幼児に注射する必要があるため，迷いや躊躇が生じやすい。そのため，保育所の職員全員が正確な知識のもとで取り扱える状態を常時整えておく必要がある（『保育所保育指針解説』第3章 健康及び安全　1(3)）。

3　乳児期の保育の内容とねらいの特徴

1. 乳児の保育内容を導く3つの視点

　前節では，乳児はその早産（早く生まれすぎる）ゆえに現れる「弱さ」のために，大人によって手厚く守られて過ごす日々を，保育者の配慮の面から示しました。このような乳児期の日々は，育てる者と育てられる者の間の，応答的で濃密な二者関係を要求し，そこにはおのずと欲求を汲み取る者（保育者）と欲求を満たしてもらう者（乳児）の間の信頼感と安心に満ちた関係性が形成されるようになります。そして，その関係の中で，乳児には，未分化ながらも身体的・社会的・精神的発達の基盤が培われていきます。乳児期の保育の内容は，この3つの基盤が十分に培われるように，それぞれに対応して「健やかに伸び伸びと育つ」「身近な人と気持ちが通じ合う」「身近なものと関わり感性が育つ」という3つの視点から形づくられています（『保育所保育指針解説』第2章 保育の内容　1 乳児保育に関わるねらい及び内容　(1) 基本的事項）。以下に，具体的な保育の内容を導くそれぞれの視点の大まかな見通しを示します。
①「健やかに伸び伸びと育つ」
　身体的発達に関して示されるこの視点は，健康な心身を育て，自ら健康で安全な生活をつくり出す力の基盤を養うことに向けられています。身体的な発達は1歳以降では，特に「健康」領域を中軸として展開していきますが，その基盤は乳児期において，生理的・心理的欲求を保育者らのきめ細やかな関わりによって満たしてもらうことで整えられます。その状態には，「①身体感覚が育ち，快適な環境に心地よさを感じる」「②伸び伸びと体を動かし，はう，歩くなどの運動をしようとする」「③食事，睡眠等の生活のリズムの感覚が芽生える」という3点がバランスよく育っていくことが必須になります（保育所保育指針　第2章　1(2)ア(ア)）。
②「身近な人と気持ちを通じ合う」
　社会的発達に関して示されるこの視点は，何かを伝えようとする意欲や身近な大人との信頼関係を育て，人と関わる力の基盤を培うことに向けられています。1歳以降においては，特に「言葉」および「人間関係」の領域を中心として促されることになる社会的発達ですが，乳児期には，その基盤形成に向けて保育者らとの間に受容的・応答的な関係を醸成し，「①安心できる関係の下で，身近な人と共に過ごす喜びを感じる」ことが大事になります。また，まだ明確な言葉をもたない乳児では

ありますが，「②体の動きや表情，発声等により，保育士等と気持ちを通わせようとする」経験を積み重ねることで，他者に伝わって応答が返ってくることの楽しさを知ることが目指されます。そしてこれらの経験の積み重ねから，子どもたちが「③身近な人と親しみ，関わりを深め，愛情や信頼感が芽生える」状態に至ることが期待されます（保育所保育指針　第2章　1(2)イ(ア)）。つまり，大人から愛情豊かに関わってもらった乳児が，今度は他者に対して，自らもまた関心や親しみを示して能動的に関わるようになることが期待されています。

③身近なものと関わり感性が育つ

　精神的発達に関するこの視点は，身近な環境に興味や好奇心をもって関わり，感じたことや考えたことを表現する力の基盤を培うことに向けられています。1歳以降では，特に「環境」と「表現」の領域を中心として，生活の場における豊かな展開が期待される精神的発達の時期ですが，乳児期においては，身近なものとの関わりが身体的発達の状態からまだ制約されやすい状況にあります。そのため，保育者は子どもたちの身体的な発達を待ちつつも，豊かな環境が子どもの周りに展開するように配慮します。その際具体的には，子どもたちが「①身の回りのものに親しみ，様々なものに興味や関心をもつ」こと，そして「②見る，触れる，探索するなど，身近な環境に自分から関わろうとする」ことが可能になり，「③身体の諸感覚による認識が豊かになり，表情や手足，体の動き等で表現する」ようになることを期待した環境の設定を心がけます（保育所保育指針　第2章　1(2)ウ(ア)）。また，保育者自らもまた子どもの環境を構成する一要素（人的環境）であり，環境との関わりへと誘う存在であることに自覚的であることが重要です。

2．視点をもって乳児と関わることの意味

　以上の3つの視点は，乳児期の保育における保育者に求められる態度を明らかにしてくれます。

　乳児の保育では，生命の保持と情緒の安定を心がける養護の比重が大きくなります。しかし保育において目指したいのは，大人からの一方向的な「身の回りの世話」ではありません。一方で乳児の保育においては「言葉を話し始める」「立つ」「歩く」「おむつがはずれる」ことなど，目に見えやすい変化があるために，それを発達的な指標として，いち早く到達させることに一喜一憂する例も少なくありません。しかし，保育所保育で目指したいのは，決してこのような発達を急き立てるような関わりでもありません。

　乳児の保育では，ともすれば一方的な身の回りの世話に終始したり発達を急き立てるような関係性に陥ったりしがちな傾向に逆らって，子ども自身の生きようとする力が十全に発揮されるように，日々の子どもの姿をよく見て，その可能性を尊重する努力が求められます。3つの視点とは，子どもたちとともに過ごす日々を，子どもが生きる力を発揮する場として見直す視点であり，また，子どもの力の発揮を汲み取って，文化的な営みに参加していくように誘う「導き手」としてふるまうための道標であるといえます。

3. 家庭支援——赤ちゃんが生まれ育つ場の理解と支援

　最後に，乳児保育の実施に関わる配慮事項の一つとして示されている，保護者・家庭との連携・支援について補足的に触れておきます（『保育所保育指針解説』第2章1(3)エ，第4章）。

　一人の赤ちゃんの誕生は，その子が生まれてくる家庭の場にも大きな変化を迫ることになります。そのことは，前述の通り，乳児が周囲からの絶え間ない関わりを要求することからもうかがえます。生活スタイル自体の変容はもちろんのこと，養育者になる者に様々な感情をかき立てることになります。子育ての営み自体への希望や悩みが湧き上がってくるだけではなく，養育者本人が，育てられる者としての立場から育てる者の立場に移行すること自体に，戸惑いや不安を抱えることもあります（鯨岡，1998）。乳児とその保護者に関わる保育者は，赤ちゃんの人生のはじまりと保護者の人生の移行期という，二者の人生の大事な時期に立ち会っていることに自覚的になって，保護者との信頼関係を築き，保護者の支援に努めます。

> **演習問題**
>
> (1)　乳児クラスの「一日の生活の流れ」が具体的にどのように設定されているか，保育所等のデイリープログラムを入手して確認してみましょう。1歳児以上のクラスのものと比較するとわかりやすくなります。
>
> (2)　保育では食育が推進されています。アレルギー症状がいつ発生するかわかりにくい乳児に対して，新しい食品を保育所で導入する際の留意点を厚生労働省の「保育所におけるアレルギー対応ガイドライン」で調べてみましょう。
>
> (3)　「いないいないばあ」のようなあやし遊びがもつ意味を，3つの視点から考えてみましょう。

引用・参考文献

遠藤利彦・小沢哲史（2001）「乳幼児期における社会的参照の発達的意味およびその発達プロセスに関する理論的検討」『心理学研究』第71巻，498〜514頁。

鯨岡峻（1998）『両義性の発達心理学——養育・保育・障害児教育と原初的コミュニケーション』ミネルヴァ書房。

厚生労働省（2008）『保育所保育指針解説書』フレーベル館。

厚生労働省（2018a）「保育所における感染症対策ガイドライン（2018年改訂版）」（https://www.mhlw.go.jp/file/06-Seisakujouhou-11900000-Koyoukintoujidoukateikyoku/0000201596.pdf 2019年7月20日アクセス）。

厚生労働省（2018b）『保育所保育指針解説』フレーベル館。

厚生労働省（2019）「保育所におけるアレルギー対応ガイドライン（2019年改訂版）」（https://www.mhlw.go.jp/content/000511242.pdf 2019年8月20日アクセス）。

厚生労働省「乳幼児突然死症候群（SIDS）について」（https://www.mhlw.go.jp/bunya/kodomo/sids.html 2019年7月20日アクセス）。

Feinman, S. & Lewis, M. (1983) "Social refferencing at ten manths : A second-order effect on infant's responses to strangers," *Child Development*, 54, pp. 878-887.

Moore, C. & Dunham, P. J. (Eds.) (1995) *Joint attention : Its origins and role in development*, Lawrence Erlbaum Associates（大神英裕訳（1999）『ジョイント・アテンション——心の起源とその発達を探る』ナカニシヤ出版）.

Portmann, A. (1944) *Biologische Fragmente zu einer Lehre vom Menschen*, Verlag Bennno Schwabe（高木正孝訳（1961）『人間はどこまで動物か——新しい人間像のために』岩波書店）.

Rogoff, B. (2003) *The cultural nature of human development*, Oxford University Press（當眞千賀子訳（2006）『文化的営みとしての発達——個人，世代，コミュニティ』新曜社）.

第16章
長時間保育

　長い時間を保育の場で過ごす子どもが増えているといわれます。本章では，長時間保育について，幼稚園や認定こども園で行われる預かり保育と認定こども園や保育所等で行われる延長保育について説明をします。その上で，長時間保育について考えることを通して保育者の役割の性質や専門性について理解を深めましょう。

1　就学前の子どもの育ちを支える施設と保育時間

1. 保育認定と保育時間

　2015年より「子ども・子育て支援新制度」が始まりました。子ども・子育て支援新制度では，就学前の子どもの育ちを支える施設として，幼稚園，認定こども園，保育所，地域型保育を利用することができます。それぞれの施設の利用には，子どもは「保育を必要とする事由」と「保育の必要量」に基づき，1号認定，2号認定，3号認定を受ける必要があります（表16-1）。認定に基づき，利用できる施設や保育時間が決まります。就学前の子どもの育ちを支える施設を利用するのは子どもですが，その認定は保護者の生活の状況によって行われているのです。

　「保育の必要量」については，「保育を必要とする事由」や保護者の状

表 16-1　就学前の子どもの育ちを支える施設と保育時間

	幼稚園	幼保連携型認定こども園	認可保育所など
保育認定	1号認定	1号，2号，3号認定	2号，3号認定
保育時間	教育標準時間4時間 ＋ 預かり保育	【1号】 教育標準時間4時間 ＋預かり保育 【2号・3号】 保育標準時間11時間 または 保育短時間8時間 ＋延長保育	保育標準時間11時間 または 保育短時間8時間 ＋延長保育

出典：筆者作成。

況に応じて「保育標準時間」認定（＝最長11時間の利用），「保育短時間」
認定（＝最長8時間の利用）の2つの区分に分けられます。「保育標準時
間」はフルタイム就労を想定した利用時間，「保育短時間」はパートタ
イム就労を想定した利用時間となっています。

2. 保育時間の実際

　では，それぞれの施設をどの程度の時間，子どもたちは利用している
のでしょうか。20年間の保育所・幼稚園を利用する子どもが家を出る時
刻と家に帰る時刻を調べたデータから，子どもが家庭の外で過ごす時間
が増えていることがわかります（図16－1）。幼稚園や保育所の園庭の開
放や地域子育て支援センターのような乳幼児期の親子を対象とした遊び
の空間が増えたこともあるでしょうが，子どもが家庭の外で過ごす時間
は増えていて，保護者の「子どもを預かってほしい」というニーズも高
まってきているのです。

　1号認定の教育標準時間は4時間，2号認定・3号認定の保育標準時
間は最長11時間，保育短時間が最長8時間ですが，それを超えて園で過
ごす子どもも少なくありません（図16－2）。幼稚園が終わったあと友達
と園庭で遊んだりといったこともあるかもしれませんが，預かり保育に
対するニーズ，また，保育所等の延長保育に対するニーズが高く，子ど
もたちが長い時間を保育の場で過ごしていることがわかります。保育時

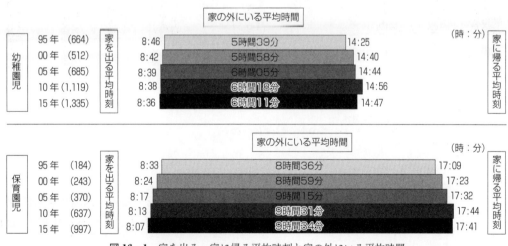

図16-1　家を出る・家に帰る平均時刻と家の外にいる平均時間

注：1）　子どもを園に通わせている人のみ回答。
　　2）　家を出る時刻，家に帰る時刻のいずれかの質問に対して無答不明のあった人は，分析から除外している。
　　3）　95年調査は，「18時以降」を18時30分，00年調査以降は，「18時頃」を18時，「18時半頃」を18時30分，「19時以降」を19時
　　　　と置き換えて算出した。
　　4）　家の外にいる平均時間は，家を出る平均時刻と家に帰る平均時刻から算出した。
　　5）　（　）内はサンプル数。
出典：ベネッセ教育総合研究所（2016）17頁。

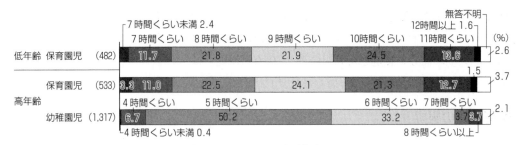

図16-2　園で過ごす平均時間

注：1)　子どもを園に通わせている人のみ回答。
2)　調査時点における子どもの就園状況は以下のとおりである。
保育園児（低年齢）：1歳6か月～3歳11か月の保育園に通っている幼児。
幼稚園児（高年齢）：4歳～6歳11か月の幼稚園に通っている幼児。
保育園児（高年齢）：4歳～6歳11か月の保育園に通っている幼児。
3)　保育園児について「4時間未満」から「6時間くらい」を「7時間くらい未満」に，幼稚園児について「8時間くらい」から「12時間以上」を「8時間くらい以上」としている。
4)　（　）内はサンプル数。
出典：ベネッセ教育総合研究所（2016）17頁。

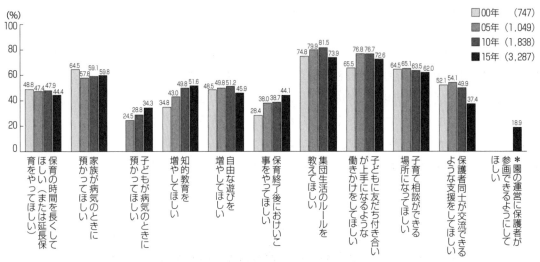

図16-3　幼稚園・保育園への要望

注：1)　「とてもそう思う＋まあそう思う」の％。
2)　母親の回答のみ分析。
3)　子どもを園に通わせている人のみ回答。
4)　「子どもが病気のときに預かってほしい」は2000年ではたずねていない。
5)　＊は15年調査のみの項目。
6)　（　）内はサンプル数。
出典：ベネッセ教育総合研究所（2016）57頁。

間に関しては，保育に対するニーズ調査をみると，保護者は保育内容と同じくらい保育時間に対してもニーズがあることがわかります（図16-3）。

では，1号認定における預かり保育や2号認定・3号認定における延長保育について詳しくみていきましょう。

② 　預かり保育

1. 預かり保育とは何か

　幼稚園では，毎学年の教育課程に係る教育週数は39週を下ってはならず，また，一日の教育課程に係る時間を 4 時間としています（幼稚園教育要領　第 1 章　総則　第 3　教育課程の役割と編成等　3　教育課程の編成上の基本的事項(2)(3)）。この教育課程に係る時間以外の教育活動を指して預かり保育といいます。具体的には，一日の流れから考えると，朝，保育が始まる前の時間帯や午後の保育が終わった後の時間帯に行われる保育がありますし，夏休みや冬休み等の長期休暇の際に行われる保育もあります。また，土曜日に預かり保育を行っている幼稚園もあります。

2. 預かり保育の実際

　では，どの程度の幼稚園で預かり保育が行われているのでしょうか。文部科学省初等中等教育局幼児教育課が行った「平成28年度　幼児教育実態調査」をもとにみてみましょう。

　預かり保育を実施している幼稚園は全体の85.2％で，私立幼稚園では96.5％，公立幼稚園では66.0％となっています。長期休業以外の実施状況としては，週 5 日実施している幼稚園が全体では83.2％で，土曜日に実施をしている幼稚園が全体では11.7％あります。預かり保育の終了時刻については，午後 5 〜 6 時が43.0％，午後 6 〜 7 時が24.3％となっており，実施している幼稚園の約 6 割で保育所とほぼ変わらない時間数「子どもを預かっている」ことがわかります。多くの幼稚園で週 5 日の預かり保育が実施されていますから，平日については，保育所と変わらないくらいの時間数を幼稚園で過ごす子どもたちがいることがわかります。

　夏休み等の長期休暇中の預かり保育の実施については，公立幼稚園で43.5％，私立幼稚園で75.0％，全体では66.0％の園が休業日のすべてで実施しています。また， 1 日当たり 8 時間を超えて実施している園も多くみられます（図16-4）。

　預かり保育を行う条件を設けている幼稚園は，全体では36.5％であり，私立幼稚園では27.2％，公立幼稚園では59.6％が実施条件を設定しています。条件の内容としては，保護者の就労が最も多く，次いで，きょうだいの学校行事や家族の介護などの家族に係る理由があげられ，リフ

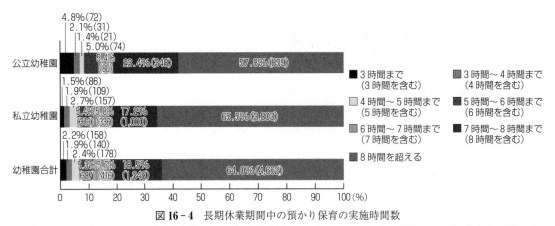

図 16‐4　長期休業期間中の預かり保育の実施時間数

注：母数は長期休業期間中に預かり保育を実施している園の総数（公立：1,485園，私立：5,804園，合計：7,289園）。（　）内は園数。
出典：文部科学省初等中等教育局幼児教育課「平成28年度 幼児教育実態調査」。

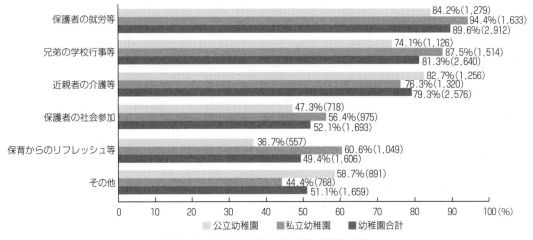

図 16‐5　預かり保育を行う条件（複数回答）

注：母数は長期休業期間中に預かり保育を実施している園の総数（公立：1,519園，私立：1,730園，合計：3,249園）。（　）内は園数。
出典：文部科学省初等中等教育局幼児教育課「平成28年度 幼児教育実態調査」。

レッシュのための利用もあります（図16‐5）。

3. 預かり保育に求められる配慮事項

　このように幼稚園に通う子どもの多くが預かり保育を利用しており，その時間は，教育課程の時間と同様に教育的な経験をする時間となります。『幼稚園教育要領解説』の序章では，幼児の生活の空間を家庭，幼稚園，地域の3つの空間で捉えています。家庭は，「愛情としつけを通して幼児の成長の最も基礎となる心の基盤を形成する場」，幼稚園は「これらを基盤にしながら家庭では体験できない社会・文化・自然などに触れ，教師に支えられながら，幼児期なりの世界の豊かさに出会う場」，地域は「様々な人々との交流の機会を通して豊かな経験が得られる場」であるとされています。預かり保育の時間は，家庭や地域で生活

する時間にも相当します。家庭や地域との生活の連続性をふまえた保育
内容や過ごし方を考え，教育課程の時間と同様に計画を立てて保育を行
う必要があります。

　幼稚園教育要領では「第3章　教育課程に係る教育時間の終了後等に
行う教育活動などの留意事項」の中に，預かり保育に関する計画や実践
において配慮すべき事項がまとめられています。教育課程に係る教育活
動に配慮しながら，幼児期にふさわしい生活とすること，そのために，
教育課程を担当する教師と預かり保育を担当する教師，また，幼稚園と
家庭が連携してともに子どもを育てていくことが示され，責任のある体
制のもと計画性をもって預かり保育を実施することや地域の実情に基づ
いた運営を考えることが示されています。

　教育課程に係る時間では行わない活動であっても，家庭や地域との連
続性をふまえた活動として預かり保育の教育活動として取り入れること
もあります。ある幼稚園では，春休みの預かり保育の時間に，3人の幼
児と教師で公園に行ってお弁当を食べたり，お散歩を楽しんだりしてい
るそうです。途中，幼児が「この近くにAちゃんのおうちがあるよ。A
ちゃん，どうしているかな？」と気づき，4人でAちゃんのお家に遊び
に行ったこともあるとのことです。

　また，預かり保育での教育活動が教育課程に係る時間の教育活動につ
ながり，刺激することもあります。先ほどとは別の幼稚園の例ですが，
預かり保育の時間は地域の様々な年齢の人の訪問を受け入れ，子どもた
ちが地域の人たちと関わる機会を積極的に設けているそうです。ある日
の預かり保育の時間に，地域の農家の人が子どもたちと一緒に園庭の枝
豆の手入れをしてくれました。農家の人はとても丁寧に枝豆の世話の仕
方を子どもたちに教えてくれたそうです。翌日，預かり保育を利用して
いる子どもたちは利用していない子どもたちに枝豆の世話の仕方を伝え，
みんなで枝豆の手入れをしました。また，その後，トマトの世話の仕方
を調べてくる子どもも現れ，子どもたちが園庭の植物に関心をもって調
べたり世話をしたりするようになったそうです。この活動のためには，
預かり保育の担当者とクラス担任の間での連携も必要です。預かり保育
担当者は農家の人と打ち合わせたことや預かり保育中の子どもたちの様
子についてクラス担任に報告しました。それをふまえてクラス担任は保
育室の中の図鑑を増やしたり，外遊びの機会を増やしたりと工夫をしま
した。預かり保育が計画性をもって責任ある体制のもとで実施されるこ
とで園全体の生活が充実することになるのです。

3　延長保育

1.　延長保育とは何か

　延長保育とは,「保育標準時間」や「保育短時間」での通常の利用日や利用時間帯以外の日や時間において, 保育所や認定こども園等で引き続き保育を実施することを指します。地域型保育でも, 園または事業者によっては延長保育を行っていることがあります。延長保育については, 厚生労働省が定める「延長保育事業実施要綱」において, 事業内容や実施方法等について定められています。ここでは,「保育標準時間」を超える保育時間に関する規定もあり, その実施条件を満たす状況では, 11時間を超えて保育を利用することも可能となっています。

2.　夜間保育

　保育所や認定こども園の中には, 延長保育として夜間の保育を行っている所があります。また, 少数ですが標準的な保育時間の中に夜間を含めて開所している園もあります。

　夜間保育とは, おおむね11時から22時を基本保育時間として開所している保育のことを指します。厚生労働省の「各自治体の多様な保育（延長保育, 病児保育, 一時預かり, 夜間保育）及び障害児保育の実施状況について」によると, 夜間保育を行っている保育所は, 2018年４月１日の時点で81園（公立２園, 民営79園）あります。夜間保育を行っている保育所は必ずしも夜間のみ保育を行っているわけではありません。認可保育所として夜間保育を中心に行っている保育所の団体である全国夜間保育園連盟は, 夜間保育園について次のように述べています。

> 　認可夜間保育園は, 夜間のみ開いている保育園ではありません。夜間まで開いている保育園です。24時間開園の夜間保育園もありますが, それは, 一日中子どもを預かりっ放しにするという意味ではなく, 保護者の働く時間に合わせて, 24時間いつでも預かれる保育体制にある, という意味です。その結果として, 一日中開園していることになるのです。
>
> （全国夜間保育園連盟, 2014, 16頁）

　医師や看護師などの医療に関わる仕事, 飲食に関わる仕事や公共交通

機関に関わる仕事，福祉の仕事など，また，保護者が私たちの安全で安心した生活を支えるため，24時間，休みなく対応することが必要な職業に従事している場合，その子どもたちが安全に安心して過ごすことができるよう，このような保育の形も必要になるのです。

3. 延長保育に求められる配慮事項

　まず，子どもへの配慮を考えてみましょう。「保育標準時間」の最長11時間はフルタイム就労を想定していますが，これは，大人が働く時間と通勤等に必要な時間を含めて11時間としています。つまり，子どもは大人が職場で過ごす時間よりも長い時間を保育所等で過ごすことになります。それだけ長い時間を保育所等で過ごすと，だんだん心も体も疲れてきます。子どもは疲れてくると，イライラするので，些細なことがきっかけで感情を爆発させたり，子ども同士のいざこざが増えたりします。また，集中しにくくなりますので，けがをしやすくなり，事故のリスクが高まります。保育所で長時間を過ごす子どもの疲れやさみしさに寄り添って，一人ひとりに対して丁寧に関わる必要があります。また，「延長保育事業実施要綱」では，適宜，間食や夕給食をとることも示されています。おやつや食事をとることで，気持ちが落ち着いたり，体が休まったりする効果があります。また，夜間保育においては，一日の生活リズムをつくるための配慮も重要です。そのため，夕給食を充実させ，食後に子どもに深い安心感を与えられるような保育を心がけたり，睡眠を確保できるように安心して休める環境をつくる配慮も大切です。

　つぎに，保護者への配慮について考えてみましょう。保育所保育指針では，保育所の特性を生かした子育て支援として，保護者との関わりの姿勢を次のように述べています。

第4章 子育て支援　1 保育所における子育て支援に関する基本事項　(1) 保育所の特性を生かした子育て支援

ア　保護者に対する子育て支援を行う際には，各地域や家庭の実態等を踏まえるとともに，保護者の気持ちを受け止め，相互の信頼関係を基本に，保護者の自己決定を尊重すること。

イ　保育及び子育てに関する知識や技術など，保育士等の専門性や，子どもが常に存在する環境など，保育所の特性を生かし，保護者が子どもの成長に気付き子育ての喜びを感じられるように努めること。

　3歳児神話に象徴されるように，乳幼児期の子どもを家庭で育てるこ

とをよしとする考え方に悩んでいる保護者もいれば，育児書やインターネット等で子育てについてよく調べて「親子で過ごす時間の大切さ」を学び，長時間保育を利用することを心苦しく思っている保護者もいます。一方，働くことが好きで，一見，あまり「子どものことを思っていない」ように見える保護者もいないわけではありません。やむを得ない事由から長時間の保育を利用する保護者は，複雑な思いや悩みを一人ひとりがもっています。最も身近な子育ての相談相手として，子どもについての知識や技術を伝えながら，保護者の自己決定を尊重し保護者の思いに寄り添う必要があります。

4　長時間保育は「大変?」

1. 長時間保育について考えてほしいこと

　ここまで，この章を読んで「あんなに長い時間，大変な気がする」と思った人もいると思います。子どもが大変と思う人もいれば，長時間子どもを預けなければならない保護者が大変と思った人もいるでしょう。また，長時間にわたる保育を行う保育者が大変と思った人もいると思います。

　長時間保育について考えることは，子どもの最善の利益を一番大切にしながら保護者とともに子育てを行う保育者の役割について理解することにつながります。また，子どもと保護者にとって最も身近な支援者であり，子どもの専門家である保育者の専門性について考える機会にもなるでしょう。

2. 子どもの最善の利益のために保護者を理解する

　長時間保育について学び，考えることは，保育者が子どもの最善の利益を考えて子どもとその家族にどのような関わりができるのかを深く考えることにつながります。

　幼児教育・保育の施設は子どもの成長発達を支え，子どもの最善の利益を守るためにあります。では「保育を利用する」ことを考えたとき，その主語は，子どもでしょうか，保護者でしょうか。保育の場は，子どもの発達のためにあるので，子どものことを中心に考える機関でありながら，そこをどのように利用するかは保護者が決め，保護者の状況により保育の必要性が判定されるため，利用主体の捉え方が複雑になります。子どもの最善の利益を守るためには保護者のことを考えなければなりま

せん。子どもにとって最も身近な存在は保護者であり，保護者が健やかで，子どもの発達を支えてくれることが子どもにとって大切だからです。

長時間保育の背景には保護者のやむを得ない事情があります。全国夜間保育園連盟による『夜間保育と子どもたち』(2014) には，夜間保育を利用した保護者の思いがまとめられています。そこには，保育者らが保護者の思いに寄り添い，援助してくれたことによって子育てを支えられたことや，身近な保育者からの助言により子どもとの関わり方を工夫することができたと語られています。

長時間保育という状況に対して，保育者が保護者の事情や思いを理解し，保護者への支援にどのようにつなげられるのか。そして，保護者が健やかに子どもと関わることができるようになれば，それが子どもの最善の利益につながっていくのです。

3. 子どもと保護者にとって最も身近な専門家としての保育者

保育者は子どもや保護者にとって最も身近な子どもに関する専門家です。全国保育士会が定める「全国保育士会倫理綱領」には，保育士の役割や務めが明記され，保育士が子どもと保護者の利益の代弁者でもあることが示されています。子どもの発達に係る専門家として，保護者に寄り添い，子どもの発達を保障するために，どのような関わりが適切であるのか，それをどのように保護者に伝えればよいのかを考える力をつける必要があります。

子どもの気持ちによっては，保護者にもっと一緒に過ごす時間を取ってほしいことを伝える必要もあるでしょう。そのときに，保護者の事情や思いをふまえて，どのように伝えるのか，伝える方法や言葉を保護者に寄り添って考える必要があります。これは，その子どもと保護者に寄り添う保育者だからこそ考えることができるのです。

「子ども・子育て支援新制度」により，3歳から5歳までのすべての子どもたちの幼児教育・保育の無償化が国の制度として実施され，2019年10月より幼稚園の預かり保育についても市町村の要件に認定された場合，無償化されました。これは，すべての子どもたちに対して，生涯にわたる発達の基盤となる幼児期の教育の機会を保障し，また，子育てをする世代に対しては経済的な負担を軽減することを目的としています。

これを機会に，サービスとしての保育を求める保護者が増える可能性もあります。これまで以上に，保育者は乳幼児期の子どもの発達を保障するためにどのような機会が必要なのか，保護者に対して，より一層，それぞれにあった情報提供をする必要もあります。

4. 保育者の働き方について

　保育時間が長い時間にわたることは，保育者の働き方の課題にもつながります。1つ目の課題は，専門性を向上させるための研修時間や，保育の準備のための時間の確保の問題です。文部科学省の幼児教育実態調査によると，預かり保育のための人員を確保しているのは，幼稚園全体では65.2%，公立幼稚園では69.3%，私立幼稚園では63.5%でした。逆にいうと，4割弱の幼稚園では預かり保育担当者が確保されておらず，担任がそのまま保育を行っている可能性もあります。教育時間終了後は，担任にとっては教材研究をしたり記録を作成したり，会議を行ったり，研修を行うこともあります。そのような教育の質を高めるための時間が十分確保できなくなっている可能性もあります。

　2つ目の課題は，保育者の労働環境としての問題です。たとえば，夜間保育を行う場合，保育者自身も夜間の労働者となります。保育が長時間化すると，保育者の働く時間帯も複雑化しますし，子どもたちを安全に見守るためには一つひとつの施設に十分な人数の保育者を確保する必要も生まれます。保育者自身が働き方を工夫するとともに，施設運営者には保育者等が働きやすい環境を整備し，保育の質を保障する役割が求められます。

演習問題

(1)　身近な地域の幼稚園や認定こども園・保育所等がどのような保育時間を設定しているのか，調べてみましょう。
(2)　保護者の保育へのニーズが高まっている背景にはどのような社会的な状況があるのか，まとめてみましょう。
(3)　あなた自身はどんな働き方をしてどんな生活をしたいですか。あなた自身のキャリアやワークライフバランスについて考えてみましょう。

引用・参考文献

柏女霊峰監修，全国保育士会編（2018）『全国保育士倫理綱領ガイドブック（改訂2版）』全国社会福祉協議会。
厚生労働省（2018）『保育所保育指針解説』フレーベル館。
厚生労働省ホームページ「各自治体の多様な保育（延長保育，病児保育，一時預かり，夜間保育）及び障害児保育の実施状況について」（https://www.mhlw.go.jp/stf/seisakunitsuite/bunya/0000155415.html　2019年9月13日アクセス）。
厚生労働省雇用均等・児童家庭局長通知（2017）「『延長保育事業の実施について』の一部改正について」。

全国夜間保育園連盟監修，櫻井慶一編集（2014）『夜間保育と子どもたち——
　　30年のあゆみ』北大路書房。
ベネッセ教育総合研究所（2016）「第 5 回幼児の生活アンケートレポート」
　　（https://berd.benesse.jp/jisedai/research/detail1.php?id=4949　2019年11月
　　21日アクセス）。
文部科学省（2018）『幼稚園教育要領解説』フレーベル館。
文部科学省初等中等教育局幼児教育課「平成28年度 幼児教育実態調査」
　　（http://www.mext.go.jp/a_menu/shotou/youchien/08081203.htm　2019年
　　9 月13日アクセス）。

　本章では障害のある子どもの保育・教育に関する基礎について学びます。まず，子どもの
ニーズに応じ，集団生活の中で子ども同士が育ち合う「インクルージョン」の考えを理解します。また発達障害について，自閉症スペクトラム症と注意欠如・多動性障害（以下，AD/HD）を例にあげて説明します。さらに，障害児の保護者の心理の理解や保育者の保護者への支援の心構えに関し，事例をもとに考えます。最後に外部機関との連携の基礎について学びます。

１　障害児の理解と保育現場で行う支援

1. 障害児保育とは

　みなさんは「障害児」という言葉を聞いてどんなことを思いつくでしょうか。筆者が学生からよく聞く言葉は「自閉症とか発達障害の子どものことですね。ドラマで見ました」とか，「小学校に特別支援学級があって昼休みに遊びにいっていました」などです。障害のある子どもと接した経験があると，障害のある子どもについて具体的にイメージしやすいことがわかります。表17-1に障害児保育の対象となる主な障害種についてまとめています。

　保育所保育指針には障害のある子どもの保育に関して以下のように記載されています（下線および注は引用者，以下同じ）。

第1章 総則　3 保育の計画及び評価　(2) 指導計画の作成
キ　障害のある子どもの保育については，一人一人の子どもの発達
　過程や障害の状態を把握し(イ)，適切な環境の下(ロ)で，障害のある
　子どもが他の子どもとの生活を通して共に成長できる(ハ)よう，指
　導計画の中に位置付けること。

　幼稚園教育要領や幼保連携型認定こども園教育・保育要領にも同様の記述があります。

　障害のある子どもへの保育をスタートするには，まず子どもの発達の状況や障害の疑われる状態を的確に保育者が理解する＝「気づく」ことが重要になります。上記の記述では「発達過程や障害の状態を把握

表17-1　障害児保育の対象

| (1)　視覚障害　　(2)　聴覚障害　　(3)　肢体不自由 |
| (4)　病弱・身体虚弱　　(5)　知的障害 |
| (6)　発達障害（自閉症スペクトラム症，AD/HD，SLD（限局性学習症）など） |

出典：尾崎（2010）をもとに筆者作成。

し(イ)」に該当します。子どもの状態に「気づいた」後に保育者がすべき
ことが，「工夫する」ことです。保育所保育指針記述の「適切な環境の
下(ロ)」にあたる部分です。具体的な工夫については後に詳しく説明しま
す。そして障害のある・なしにかかわらず，子どもたち全員を「包み込
む」保育を実践していくことが「共に成長できる(ハ)」ことへとつながり
ます。

　子どもの状態に「気づく」ためには，まず乳幼児の定型発達を理解す
ることが必要です。子どもは何歳になったらどんなことができるように
なるのか（運動面，言葉の面，社会性（人と関わる能力）など）を，まずは
理解しましょう。

　一方で子どもの成長には個人差がありますし，家庭での関わり方や生
活環境によっても子どもの成長は異なってきます。こうした子どもを取
り巻く環境を理解した上で，定型発達より明らかにゆっくりだったり
（発達の「遅れ」），極端にできることとできないことの差が大きかったり
する（発達の「偏り」のある）子どもの一部が，医学的には「障害」の
ある子どもと呼ばれます。

　特に発達障害の疑いのある子どもたちは，出生時もしくは乳児期に診
断されることはまれであり，成長するにつれて困難さが増していくこと
がほとんどです。保育の中で，保育者の方が保護者よりも先に子どもの
困難さに気づくことも少なくありません。しかし保育者は子どもの障害
名を決めつけるような見方（たとえば「この子はAD/HDの傾向がある」な
ど）にならないよう注意しなければなりません。保育者は子どもの
「困っている」状態に気づき，必要な手立てを工夫しながら子どもが集
団生活の中で「できた！」「わかった！」という達成感や充実感を持て
るよう援助していく，サポーターとしての役割をすることを意識してい
くことが重要です。

　現在の障害児保育の理念の主流となっている考えが，「インクルー
ジョン」（inclusion）という考えです。インクルージョンとは，「障害の
あるなしにかかわらず，すべての人を社会の中で包み込んでいく」（三
木，2017）ことであり，それぞれの子どもの個性や多様性を認めること
でもあります。このインクルージョンの理念に沿った障害児保育の形態
は「インクルーシブ保育」と呼ばれており，今後インクルーシブ保育の

発展と内容のさらなる充実がわが国でも求められています。

　インクルーシブ保育を実践する際に重要な考えとして，「合理的配慮」があります。「合理的配慮」とは，「障害者の権利に関する条約」第2条において定義された用語であり，障害の存在によってその人が不当な差別を受けることがないよう，必要に応じて現状を変更していくことを指します。たとえば「視覚障害の幼児が保育所に入園した場合，各教室のドアを開閉する際に違うメロディが鳴るようなブザーを設置する」ことや，「運動会のピストルの音を聞いてパニックになる発達障害の子どもがいるため，ピストルを笛に変える」などの対応を想像すればわかりやすいのではないでしょうか。2016年に施行された「障害を理由とする差別の解消の推進に関する法律」では，障害者への合理的配慮の提供が法的義務と明記されており，保育の現場においても事業者は合理的配慮の提供を負担が重すぎない範囲で実施する義務があります。これから保育者になることを目指すみなさんは，インクルーシブ保育の理念に基づく，「すべての子ども一人一人が配慮され，違いを認められる」保育とはどういうものかを考えながら日々の学習や実習に臨んでいってほしいと思います。

2.　「気になる子」と発達障害の子どもについて

　みなさんは「気になる子」と聞いて，どんな子どもたちを思い浮かべますか。「ちょっと変わった子」でしょうか，それとも「乱暴な子」でしょうか。表17-2はこれまで筆者が保育現場で出会ってきた「気になる子」の典型的な行動です。(a)～(g)までの子どもたちの姿を少し思い浮かべてみてください。

　みなさんは(a)～(g)の行動を示す子どもがすべて「気になる」と感じましたか。たとえば，「幼児はがまんができなかったり話が聞けなかったりするのは当たり前ではないの？」と思った人は，「気になる」と判断する数は少なくなりますね。その一方で，「3歳未満児では『気にならない』けれど，3歳以上児で同じ行動をしていたら『気になる』な」と思った人は「気になる」と判断する数は多くなると思います。では「気になる子」と思っている人は誰でしょうか。答えは「保育者」です。保育者が，同じ年齢のほかの幼児と比べて，特定の行動を示す子どもを「気になる」子と理解しているのです。

　保育現場における「気になる子」とは，野村（2018）によれば，「保育所・幼稚園の生活で行動・対人関係の課題があることで<u>集団への参加に困難を持つ子ども</u>」であり，「その困難に関して<u>特別なニーズを持つ</u>

表 17 - 2　「気になる子」の示す行動の具体例

(a)　すぐにかっとなり，他の子どもをたたいたりものを投げたりする。
(b)　保育者の指示を聞くことができず，保育者に暴言（「バカ」など）を吐くなど反抗的である。
(c)　集まりや集団保育の場面でじっとすることができず，保育室から飛び出そうとする。
(d)　一度遊びだすと熱中し，次の活動に移らないといけない場面で泣いたり叫んだりする。
(e)　いつもぼーっとしているように見え，何をするにも時間がかかる。
(f)　保育者の指示が理解できず，お絵描きや折り紙ができない。
(g)　いやなことがあって落ちこむと，気持ちを切り替えるのに時間がかかり，ずっと泣いている。

出典：筆者作成。

子ども」とされています（下線は引用者）。つまり，集団保育の場面で一人ひとりの困っている状態に応じた配慮や支援を必要とする子どものことを指します。必ずしも次に述べる発達障害の診断に当てはまる子どもたちだけではないことに注意しておく必要があります。

3. 発達障害（自閉症スペクトラム症，AD/HD）とは

「気になる子」の示す行動特徴の中には，発達障害の行動特徴と似ているものがあります。発達障害とは，2005年に施行された「発達障害者支援法」第2条に定義された要点をまとめると，①脳機能不全の障害である（脳の特定の部位の働きがうまくいかない），②症状が低年齢から出現する（乳幼児期から症状が現れる），という2つの特徴をもっています。本項では，自閉症スペクトラム症とAD/HDについて取り上げます。

「自閉症スペクトラム症（ASD）」とは，社会的なコミュニケーション能力の障害を中心的な症状にもつ発達障害であり，アメリカ精神医学会の診断マニュアルであるDSM-5の中では，①「社会的コミュニケーションおよび相互関係における持続的障害」，②「限定され反復する様式の行動，興味，活動」が中心となる症状とされています。本田（2017）は，自閉症スペクトラム症の特徴を①「臨機応変な対人関係が苦手」であり，②「自分の関心，やり方，ペースの維持を最優先させたいという本能的志向が強い（こだわりが強い）」，③幼児期から①，②の特性がみられる，④①～③のため，社会生活上支障をきたす，とわかりやすくまとめています。保育現場では，「ミニカーを並べて眺めるなど一人遊びしかしない」「予定の変化に対応できずパニック（泣いたり叫んだりする）になる」「ほかの子とのやり取りができない」「音やにおいに敏感で，給食が食べられなかったり，赤ちゃんの泣き声がすると耳をふさいだりする」などの特徴がみられることがあります。「空気を読む」ことがとても苦手で，相手に合わせて自分の行動を変えることも苦手です。

自閉症スペクトラム症の子どもは言葉を聞いて理解する能力よりも目で見てものごとを理解する能力が優れていることが多いため，保育の場面では，「一日のスケジュールを写真や絵カードを用いてホワイトボードに貼っておく」「指示を出すときは言葉だけでなく絵や写真，具体物を用いる」「予定の変更はあらかじめ伝えておく」といった配慮が必要となります。また，パニックになった際に本人が気持ちを落ち着けることができるスペースをつくることも必要です。無理に集団に入れようとするよりも，本人のペースで集団参加が可能になるように保育者は見守りながらはたらきかけていきましょう。

AD/HD（注意欠如・多動性障害）はうっかりミスが多い「不注意」，じっとできず体の動きやおしゃべりが止まらない「多動性」，がまんしたり待つことが難しく，すぐに手が出たり割りこんだりしてしまう「衝動性」という３種類の症状をもっています。DSM-5ではこれら３つの症状がどの程度みられるかによって，「混合発現型」[1]「不注意優勢型」「多動性-衝動性優勢型」に分けられます。「不注意優勢型」のAD/HD児は保育・教育現場では「何をするにも時間がかかる」「保育者の指示を聞いていないことが多い」「忘れ物が多い」「身の回りのものの整理ができない」などの様子がみられます。「多動性-衝動性優勢型」のAD/HD児は，「常に動き回りじっとしていない」「思いついたことをすぐに口に出す」「ルールや順番が守れず，すぐに手が出る」「高いところや危険な場所にすぐに登る」などの様子がみられます。AD/HDの子どもたちは集団活動において困難さを感じることが多く，その特性を保育者側が理解して関わらないと，保育現場では怒られることが増えます。しかし彼らはわざと動いているわけではありませんし，保育者の話を聞きたくないわけではないのです。いつのまにか体が動いて立ち歩いてしまい，そのことを保育者から注意されたときにハッと気づき，「またやってしまった！　ボクってダメだ……」と思うのです。

AD/HD児は成長するにつれ二次障害（周囲の誤ったはたらきかけにより問題が複雑になること）をもちやすいことが知られています。AD/HD児に対して保育者は，子どもが「どんな伝え方をすれば話を聞けるか」「動きたくなったときどうすればよいのか」「かっとなったときどうすればトラブルを防げるのか」など，子どもが集団生活の中でより過ごしやすくなるための方法を考えていくことが必要です。いろいろな所に注意がいってしまうのを防ぐため，「保育室内の掲示物は最小限にする」「保育中は保育室の外が見えないようカーテンをひく」「座らせる位置は保育者の面前にする」など，刺激を減らす工夫をしてみましょう。そして，

▷1　混合発現型
「不注意」「多動性」「衝動性」すべての症状が診断基準を満たすタイプ。AD/HDの中で最も出現率が高い。

周りからみて当たり前と思えるような行動であっても，積極的に「褒める」ことが有効です。怒られることが多い AD/HD の子どもたちにとって，一番必要なことはその子の努力を認め，味方になる大人が周りにいることです。「イスに座って先生のお話を聞けた」「お友達を叩くのをがまんした」「順番を守れた」などの行動がみられたら，子どもの努力を見逃さず褒めましょう。保育者と子どもの間で目標を一つ決めて，できたらシールを一枚ずつ貼っていく「がんばりカード」をつくるといった工夫も有効になります。こうした配慮を保育者が日々の保育で実践し，幼児期にたくさん褒められた経験をもつことができれば，少しずつ集団生活の中でできることが増えていくことでしょう。

　さて，みなさんは自閉症スペクトラム症や AD/HD の子どもたちに関する説明を読んでどう思いましたか。「どうやって関わったらよいか不安になった」人もいるかもしれませんし，「保育の場面でできる工夫がわかって，関わってみたいと思った」人もいることでしょう。ここで大事なことは，保育者の関わり方や保育内容の工夫次第で「気になる子」や発達障害の子どもにできることが増えていくということです。学生時代にボランティアや実習で実際に発達障害の子どもたちと関わってみましょう。きっと彼らの苦手なことだけでなく，彼らのもつたくさんの「いいところ」に気づくことができるはずです。

2　障害児の保護者への支援

1. 障害児の保護者の心理

　保育所保育指針には，障害児の保護者への支援に関して以下のように記載されています。

> 第4章 子育て支援　2 保育所を利用している保護者に対する子育て支援　(2) 保護者の状況に配慮した個別の支援
> イ　子どもに障害や発達上の課題が見られる場合には，市町村や関係機関と連携及び協力を図りつつ，保護者に対する個別の支援を行うよう努めること。

　保護者は子どもの障害にいつ，どのように気づき，どのような気持ちになるのでしょうか。尾崎（2010）はドローターらの先天的奇形をもつ子どもの親の心理的変容のモデルを紹介しています。このモデルでは，子どもの現実にショックを受け，現実を認めない段階からやり場のない

▷2　ドローターら（1975）の5段階説によると，親は子どもの障害という事実を知ると，①ショック（何も考えられない），②否認（子の障害を認めない），③悲しみと怒り（やり場のない負の感情にとらわれる），④適応（子どもにとって必要なことを考える），⑤再起（子どもの障害を受け入れる）という心理的な変化をたどるとされる。しかし障害種や親自身の性格，周囲のサポート源の有無によっては，親の子どもの障害受容には長い期間を要する場合や障害受容に至らない場合もある（Drotar, D., Baskiewics, A., Irvin, N., Kennel, J. H. & Klaus, M. H. (1975)"The adaption of parents to birth of an infant with a cogenital malformation: A hypothetical model," *Pediatrics,* 56, pp. 710-717）。

怒りや悲しみを感じる段階へと移行し，次第に子どもの障害を受け入れていくという段階的な変化が述べられています。一方，親は子どもの障害を知ってからのち，生涯にわたってその悲しみはいえることはないという意見もあります。一度子どもの障害を受け入れた心境になったとしても，たとえば進学などの生活の変わり目で保護者は繰り返し不安や悲しみ，動揺を経験することがあります。こうした保護者の心の変化を保育者が見過ごしてしまうと，子どものためを思って保育者が相談機関への来談を勧めても，保護者から受け入れられない事態になってしまうことがあります。次の事例1−1をみてみましょう（事例1−1〜1−3は筆者の経験をもとに創作した仮想のケースです）。

【事例1−1　「病院に行ってみたら？」】

　Y先生は保育所2歳児クラスの担任。クラスのAくんのことが気になっています。3歳になってもお話がほとんどできず，保育所でも一人遊びをずっとしています。おもちゃを取られると「ウェーン！」と泣いて自分の頭をたたき続けます。

　先日の3歳児健診で保健師から個別の相談を勧められましたが，お母さんは断りました。ある日，お迎えに来たお母さんに玄関でY先生は，「お母さん，3歳児健診はどうでしたか？　私もAくんの発達が遅れていると思っていました。発達障害の傾向もあるようですし，病院に行ってみたらいかがですか？」と伝えました。するとみるみるお母さんの顔が青ざめ，「なんてこと言うんですか！」と怒って帰ってしまいました。

　みなさんはY先生の発言・対応のどこがまずかったかわかりますか。事例1−1のように極端に保護者を怒らせるような発言はしないでしょうが，似たような失敗を，特に新人の時期にはしてしまう危険性があります。Y先生も保護者を怒らせようとして発言したわけではありません。Aくんの将来のためを思って，担任としての熱意と責任感からお母さんに声をかけたのです。しかしお母さんにとっては，いきなりAくんの「発達の遅れ」や「発達障害の傾向」を担任から指摘されたら，びっくりして腹が立つのは当然です。こうした場合に保育者としてまずすべきことは，保護者が子どもの現状をどのように考えているのか，今の子どもの状態に対してどんな気持ちでいるのか（認めたくないのか，困っていないのかなど）を，普段の関わりを通じて確認していくことです。

　特に発達障害のように，成長するにつれてその子どもの困難さの度合いが増していく場合，家庭の中ではそれほど子どもも保護者も困っていないけれども，集団生活の場である保育現場では子どもがとても困っている，という場合も少なくありません。保育者は，「子どもが家庭の中

でみせる姿と集団の中でみせる姿は違う」ことを常に意識しておく必要があります。そして保育者と保護者の間にある，子どもの理解の「ズレ」を慎重に見極めながら対応することが必要です。保育の様子を保護者に見に来てもらい，子どもが困っている状況を実際に目にすることが必要な場合があります。次に保育者が意識する必要があることは，「保護者の気持ちは揺れ動いている」ということです。「認めたくないけれど，やっぱり遅れているのかな」「でもあと少ししたらほかの子と遊べるはず」など，不安と期待が入り混じった複雑な保護者の気持ちに保育者が丁寧に寄り添っていくことが重要です。

2. 保育者が行う障害のある子どもの保護者への支援

　障害の疑われる子どもの保護者へ保育者が行うことができる支援について具体例をもとに考えてみましょう。事例1-2はY先生のその後の対応についてです。

【事例1-2　「一緒に考えさせてください！」】

　Y先生はお母さんを怒らせてしまったことを主任の先生に相談し，今後の対応を考えました。その日に電話でお母さんに謝り，後日お母さんに園に来てもらい，主任の先生とY先生との3人で懇談会が開かれました。

　お母さんは「なんとなく子どもがついていけていないことはわかっていたけれど，先生にストレートに『遅れている』と言われてショックでした」と泣きながら話しました。Y先生は配慮が足りない発言をしたことを謝りました。主任の先生からは，「Aくんのできることをもっと増やしていきたいと職員は皆思っています。お母さんも大変でしたね。これからAくんのために私たちにどんなサポートができるか一緒に考えさせてください」と伝えると，「お願いします」とお母さんはうなずきました。

　経験豊かな主任の先生のさりげないフォローによって，お母さんはAくんのことをY先生が心配しており，よりよいサポートの仕方を探そうと一生懸命であることに気づいたようです。主任の先生の「一緒に考えさせてください」という発言からは，保育者は保護者に指示や助言を与える立場ではなく，保護者の心に寄り添うサポーターとしての役割をとることが大事であることが伝わります。

　その後何度かY先生とお母さんは話し合いを重ね，お母さんはまず，保育所に定期的に来園している巡回相談の個別相談を受けることにしました。「巡回相談」とは，乳幼児の発達に詳しい保健師や臨床心理士，臨床発達心理士，障害児保育を専門とする保育士等の専門家が定期的に来園して「気になる子」や発達障害の疑いがある子どもの行動を観察し

たのち，担任保育者への助言を行ったり，保護者との個別相談等を実施
したりする制度であり，現在多くの自治体で活用されています。以下は
その後のY先生の対応です。

> **【事例1-3　「一歩ずつ歩んでいきましょう」】**
>
> 　巡回相談の個別相談では，相談員がお母さんの気持ちを丁寧に聞いてい
> きました。そしてAくんの行動を観察していて気づいたこととして，「保
> 育の内容が理解できないときに不安になって泣いてしまう」「一人で遊ん
> でいるがほかの友達のことも気になっている」などの様子を伝えました。
> お母さんは，「あの子なりにできることを精一杯がんばっているんですね」
> と気づいたようです。相談員から「Y先生が声をかけるとAくんは表情が
> やわらかくなりますね」と言われ，Y先生もうれしくなりました。
> 　相談員から保健センターで実施している言葉の教室に通うことを勧めら
> れたお母さんは，迷っているようでしたが，Y先生が「お母さん，私も一
> 緒に行きますので見学に行きませんか？」と言うと安心したようで，見学
> に同意しました。
> 　現在Aくんは，月2回，言葉の教室に通いながら保育所に通っています。
> 少しずつ自分の気持ちを身ぶりや絵カードを指さして表現できるように
> なっています。Y先生はそんなAくんの成長をお母さんに伝え，「一歩ず
> つ歩んでいきましょうね」と言うと，「はい，先生も頼もしくなりました
> ね！」と言って，お母さんはにっこり笑いました。

　事例1-3では，Y先生はAくんのお母さんの気持ちの変化や迷いを
感じ取り，お母さんの気持ちに寄り添った声かけができていますね。お
母さんはY先生から「一緒に言葉の教室に見学に行きます」と言われた
とき，とても安心したことでしょう。Y先生は保護者の気持ちに寄り
添ったサポートができる保育者に成長しました。

　さて，事例1-1から1-3をもう一度続けて読んでみてください。
「気になる子」や障害を抱えている可能性がある子どもの保護者を支援
する際の大事なポイントは，「保護者の立場に立って考える」「保護者の
気持ちに寄り添う」「あせらない，でも関わることをあきらめない」の
3つです。これからあなたが保育者としてこうした保護者と関わるとき
にはこの3つを思い出してください。

3　外部機関との連携

　保育所保育指針には，障害のある子どもの保育に関して以下のような
記述があります。

> 第1章 総則　3　保育の計画及び評価　(2) 指導計画の作成
> キ　（前略）子どもの状況に応じた保育を実施する観点から，<u>家庭や関係機関と連携した支援のための計画を個別に作成する</u>など適切な対応を図ること。

　保育者が障害のある子どもの保育に関して連携する関係機関には，児童発達支援センターや児童発達支援事業所，地方自治体が運営する療育教室，児童発達支援の専門医のいる医療機関，児童相談所などがあげられます。また保健センターは，4か月児健康診査，1歳6か月児健康診査，3歳児健康診査といった乳幼児健康診査の実施を行っており，障害のある子どもの早期発見と対応に欠かせない役割を担っています。保育者は乳幼児健康診査を担当する地域の保健師と日頃から連携を図り，障害のある子どもとその保護者へのサポートを行っていくことが求められています。保育者はこうした外部機関との連携をスムーズに図るために，障害のある子どもの個別の指導計画を作成する必要があります。たとえば事例のAくんの場合，「意思を他者に伝える」ことを目標に，現状の把握，保育所でのはたらきかけと目標設定，言葉の教室での支援の経過などをわかりやすくまとめて記録していきました。汐見・無藤（2018，104～105頁）によると，個別の指導計画を作成する際は，日常の様子からその子どもの課題を分析し，子どもの特性・能力に応じて1～2週間程度で達成可能な短期の目標を設定することが望ましいとされています。個別の指導計画は担任保育者のみが作成するものではなく，園全体で話し合いながらつくり上げていくものであり，小川（2017）によると，個別の指導計画と実際の保育内容との関連を明確にすることが重要であり，一人ひとりの子どもに応じた保育を行う際に活用することが必要となります。

　また障害のある子どもに関して，保育者は小学校への移行を見据えた個別の教育支援計画を作成することが求められています。小川（2017，180～181頁）によると，個別の教育支援計画とは，子どものニーズを把握し「乳幼児期から学校卒業後までの長期的なライフステージにわたって，連携して一貫した支援をするための計画」であり，家庭，支援機関，教育機関（小学校，中学校）が協力して子どもを支援する際の重要なツールになっています。個別の教育支援計画には，保護者の子どもへの思いやこうなって欲しいという願いも盛り込まれています。乳幼児期から小学校，中学校へと個別の支援計画が引き継がれ，活用されていくことで，障害のある子どもへの支援体制が充実していくことが今後ますます求め

られています。

　外部機関や小学校との連携に関しては，現在必要性が高まってきていますが，地域によってはまだ十分ではない所もあります。筆者はある保育士から，「『保育所でいくら手をつくしてサポートしても，小学校に入った途端グレーゾーンの子どもは何の配慮もされず，困っている』と卒園児の保護者から聞くたびに残念な気持ちになる」という悩みを聞いたことがあります。幼児期のサポートを就学以降に引き継いでいくためにどんなことが必要か，保育者に何ができるか，みなさんもぜひ考えていってください。

（演習問題）

(1)　自閉症スペクトラム症と AD/HD の子どもが保育の場面で困りそうなことについてそれぞれ考え，３つずつ書いてみましょう。

(A)　自閉症スペクトラム症の子ども	(B)　AD/HD の子ども
・	・
・	・
・	・

(2)　事例1-1のY先生のAくんのお母さんへの発言の中で，不適切と思われる発言に下線を引き，お母さんが受け入れやすい言葉に言い換えてみましょう。
(3)　個別の指導計画と，個別の教育支援計画の違いについて説明してみましょう。

引用・参考文献

小川英彦編（2017）『ポケット判　保育士・幼稚園教諭のための障害児保育キーワード100』福村出版。

尾崎康子（2010）「保育現場にいる障害のある子ども」尾崎康子・小林真・水内豊和・阿部美穂子編著『よくわかる障害児保育』ミネルヴァ書房，2～3頁。

汐見稔幸・無藤隆監修（2018）『〈平成30年施行〉保育所保育指針　幼稚園教育要領　幼保連携型認定こども園教育・保育要領　解説とポイント』ミネルヴァ書房。

内閣府・厚生労働省・文部科学省『平成29年度告示　幼稚園教育要領　保育所保育指針　幼保連携型認定こども園教育・保育要領〈原本〉』チャイルド本社。

野村朋（2018）「『気になる子』の保育研究の歴史的変遷と今日的課題」『保育学研究』第56巻第3号，70～80頁。

本田秀夫（2017）『自閉症スペクトラム症の理解と支援』星和書店。

三木美香（2017）「インクルーシブ保育とは」名須川知子・大方美香監修，伊丹昌一編著『インクルーシブ保育論』ミネルヴァ書房，11～22頁。

第18章
性の多様性と保育

人間の性は本来多様であり，性的指向や性自認，性表現すなわちは「SOGIE」は誰もがもつ人権であることを理解することが大切です。また，性に関する問題は性的マイノリティだけの問題ではなく，性的マジョリティを含むすべての人の生き方に関わります。性の多様性をふまえ，保育者はジェンダー規範や異性愛規範を子どもたちに押しつけずに，一人ひとりの個性を大切にしながら子どもたちと関わっていくことが必要です。

1 性的マイノリティの子どもの可視化

　人間にとって「性」とは，個人や社会の存在に関わる基盤であり，関係性を豊かにする上でもなくてはならないものです。しかし，同時に性は差別や抑圧を生む要因にもなってきました。女性に対する差別や性的マイノリティに対する差別が今なお存在しています。しかし，近年，性がもつ多様な側面が理解されるようになり，私たちの社会は性の多様性を認める方向に変化しています。

　性的マイノリティとは，同性愛者，両性愛者，トランスジェンダーなどのように性のあり方が少数派の人々を指す言葉です。国内では3〜8％程度が性的マイノリティであると推計されています。特に日本では2003年に「性同一性障害者の性別の取扱いの特例に関する法律」が制定されて以降，性的マイノリティに対する社会的関心が少しずつ高まってきました。学校では戸籍上とは異なる性別で受け入れ，学校生活を送ることを認めてほしいと訴える児童生徒もみられるようになりました。2006年には性同一性障害と診断された小学校2年生の男児が女児として通学することを認められたことが報道され（『神戸新聞』2006年5月18日付），2010年には埼玉県の小学校でも2年生の男児が女児として受け入れられていたことが明らかになりました。同様の事例はその後全国の学校でも確認されるようになりました。こうした事例を受けて文部科学省は2010年，「児童生徒が抱える問題に対しての教育相談の徹底について」という通知を出し，「児童生徒の心情に十分配慮した対応」をするよう要請しました（文部科学省，2010）。さらに，2015年には新たな通知文の中で，「悩みや不安を受け止める必要性は，性同一性障害に係る児童生

▷1　性的マイノリティは単一のコミュニティではないという理由から「LGBT」や（クィアやインターセックスを含めた）「LGBTQI」などの語が用いられることもある。しかし，これらの語を用いたとしても性の多様性を補完することは難しいため，本章では性的マイノリティという語を用いる。

▷2　2019年に国立社会保障・人口問題研究所の研究グループ（代表：釜野さおり）が大阪市で行った無作為抽出による調査では，レズビアン・ゲイ・バイセクシュアル・トランスジェンダー・アセクシュアルに該当する人は3.3％であり，セクシュアリティについて「決めたくない・決めていない」人を含めると8.2％に上ることが報告された（国立社会保障・人口問題研究所，2019）。

▷3　中塚幹也によると岡山大学ジェンダークリニックを受診した性同一性障害当事者（1167名）の約9割が中学生までに性別違和を自覚しており，特にFTM（女性から男性へ性別を移行した人）の当事者は，小学校に入学したときにはすでに7割が性別違和を自覚

185

していたという（中塚，2017，49〜50頁）。

徒だけでなく，いわゆる『性的マイノリティ』とされる児童生徒全般に共通するものである」という見解を示しました（文部科学省，2015）。これによって現在，学校では，性的マイノリティ全般を視野に入れた支援が求められることになっています。

② 性の多様性について

1. 性を構成する要素と SOGI

　人間の性は女性か男性のどちらかに完全に分けることができるとする考え方を，性別二元論（性別二元制）といいます。しかし，現実に存在する私たちの性は，そのように単純な二分法で説明できるものではありません。人間の性の多様性を理解するために，まずは性を構成する要素について考えましょう。性を構成する要素はたくさんありますが，ここでは代表的な4つの要素について確認します（表18-1）。

　性を構成するこれらの要素のうち「性的指向（Sexual Orientation）」と「性自認（Gender Identity）」をあわせて「SOGI（ソジ）」，あるいは「性表現（Gender Expression）」も含めて「SOGIE」と表記することがあります。このような表記が用いられる理由は，性的指向や性自認，あるいは性表現は誰もがもつ人権であるということを強調するためです。人がどのような人やものに性的に惹かれるかということや自分の性をどのように認識したり，表現したりするかは，他の人を傷つけない限りにおいて，その人の自由であり，人権として保障されるべきであるという基本的な考え方を理解することが大切です。性のあり方が多数派とは異なる人に対する差別が起こるのは，SOGI あるいは SOGIE が人権であると

表 18-1　性を構成する代表的な要素

要　素	概　要
性的指向 （Sexual Orientation）	ある人がどういった人やものに性的な欲求を抱くかを表す概念。異性愛，同性愛，両性愛などのほかに，性的欲求の対象をもたない無性愛などの性的指向もある。
性自認 （Gender Identity）	性別に対する自己の認識。「性同一性」ともいう。身体の性と性自認が一致する場合をシスジェンダー，違和感を抱く場合をトランスジェンダーという。男女どちらの性別にも当てはまらないXジェンダーなどの立場もある。
性表現 （Gender Expression）	服装や言葉遣い，振る舞い方等で表現される性的な特徴。周囲の人から見た性別の特徴でもある。
身体の性 （Sex）	身体的特徴から判断される性別。生まれたときに性器の形で判別されることが多い。

出典：筆者作成。

いう認識や感覚を欠いているからです。

　また，SOGI（SOGIE）という概念は，性に関わる問題が，性的マイノリティだけの問題ではなく，性的マジョリティを含むすべての人の生き方に関わる問題であることを私たちに気づかせてくれます。私たちは性的マジョリティ／性的マイノリティという単純な二分法で考えてしまいがちですが，実際には性的マジョリティとされる人々の内部にも多様性は認められます。本来，人間の性は多様であるにもかかわらず，これまで多くの人々が固定したジェンダー規範（男らしさや女らしさ）や異性愛規範（異性愛が自然であるという思い込み）によって縛られてきたのです。天野正子は女性の抑圧を「女性が『女性として』自由に生きることのできない状況」（天野，1981，99～110頁）と定義しました。同様に，多賀太は男性の抑圧を「男性が『男性として』自由に生きることのできない状況」（多賀，2001，83頁）と定義しています。ジェンダー規範が強く求められる社会では，女性であれ男性であれ，女性／男性らしい振る舞いが求められ自由な生き方をすることが難しいということです。したがって，性の多様性について知ること，あるいは SOGI（SOGIE）が人権であるということを理解することは，多くの人々が固定したジェンダー規範や異性愛規範から解放されることにつながります。

2.　性のグラデーション

　性の多様性を表すために「性のグラデーション」という表現が用いられることがあります。性はグラデーションのように連続性をもった現象であり，「女性」／「男性」と単純に二分できるものではありません。さらに，性を構成する要素も女性や男性で単純に分けられるわけではありません。たとえば，一人の人の性のあり方（セクシュアリティ）を図18－1のようなスケールで表したとき，点の位置は，人によって異なることがわかります。性のあり方は，指紋のように一人ひとり違った特徴をもっているのです。

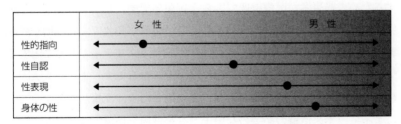

図 18-1　セクシュアリティの表し方の例

出典：筆者作成。

3. 性のあり方を表す言葉／カテゴリー

　性的マイノリティを表す言葉には様々なものがありますが，代表的なものにレズビアン（Lesbian），ゲイ（Gay），バイセクシュアル（Bisexual），トランスジェンダー（Transgender）があります（表18‒2）。これらの先頭のアルファベットを並べて「LGBT」と表現することもあります。これに対して，性的マジョリティとされているのがヘテロセクシュアル（Heterosexual）です。性のあり方を表す言葉はほかにもたくさんありますが，人の性のあり方はグラデーションのように多様で流動的なので，これらの言葉で表現しきれるものではありません。しかも，これらの呼び方は，時代とともに変わる可能性があり，普遍的なカテゴリーとは考えないことが大切です。

表 18‒2　性のあり方を表す様々なカテゴリー

カテゴリー	概　要
ヘテロセクシュアル（Heterosexual）	異性愛者。異性に性的関心が向かう人
レズビアン（Lesbian）	女性同性愛者。性的欲求の対象が同性の女性
ゲイ（Gay）	男性同性愛者。性的欲求の対象が同性の男性
バイセクシュアル（Bisexual）	両性愛者。同性にも異性にも性的欲求が向かう
トランスジェンダー（Transgender）	性別越境者。出生時に割り当てられた性別（身体の性別）とは異なる性別（性自認）で生きる人，生きたいと望む人
クエスチョニング（Questioning）	自身の性のあり方を決められない，あるいは探している人
アセクシュアル（Asexual）	性的な欲求をもたない，あるいは少ない人

出典：筆者作成。

4. 医学的なカテゴリーとしての性同一性障害

　「性同一性障害」という言葉は，Gender Identity Disorder の訳語であり，性別に対する違和感（性別違和）を解消する方法の一つとして，ホルモン治療や性別適合手術（Sex Reassignment Surgery：SRS）を開始するために当事者が医療機関でもらう疾患名です。しかし，性同一性障害を同定できるのは医師のみであることに留意が必要です。性同一性障害という言葉を安易に用いることは，性的マイノリティであることを病気とみなすこと，すなわち病理化につながるからです。また，大人が当事者の子どもを性同一性障害と誤って認識したり，支援したりすることによって，本来治療の必要のない子どもを性同一性障害に誘導してしまう可能性もあります。医療関係者ではない者が性別違和を訴える人を表すときは「トランスジェンダー」いう言葉を用いる方がよいでしょう。

また，トランスジェンダーの人がみな，性同一性障害の診断名を必要とするわけではありません。性別違和は，性に対する考え方を変えたり，周りの環境を変えたりすることによっても変化するからです。性別適合手術は，あくまでも性別違和を軽減するための手段の一つにすぎません。なお，世界保健機関（WHO）は，性同一性障害を精神疾患のリストから除外し，新たに性別不合（Gender Incongruence：GI）として位置づけることを決めています。

③　子どもたちの実態

1. 性的マイノリティの子どもに対する差別の実態

　性的マイノリティの子どもが差別やいじめ被害に遭いやすく，不登校や自傷行為，自殺願望と密接な関係があることが国内外の調査で明らかになってきました。日本における調査で代表的なものは，日高庸晴らによるインターネットを用いた調査です。2016年に行われた「LGBT当事者の意識調査『REACH Online 2016 for Sexual Minorities』」（研究代表者・日高庸晴）によると，10代の回答者の約半数がいじめ被害の経験があると答えています（日高，2017）。また，いじめ被害経験がある者のうち，「ホモ・おかま・おとこおんな」などの言葉によるいじめ被害率が63.8％，服を脱がされるいじめ被害率が18.3％でした（日高，2017）。これらのことから，性的マイノリティの子どもにとって学校生活がいまだに安心できるものとはなっていないことがわかります。また，2013年に東京都の市民団体「いのちリスペクト。ホワイトリボン・キャンペーン」が，小学校から高校までの間，関東地方で過ごした性的マイノリティ（N＝609）を対象に行った調査では，当事者の約72％が複数学年にわたって継続的にいじめや暴力を受けていた実態が明らかになりました（いのちリスペクト。ホワイトリボン・キャンペーン，2014）。しかも，約20％の当事者が小学校1年生，すなわち入学してまもなくそうしたいじめや暴力を受けていたと回答しています。このことは，小学校1年生の時点ですでに，性的マイノリティに対する差別が始まっていることを示しており，性的マイノリティに対する差別や偏見の内面化（身体に取り入れること）が小学校低学年，もしくは就学以前からすでに起こっている可能性を示しています。つまり，幼稚園教育や保育の現場においてすでに，ジェンダー規範や異性愛規範の内面化が起こっている可能性も示しています。

2. 性的マイノリティへの差別はなぜ起こるのか

　では，性的マイノリティへの差別が起こるのはなぜでしょうか。性的マイノリティに対する差別的な行為（否定的な言動，いじめ，からかい，暴力，ヘイトスピーチ等）は，同性愛者に対する嫌悪（同性愛嫌悪）やトランスジェンダーに対する嫌悪（トランス嫌悪）が言葉や行動となって表れたものです（図18-2）。では，人が同性愛嫌悪やトランス嫌悪を抱くのはなぜでしょうか。こうした嫌悪感の背景にあるのが，社会的に構築された異性愛規範（Heteronormativity）とジェンダー規範（Gender Norms）です。異性愛規範は，異性同士の恋愛が自然でありそれ以外の性愛の形は不自然であるという思い込みであり，ジェンダー規範は，女らしさや男らしさといった女性／男性に対する固定的な価値観やイメージのことです。人々がこうした規範を身体に取り込み内面化することによって，そうした規範から逸脱することへの恐怖や嫌悪が生まれます。性的マイノリティは，こうした規範からずれるのでいじめや暴力の対象となりやすいのです。また，性的マジョリティもこうした規範から逸脱することを恐れます。そのため女らしさや男らしさを誇張して表現したり，行動したりするようになります。周りから女らしいとか男らしいと評価される行動をあえてとることで，自分がいかに女らしいか，あるいは男らしいかをアピールするのです。子どもたちが女らしさや男らしさを誇張した表現をとるとき，その周りにそうした行動を評価する大人たちの言葉かけや態度があるはずです。子どもたちにジェンダー規範や異性愛規範を内面化させているのは，子どもを取り巻く周りの大人たちの言動なのです。

　また，自分がいかに女らしいか，あるいは男らしいかを証明したり，誇張したりするための手段として，ジェンダー規範や異性愛規範からずれる振舞いをする者への攻撃が行われることもあります。このような攻撃を通して，自身の女らしさや男らしさを誇張し，自分は性的マイノリティではないことを証明しようとするのです。特に男性同士の間で多くみられることですが，男性間の絆を深めるために同性愛嫌悪や女性嫌悪（ミソジニー）が動員されることがあります。男らしくない者への攻撃を通して，男同士の社会的な絆を深めようとするのです。こうした同性同士の間での社会的な絆を「ホモソーシャル」といいます（Sedgwick，1985＝2001）。子どもたちが女らしさ

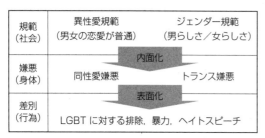

規範 （社会）	異性愛規範 （男女の恋愛が普通）	ジェンダー規範 （男らしさ／女らしさ）
	内面化	
嫌悪 （身体）	同性愛嫌悪	トランス嫌悪
	表面化	
差別 （行為）	LGBTに対する排除，暴力，ヘイトスピーチ	

図18-2　性的マイノリティへの差別が起こる構造
出典：筆者作成。

や男らしさを強調したり，女らしくない／男らしくない者を攻撃したりするのは，すでにホモソーシャルな関係性が子どもたちの間で成立していることを示しています。

4　性の多様性をふまえて保育者に求められること

　以上のことをふまえて，保育に携わる者に求められることは何でしょうか。最も基本的な考え方は，保育者のジェンダー規範や異性愛規範を子どもたちに押しつけないことです。保育者がもつジェンダー規範に沿った行動をとった子どもに対しては肯定的な評価を与え，反対に保育者がもつジェンダー規範からずれた行動をとった子どもに対しては否定的な評価を加えることがあります。そうした保育者の偏った評価が子どもたちのジェンダーイメージの形成に大きな影響を与え，偏見を助長してしまいます。したがって，女らしさや男らしさによらず，一人ひとりの個性を大切にしながら子どもたちと関わっていく必要があります。また，保育者がもつ女らしさや男らしさといった固定的なイメージが言葉や行動，態度となって表れると，子どもはそうしたイメージを取り入れ内面化してしまいます。保育者が自分自身のもつ性に対する思い込みや偏見に自覚的になり，保育者のジェンダー規範や異性愛規範を子どもたちに押しつけないことが大切です。

　より具体的には，不必要な男女分けをしないことも大切です。小学校や中学校では，体育の授業や保健の授業で男女分けが求められる場面がありますが，保育所や幼稚園では生活上の男女分けがほとんど必要ありません。その点を生かして，無用な男女分けをせずに，男女ではなく一人ひとりの個を大切にした取り組みをすることが大切です。特に保育所や幼稚園の段階では自己肯定感を育むことが大切であると考えます。自らの行動が他者から肯定される経験は，子どもが自分らしさをみつけたり，個性を伸ばしたりする上で必要なことだからです。

▷4　教育者（保育者）の言動や男女別の名簿など，様々なやり方で潜在的に伝えられる知識や価値体系を「隠れたカリキュラム（Hidden Curriculum）」という。

演習問題

(1)　SOGIE とは何でしょうか。
(2)　男らしくない／女らしくない子どもがいじめの対象となりやすいのはなぜでしょうか。
(3)　性の多様性をふまえると保育者に求められる基本的な考え方とはどのようなことでしょうか。

引用・参考文献

天野正子（1981）「女性学と既成学問」女性学研究会編『女性学をつくる』勁草書房，99〜110頁。

いのちリスペクト。ホワイトリボン・キャンペーン（2014）「LGBTの学校生活に関する実態調査（2013）結果報告書」（http://endomameta.com/schoolreport.pdf　2014年5月30日アクセス）。

国立社会保障・人口問題研究所（2019）「『大阪市民の働き方と暮らしの多様性と共生にかんするアンケート』結果速報」（http://www.ipss.go.jp/projects/j/SOGI/結果速報20190425公表用.pdf　2019年4月26日アクセス）。

多賀太（2001）『男性のジェンダー形成——〈男らしさ〉の揺らぎのなかで』東洋館出版社。

中塚幹也（2017）『封じ込められた子ども，その心を聴く——性同一性障害の生徒に向き合う』ふくろう出版。

日高庸晴（2017）「LGBT当事者の意識調査〜いじめ問題と職場環境等の課題〜」（http://www.health-issue.jp/reach_online2016_report.pdf　2018年12月アクセス）。

文部科学省（2010）「児童生徒が抱える問題に対しての教育相談の徹底について（通知）」。

文部科学省（2015）「性同一性障害に係る児童生徒に対するきめ細かな対応の実施等について」。

Sedgwick, E. K.（1985）*Between Men : English Literature and Male Homosocial Desire,* Columbia University Press（上原早苗・亀澤美由紀訳（2001）『男同士の絆——イギリス文学とホモソーシャルな欲望』名古屋大学出版）.

第19章
多文化共生の保育

本章では，日本の保育現場における多様な文化的背景をもつ子どもたちの存在を前提とした保育について考えます。日本の社会背景に関する知識や，保育に必要な視点を学びます。

多様な文化的背景をもつ子どもたちのニーズに応えるのと同時に，周囲の子どもたちへの対応が求められます。多文化共生社会に生きる市民としての資質を子どもたちに育み，異質なものを排除しない，寛容な社会の形成に寄与するための保育について考えます。

1　多文化共生の考え方

1. 多文化共生社会に向けて

多文化共生は，多様な文化的背景を有する人々が同じ社会で生活するための理念であり，目指すべき姿を表現した言葉です。

「国際化」という言葉も一般的によく使われます。国際化という言葉は，「国」という枠組みで人々を捉えようとします。しかし後で述べるように，国という枠組みでは，捉えきれない人々が多数存在します。したがって，「国」の代わりに，「文化」という概念がもちいられています。

「文化」の有名な定義は，タイラーによる「文化あるいは文明とは（中略）社会の成員としての人間（man）によって獲得された知識，信条，芸術，法，道徳，慣習や，他のいろいろな能力や気質を含む複雑な総体である」というものがあります（石川ほか，1994；タイラー，1962）。この定義からは，文化は多様な要素を含む言葉であり，一面的に捉えることはできないことがわかります。

したがって，私たち一人ひとりは，それぞれが異なる文化を背負っているといえます。出身国が同じでも，人々の背景にある文化は多様です。

したがって多文化共生というアイデアが求めているのは，そうした一人ひとりの多様性を前提として，社会の中であらゆる人々が共生＝共に生きることです。「外国人とうまくやっていく」という捉え方は，多文化共生という言葉が想定することの一部にすぎません。

多様な人々と共生＝共に生きることが実現している社会とは，どのようなものでしょうか。それは，多様な価値観をもつ人々が関わり合い，

193

違いを調整しつつ，いかなる人々も抑圧・排除されることのない社会であるといえます。本章では，このような「多文化共生社会」を目指すための視点，またそうした視点を前提とした，保育のあり方について考えます。

2.　自民族中心主義と文化相対主義

　日本社会だけでなく，現代社会は多様な文化を有する人々が同じ空間で生活しています。そこでたとえば，いわゆる「日本人」のもっている「日本文化」が最も価値があると主張し，その良さを押しつけたり，日本の風習に従うことを強制したりすれば，どのようなことが起こるでしょうか。

　まずこうした考え方は，タイラーの文化の定義からいえば，「日本文化とは何のことを指しているのか」が不明です。ではより具体的に，「日本の規範やルール・習慣」というように言い換えてみましょう。

　おそらく，そうした考えに従うことのできない人々からの反発を買い，様々な面で葛藤や紛争，軋轢を抱え込むことになるのではないでしょうか。このように，多様な文化的背景をもつ人々に対し，特定の価値観や考えを押しつけることを「自民族中心主義」的な態度といいます。

　自民族中心主義とは，他の文化を「自文化を基準にして優劣の視角から捉える」考え方や態度のことです。しかし先ほどみたように，この考え方は，多様な人々を抑圧する可能性を常に伴っています。

　それに対して，どのような文化も等しく価値があり，優劣をつけられるものではない，という考えもあります。これは，「文化相対主義」という考え方です。文化相対主義は，「どの文化もそれぞれ所与の環境への最適の適応方法として歴史的に形成されてきたものであり，すべての文化がそれなりの価値を内在している」という捉え方をします（石川ほか，1994）。この考え方に基づけば，特定の文化を他者に押しつけることには慎重でなければいけません。

　日本社会，日本の学校，日本の保育現場で多様な文化を受け入れる際には，文化相対主義的な態度が，多様な文化的背景をもつ一人ひとりを尊重することにつながります。

　また，異文化の差異は，今まで日本社会が暗黙の内に前提としていた考え方やルールを相対化します。そのとき，「そのような考え方があるのか」ともとの考え方やルールの妥当性を検討し直すことで，社会は少しずつ変容していく可能性があります。文化相対主義的な視点は，そのためにも必要です。

3. 多文化共生のための資質

　多文化共生社会を目指すためには，私たち一人ひとりが多様な人々を受け入れるための資質を備えていく必要があります。多文化共生社会を前提とした教育や保育を行う際に，子どもたちに育てたい資質とはいったいどのようなものでしょうか。

　日本を含む多くの先進国が参加している国際的な学力到達度調査である「PISA（Programme for International Student Assessment）」の調査国は，「グローバル・コンピテンス（資質）」を以下の4つの視点から測定しています。

- コミュニケーションと相互関係
- グローバルな発展，課題，動向に関する知識や関心
- 開放性と柔軟性
- 情緒のうえでの強さとレジリエンス

（OECD, 2017, 67～68頁）

　これは，「相互に結びつき，依存し，多様な世界に加わるにあたり，適切かつ効果的に，個人としても協働作業でも，活動し，相互にやり取りできるよう力や資質」として定義されています。これは，グローバル化し，多文化化する社会において，人々に必要な資質が具体化されたものであり，多文化共生社会を形成する私たちに要求される資質であるといえます。これらの資質がどのような経験によって育まれるかを検討し，教育・保育現場でその視点が取り入れられることが求められています。

② 日本社会の多文化化

1. 外国人統計

　日本社会は，アイヌ民族などの多様な民族の住む国です。しかし，同化政策により，マイノリティの人々の存在がみえにくくなり，まるで日本が単一民族国家であるかのような「誤解」が浸透してきました。こうした人々に目を向け，その文化的背景を理解することも，多文化共生のための視点の一つです。

　また，海外にルーツをもつ人々が，日本社会の一員として生活しています。一人ひとりの文化的背景を理解する第一歩として，誰が，どのような理由で日本社会の一員になっているのかを知ることが重要です。

　前節でみたように，日本社会の多文化化の状況を正確に捉えるには，

▷1　小熊英二（1995）『単一民族神話の起源──「日本人」の自画像の系譜』（新曜社）などに詳しい。

表19-1　国籍別在留外国人

順位	国籍・地域	人数（人）	構成比（％）
	総　数	2,731,092	100
1	中　国	764,720	28.0
2	韓　国	449,634	16.5
3	ベトナム	330,835	12.1
4	フィリピン	271,289	9.9
5	ブラジル	201,865	7.4
6	ネパール	88,951	3.3
7	台　湾	60,684	2.2
8	米　国	57,500	2.1
9	インドネシア	56,346	2.1
10	タ　イ	52,323	1.9
	その他	396,945	14.5

出典：法務省「外国人統計」。

国籍に注目するだけでは不十分です。しかしここでは便宜的に国籍に注目し，「在留外国人」に関連する統計資料をみてみましょう。こうした統計は，多文化化の現状を正確には捉えられませんが，傾向を理解するための手がかりの一つとなります。

　表19-1は，日本に居住する国籍別の在留外国人統計です。一番数が多い中国籍から韓国・ベトナム・フィリピン・ブラジルまでの5か国で，全体の70％以上を占めています。

　近年急増しているのは，ベトナム・ネパール・インドネシアなど東南アジア出身の外国人であり，日本の在留外国人数が増加する背景となっています。日本全体では，外国人住民の割合は約2％ですが，近年増加傾向にあります。

　在留外国人数には地域差があり，都市部に多く，地方に少ない傾向にあります。また，愛知県にブラジル人が多く住むなど，国籍によって居住地域に特徴があります。そうした状況は，在留資格（どのような理由で日本に在留しているか）によって異なります。

2. オールドカマーとニューカマー

　本項では前項でみた外国人統計を，オールドカマー／ニューカマーという区分を軸にみてみたいと思います（表19-2参照）。

　オールドカマーと区分される人々のうち，代表的なのは在日韓国・朝鮮人（在日コリアン）と呼ばれる人々です。1910年に日本が朝鮮半島を植民地支配して以降，現在の日本列島に移り住んだ人々が，戦後日本社会に定住しました。もともと朝鮮半島にルーツのある人々ですが，3世・4世と世代を重ねるにつれ，日本国籍を取得する人々も増加しています。

　ニューカマーと区分される人々も多様です。これらの人々の中には，日本国籍をもちながら，文化的背景が異なる人々もいます。国籍だけでは，これらの人々の文化的背景を捉えられないことには注意が必要です。

3. 子どもの統計

　子どもたちの特別なニーズに配慮するには，国籍だけではなく，子どもたち一人ひとりの文化的背景への理解が必要になります。国際結婚家庭などの「外国につながる子ども（重国籍・両親のどちらかが外国人）」な

表19-2　オールドカマーとニューカマー

	代表的なグループ	国　籍
オールドカマー	在日韓国・朝鮮人	韓国・日本
ニューカマー	日系人労働者	ブラジル・ペルー
	中国帰国者	中国・日本
	インドシナ難民	ベトナム・ラオスなど
	留学生	—
	技能実習生	ネパール・ベトナム

出典：筆者作成。

表19-3　外国籍乳幼児の推移　（人）

年	0歳	1歳	2歳	3歳	4歳	5歳	総　計
2012	13,504	15,051	15,183	14,265	14,438	14,343	86,784
2013	13,217	17,106	15,586	14,930	14,285	14,976	90,100
2014	15,063	16,985	18,004	16,322	15,756	15,233	97,363
2015	14,753	19,537	17,857	19,428	17,339	16,986	105,900
2016	17,309	19,164	20,709	19,300	21,059	18,921	116,462
2017	17,126	22,505	20,033	22,496	20,878	23,012	126,050
2018	17,399	22,226	23,383	21,757	24,120	22,518	131,403

出典：法務省「外国人統計」。

どを含めると，その全体像ははっきりとはわかっていないといわれています。

　小学校移行の学校段階で手がかりとなる統計は，国籍に注目した「外国籍児童数」です。小学校から高等学校で学ぶ外国籍の児童生徒数は，2006年に約7万人だったのが，2018年には約10万人まで増加しています（文部科学省「学校基本調査」）。また，それに伴い「日本語指導を必要とする外国人児童生徒数」が増加し，言語的背景の異なる子どもへの日本語指導体制が課題となっています。

　就学前の子ども数も増加しています（表19-3）。2012年から2018年のわずか6年の間に，約1.5倍になっています。保育現場にも，言語を含めた文化的背景の違う子どもたちが増加していることが推測されます。

　数的な増加だけに加え，全体的な特徴として「多国籍化」が指摘されています（佐藤，2019）。したがって，子どもたちの特別な教育的ニーズが多様化しており，教育・保育現場における対応にもきめ細かさが要求されています。

3　教育・保育の多文化化

1. 学校教育の現状と課題

　日本も批准している「児童の権利に関する条約」第18条では，教育・保育に関する外国人の権利について，「児童の養護のための施設，設備及び役務の提供の発展を確保する」ことなど，教育・保育が提供できる体制の確保を求めています。

　宮島は，外国人の子どもへの教育の保障のための基本課題として，以下の3点をあげています。

　①　子どもたちがホスト社会で生きていく以上，ホスト国言語の能力および必要な基礎学力を身に付けさせなければならないこと

　②　当人のアイデンティティや家族とのつながりのため，また潜在的言語資本として認識や思考を支えるため母語・母文化の教育の保持，発達をうながす必要があること

　③　当人の言語や文化を，ホスト国の社会および成員が貶価（筆者注：価値をおとしめる）したり，スティグマ化しない，文化尊重，文化理解の環境がつくられること

（宮島，2014，6頁）

　日本政府の公式見解では，日本は移民[2]の受け入れは行っていないことになっています。しかし，近年の「出入国管理法（出入国管理及び難民認定法）」の改正による技能実習生は，事実上の移民受け入れともいわれています。

　多くの移民受け入れ国では，「就学前プログラムに参加している移民の子どもの数は，移民背景をもたない子どもに比べて大幅に少ない」とされています。その原因としては，「就学前プログラムに対し，移民の親が抵抗感をもっている」可能性が指摘されています（OECD，2017，96頁）。そのことは，就学後の読解力の差としてデータに現れています。したがって，政策的には，「子どもに質の高い就学前教育を受けさせるよう，移民の親に促す」ことが推奨されています（OECD，2017，119〜121頁）。

2. 保育現場の多文化化

　幼稚園教育要領と，保育所保育指針における多文化共生保育に関する記述をみてみたいと思います（表19-4）。

▷2　定義は多様であるが，ここでは雇用を目的として国境を越えて移動する人々を指す。

表 19 - 4　多文化共生保育に関する記述

幼稚園教育要領	保育所保育指針
第1章 総則　第5 特別な配慮を必要とする幼児への指導　2 海外から帰国した幼児や生活に必要な日本語の習得に困難のある幼児の幼稚園生活への適応 　海外から帰国した幼児や生活に必要な日本語の習得に困難のある幼児については，安心して自己を発揮できるよう配慮するなど個々の幼児の実態に応じ，指導内容や指導方法の工夫を組織的かつ計画的に行うものとする。	第2章 保育の内容　4 保育の実施に関して留意すべき事項 (1) 保育全般に関わる配慮事項 オ　子どもの国籍や文化の違いを認め，互いに尊重する心を育てるようにすること。

出典：幼稚園教育要領，保育所保育指針。

　ここでは，「特別な配慮を必要とする幼児」として，障害児に加えて2通りの子どもの姿が想定されています。

　まず，「海外から帰国した幼児」です。海外から帰国した幼児とは，基本的には日本人の子どもが想定されており，かつて「帰国子女」と呼ばれた子どもたちです。かのじょ／かれらは，保護者の仕事の事情等で海外で育ち，後に日本に帰国した子どもたちです。したがって海外での経験を経て，日本の保育現場という「異文化」を経験することになります。異なる文化間の移行は「カルチャー・ショック」につながる懸念もあるため，特に配慮が必要であるといえます。

　次に，「日本語の習得に困難のある幼児」という表現で示されているのは，外国人幼児・外国につながる幼児です。もともとの文化的背景が多様であるため，家庭や子どもの状況に応じた配慮が必要になります。特に，日本語の習得状況によっては通訳などの必要が生じることもあるでしょう。

　保育所保育指針においては，国籍や文化の異なる子ども同士の相互理解が留意事項として示されています。

3．多文化共生保育の実現に向けて

　多様な文化的背景をもつ子どもたちの受け入れは，「特別な教育的ニーズへの応答」が基本的な考え方となります。ニーズを把握する過程では，保護者とのコミュニケーションに注意を払う必要があるといえます。その際，言語や宗教，規範や信念など様々な差異が「文化的差異」として現れることになると思います。

　たとえば，イスラム教を信仰する家庭の子どもは，食事の面で配慮が必要になります。宗教的な戒律によって，禁忌（タブー）があり，豚肉など口にすることができない食材があります。そのような場合に，日本

▷3　第6章参照。

のやり方を押しつけるわけにはいきません。「文化相対主義」の視点をもって，そのありようを認めなければ，ニーズへの応答はできません。

　こうした多様なニーズへの対応は，「担任まかせ」にならないように，特に管理職は配慮する必要があります。外国人住民の受け入れ実績が豊富な自治体では，「通訳派遣」などのサービスが利用可能な場合もあります。園内で解決できそうにない課題は，行政や外部機関の資源を利用するという視点が重要です。

　グローバル化する社会では，これまで以上に多様な文化的背景をもつ人々との交流の機会が増加します。保育現場における異文化交流は，すべての子どもたちの視野を広げる好機と捉えることが望ましいといえます。多文化共生保育の実現を目指し，多文化共生社会を生きる子どもたちに必要な資質・能力を育てていきましょう。

演習問題

(1)　日本にいる外国人の子ども，外国につながる子どもたちの教育ニーズはどのようなものか，考えてみましょう。

(2)　保育現場においてはどのような組織体制を整えることが望ましいか，考えてみましょう。

引用・参考文献

石川栄吉ほか編（1994）『文化人類学事典』弘文堂。

OECD 編著／布川あゆみほか訳（2017）『移民の子どもと学校──統合を支える教育政策』明石書店（OECD（2015）*Immigrant Students at School : Easting the Journey towards Integration*）。

佐藤郡衛（2019）『多文化社会に生きる子どもの教育──外国人の子ども，海外で学ぶ子どもの現状と課題』明石書店。

タイラー，E. B./比屋根安定訳（1962）『原始文化──神話・哲学・宗教・言語・芸能・風習に関する研究』誠信書房。

宮島喬（2014）『外国人の子どもの教育──就学の現状と教育を受ける権利』東京大学出版会。

索 引

(＊は人名)

《執筆者紹介》（執筆順，執筆分担，＊は編者）

＊垂見　直樹　　はじめに，第1章，第2章，第6章，第19章

　　編著者紹介参照。

田中友佳子　　第3章，第7章

　　現　在　九州大学大学院人間環境学研究院学術協力研究員。
　　主　著　『孤児と救済のエポック──十六～二〇世紀にみる子ども・家族規範の多層性』（共著）勁草書房，
　　　　　　2019年。
　　　　　　『植民地朝鮮の児童保護史──植民地政策の展開と子育ての変容』勁草書房，2018年。

片桐　真弓　　第4章，第5章

　　現　在　尚絅大学短期大学部幼児教育学科准教授。
　　主　著　『保育・幼児教育5領域の内容と指導法』（共著）学文社，2018年。
　　　　　　『子どもと地域社会（子ども社会シリーズ4）』（共著）学文社，2010年。

圓入　智仁　　第8章，第14章

　　現　在　中村学園大学教育学部准教授。
　　主　著　『子どもの虐待と学校──新しい教育福祉論』櫂歌書房，2013年。
　　　　　　『海洋少年団の組織と活動──戦前の社会教育実践史』九州大学出版会，2011年。

大村　　綾　　第9章

　　現　在　西九州大学短期大学部幼児保育学科講師。
　　主　著　『子どもの生活体験学習をデザインする』（共著）光生館，2010年。

山本　尚史　　第10章，第13章

　　現　在　筑紫女学園大学人間科学部講師。

東内瑠里子　　第11章，第12章

　　現　在　日本福祉大学子ども発達学部准教授。
　　主　著　『「ファミサポ」の安全を考える──八尾市乳幼児死亡事故を教訓に』（共著）クリエイツかもがわ，
　　　　　　2018年。
　　　　　　『マネジメントする保育・教育カリキュラム』（共著）教育情報出版，2018年。

木下　寛子　　第15章

　　現　在　近畿大学九州短期大学保育科准教授。
　　主　著　『出会いと雰囲気の解釈学──小学校のフィールドから』九州大学出版会，2020年。
　　　　　　『質的心理学辞典』（共著）新曜社，2018年。

山瀬　範子　　第16章

　　現　在　國學院大學人間開発学部准教授。
　　主　著　『3・4・5歳児のごっこ遊び──幼児教育・保育のアクティブ・ラーニング』（共著）ひかりのくに，
　　　　　　2017年。
　　　　　　『子どもへの現代的視点』（共著）北樹出版，2006年。

橋本　　翼　　第17章

　　現　在　近畿大学九州短期大学保育科准教授。

眞野　　豊　　第18章

　　現　在　日本学術振興会特別研究員 PD，広島修道大学非常勤講師。
　　主　著　『ランスとロットのさがしもの』（共訳）ポット出版，2019年。
　　　　　　『王さまと王さま』（共訳）ポット出版，2015年。

《編著者紹介》

垂見　直樹（たるみ　なおき）
　現　在　近畿大学九州短期大学保育科准教授。
　主　著　『保育のための教育原理』（共著）ミネルヴァ書房，2019年。
　　　　　『保育内容総論——生活・遊び・活動を通して育ちあう保育を創る』
　　　　　（共著）同文書院，2019年。

　　　　　　　　　　　　豊かな育ちのための保育内容総論

　2020年3月20日　初版第1刷発行　　　　　　　　　　〈検印省略〉

　　　　　　　　　　　　　　　　　　　　　　定価はカバーに
　　　　　　　　　　　　　　　　　　　　　　表示しています

　　　　　　　　　編　著　者　垂　見　直　樹
　　　　　　　　　発　行　者　杉　田　啓　三
　　　　　　　　　印　刷　者　坂　本　喜　杏

　　　発行所　株式会社　ミネルヴァ書房
　　　　　　　607-8494　京都市山科区日ノ岡堤谷町1
　　　　　　　　　　　　電話代表　(075)581-5191
　　　　　　　　　　　　振替口座　01020-0-8076

　ⓒ垂見直樹ほか，2020　　　　　　冨山房インターナショナル

　　　　　　　ISBN 978-4-623-08810-2
　　　　　　　　Printed in Japan